Konzepte
der Sprach- und Literaturwissenschaft

49

Herausgegeben von Klaus Baumgärtner

Wilhelm Pötters

Begriff und Struktur der Novelle

Linguistische Betrachtungen zu
Boccaccios »Falken«

Max Niemeyer Verlag
Tübingen 1991

Meinen Kindern

Julia und Stephan

CIP-Titelaufnahme der Deutschen Bibliothek

Pötters, Wilhelm : Begriff und Struktur der Novelle : linguistische Betrachtungen zu Boccaccios »Falken« / Wilhelm Pötters. – Tübingen : Niemeyer, 1991
  (Konzepte der Sprach- und Literaturwissenschaft ; 49)
NE: GT

ISBN 3-484-22049-x   ISSN 0344-6735

© Max Niemeyer Verlag GmbH & Co. KG, Tübingen 1991
Das Werk einschließlich aller seiner Teile ist urheberrechtlich geschützt. Jede Verwertung außerhalb der engen Grenzen des Urheberrechtsgesetzes ist ohne Zustimmung des Verlages unzulässig und strafbar. Das gilt insbesondere für Vervielfältigungen, Übersetzungen, Mikroverfilmungen und die Einspeicherung und Verarbeitung in elektronischen Systemen. Printed in Germany.
Satz: Lichtsatz Walter, Tübingen
Druck: Gulde-Druck GmbH, Tübingen
Einband: Heinr. Koch, Tübingen

Gleichwohl ... könnte es nicht schaden, wenn der Erzähler auch bei dem innerlichsten und reichsten Stoff sich zuerst fragen sollte, wo »der Falke« sei, das Specifische, das diese Geschichte von tausend anderen unterscheidet.

(Paul Heyse, in P. Heyse/H. Kurz, *Deutscher Novellenschatz*, München 1871, Bd. I, xx.)

Inhaltsverzeichnis

Einleitung		1
1. Die Falkennovelle: Wege der Forschung		6
1.1. Bedeutung des Textes		6
1.2. Deutung des Textes		8
1.2.1. Cappelletti 1876		8
1.2.2. Anschütz 1892		8
1.2.3. Momigliano 1924		9
1.2.4. Russo 1938		10
1.2.5. Branca 1956		11
1.2.6. Getto 1957		11
1.2.7. Layman 1969		12
1.2.8. Todorov 1969		12
1.2.9. Baratto 1970		13
1.2.10. Muscetta 1972		13
1.2.11. Imberty 1974		14
1.2.12. Zatti 1978		14
1.2.13. Lehmann 1979		15
1.2.14. Trimborn 1979		16
1.2.15. Cottino-Jones 1982		17
1.2.16. Bilanz		18
2. Ereignis und Geschichte: inhaltliche Gliederung des Handlungsverlaufs		19
2.1. Rahmen, Vorgeschichte, Geschichte		19
2.2. Phasen des Hauptgeschehens		20
3. *Ad fontes*: die Originalversion des Textes aus dem Autograph des *Codex Hamilton 90*		23
3.1. Der Text: vollständiges Zitat in diplomatischem Abdruck		23
3.2. Schriftbild und Inhalt: Segmentierung des Textes und Sequenzen der Handlung		29
4. Syntax und Poetik: die unerhörte Begebenheit und ihre Glaubwürdigkeit		33
4.1. Satzgestalt und Textstruktur in der Novelle		33

	4.1.1.	Linguistischer Ausgangspunkt:	
		Konzessivität und Kausalität in der Syntax	34
	4.1.2.	Literarischer Bezugspunkt: die Gattung *Novelle*	37
	4.1.3.	Syntax und Gattungstheorie	49
4.2.	Satzgestalt und Textstruktur in der Falkennovelle		53
	4.2.1.	Der syntaktische Ausdruck der Konzessivität	53
	4.2.2.	Der syntaktische Ausdruck der Kausalität	55
	4.2.3.	Verflechtung der syntaktischen Hauptlinien	56

5. *Datum* und *novum*: die Novelle als Satz 60

  5.1. Konzessivsatz – Satz – Novelle 60
  5.2. Die Falkennovelle als Satz 68

6. Der Satz als Einheit: Problem des Satzes und Corpus
   der Sätze in Boccaccios Originalmanuskript 72

  6.1. Delimitation und Definition der sprachlichen Einheit *Satz* 72
     6.1.1. Segmentierung des Textes im Autograph 72
     6.1.2. Die Majuskel als Mittel der Textgliederung 75
     6.1.3. Problematische Fälle von Majuskelsetzung 77
     6.1.4. Definition des Satzes 80
  6.2. Das Corpus der satzsyntaktischen Einheiten 89

7. Der Satz als Maß: Metrik der Prosa 91

  7.1. Verteilung der Sätze 91
  7.2. Ordnung der Sätze 94

8. Satz und Zahl: syntaktisch-numerischer Bauplan 97

  8.1. Arithmetik des Falkentodes 97
     8.1.1. Der Falke im Wendepunkt 97
     8.1.2. Axialsymmetrie 99
     8.1.3. Syntaktisch-numerischer Bauplan 103
     8.1.4. Numerologische Bezüge 103
  8.2. Ästhetik des »ragionare« 106
     8.2.1. *Aequalitas numerosa* 106
     8.2.2. Zentralperspektive 108
     8.2.3. »Ragionare« als Er-zählen 109
     8.2.4. Offene Fragen 111

9. Der »Falke« als Exempel:
   Satz und Zahl in den Novellen II 4 und VI 6 114

  9.1. Novelle II 4: Syntax und Poetik in einem typischen Beispiel
       der Gattung 116
     9.1.1. Syntaktische Strukturen des Inhalts 117
     9.1.2. Das satzsyntaktische Corpus 118
     9.1.3. Ordnung der Sätze 119

		9.1.4. Syntaktisch-numerischer Bauplan	122
		9.1.5. Der »Falke« in der Novelle II 4	126
		9.1.6. Schwächen des »Falken«	128
	9.2.	Novelle VI 6: Syntax und Poetik in einem problematischen Fall der Gattung	129
		9.2.1. Syntaktische Strukturen des Inhalts	134
		9.2.2. Das satzsyntaktische Corpus	135
		9.2.3. Ordnung der Sätze	136
		9.2.4. Syntaktisch-numerischer Bauplan	137
		9.2.5. Der »Falke« in der Novelle VI 6	140
		9.2.6. Der »Falke« als Exempel	142
10.	Die »Falken«-Theorie des Giovanni Boccaccio: Syntax und Poetik in den Novellen I 1 bis I 4		143
	10.1.	Novelle I 1: Die falsche Beichte des Ser Cepparello	143
		10.1.1. Syntaktische Strukturen des Inhalts	144
		10.1.2. Das satzsyntaktische Corpus	146
		10.1.3. Ordnung der Sätze	148
		10.1.4. Syntaktisch-numerischer Bauplan	153
		10.1.5. Immanente Poetik	165
	10.2.	Novelle I 2: Die Bekehrung des Juden Abraam	167
		10.2.1. Syntaktische Strukturen des Inhalts	168
		10.2.2. Das satzsyntaktische Corpus	170
		10.2.3. Ordnung der Sätze	170
		10.2.4. Syntaktisch-numerischer Bauplan	172
		10.2.5. Immanente Poetik	174
	10.3.	Novelle I 3: Das Gleichnis von den Drei Ringen	176
		10.3.1. Syntaktische Strukturen des Inhalts	176
		10.3.2. Das satzsyntaktische Corpus	178
		10.3.3. Ordnung der Sätze	178
		10.3.4. Syntaktisch-numerischer Bauplan	180
		10.3.5. Immanente Poetik	184
	10.4.	Novelle I 4: »concupiscentia« im heiligen Kloster	187
		10.4.1. Syntaktische Strukturen des Inhalts	188
		10.4.2. Das satzsyntaktische Corpus	190
		10.4.3. Ordnung der Sätze	191
		10.4.4. Syntaktisch-numerischer Bauplan	196
		10.4.5. Immanente Poetik	200

Schluß 205

Bibliographie 210

Einleitung

Die folgende Studie zur literarischen Form der Novelle ist nicht als Versuch einer systematischen Theorie der Gattung gedacht. Vielmehr handelt es sich bei dem Teil der Ausführungen, der in allgemeiner Weise den Problemen des Begriffs und der Struktur der Novelle gewidmet ist, nur um eher beiläufig angestellte Überlegungen, die sich im Zusammenhang mit der textimmanenten Deutung eines berühmten Beispiels der novellistischen Literatur, der sogenannten Falkennovelle des Giovanni Boccaccio (1313–1375), ergeben haben. Der begrenzte, vorrangige Zweck der Arbeit, dem alle weitergehenden Bemühungen untergeordnet sind, liegt mithin in der Absicht, ein ausgewähltes Stück italienischer Prosa als einzelnes sprachliches Kunstwerk zu interpretieren.

Die Beschäftigung mit der Novelle V 9 des *Decameron* bildet allerdings einen organischen Ausschnitt aus einem größeren Projekt anderer Art. Es ist dies ein noch nicht zu Ende geführter Plan, der unter dem Titel *Satz-Novelle-Zyklus* läuft und das Ziel anstrebt, die ganze – hundert Novellen zum Kranz vereinigende – Dichtung aus einem einzigen, und zwar einem linguistischen Ansatz heraus einer inhalt- und formbezogenen Gesamtanalyse zu unterziehen.[1] Bei diesem umfassenden Rahmen des Forschungsvorhabens, in dem es letztlich um die aus bestimmten Merkmalen der Sprache des Erzählwerks

---

[1] Das Unternehmen geht auf meine Kölner Habilitationsschrift *Boccaccio concessivo – Aspetti linguistici, letterari e filosofici di una struttura sintattica del »Decameron«* (1981) zurück. Die Veröffentlichung der Arbeit mußte seinerzeit unterbleiben, da bei fortgesetztem Nachdenken über die Zusammenhänge von Satzbau und Komposition in der epischen Kunst Boccaccios immer neue Dimensionen der Ästhetik des *Decameron* zum Vorschein kamen. Nunmehr umfaßt das ganze Projekt – außer der vorliegenden Untersuchung (= Band II) – folgende bereits abgeschlossene oder im Stadium der Redaktion befindliche Teile:
  I. *Negierte Implikation im Italienischen. Theorie und Beschreibung des sprachlichen Ausdrucks der Konzessivität auf der Grundlage der Prosasprache des »Decameron«* (erscheint 1991 bei Niemeyer, Tübingen, als »Beiheft« zur *Zeitschrift für romanische Philologie*);
  III. *Satz und Zahl. Versuch einer Rekonstruktion der kompositorischen Baupläne der »Hundert Novellen« Boccaccios* (in Vorbereitung);
  IV. *Das »Frauental« des Giovanni Boccaccio. Syntax und Mathematik im »Decameron«* (in Vorbereitung).
Aus dem zuletzt genannten Titel geht hervor, daß die Ergebnisse am Ende dieser sprachwissenschaftlich inspirierten *lettura del Decameron* in engem Zusammenhang stehen mit meinen Forschungen zum geometrischen Ursprung des Sonetts (vgl. Vf., »La natura e l'origine del sonetto. Una nuova teoria«, in *Miscellanea di*

[Handschriftliche Notiz am oberen Rand:] Im Konzessivsatz spiegelt sich schon die novellistische Grundstruktur wieder: sie zeigt den Zufall an in Form einer enttäuschten Erwartung oder der Überwindung eines Hindernisses.

herzuleitenden Grundsätze der künstlerischen Gestaltung der von Boccaccio in entscheidender Weise geprägten literarischen Textsorte geht, erscheint es in der Tat angebracht, bereits in der vorliegenden Studie zur Falkennovelle auch die bekannten – nicht selten ja gerade mit Bezug auf diesen Text aufgeworfenen – Kernfragen der novellentheoretischen Diskussion zu besprechen.

Die den Gang der Untersuchung insgesamt bestimmende sprachwissenschaftliche Methode besteht im engeren Sinne in einem syntaktischen Zugriff. Der Auslösungspunkt dieser Heuristik liegt in der Beobachtung, daß in Boccaccios dichterischer Sprache im Vergleich zu anderen Texten ein bestimmtes Satzmuster durch große formale Vielfalt und durch extrem häufiges Vorkommen auffällt: der Konzessivsatz (Beispiel: *Obwohl Federigo immerzu vergeblich um Giovannas Huld geworben hat, heiratet sie ihn am Ende doch*). Aufgrund seiner spezifischen logischen Struktur, die man als Negierung einer Implikation, d. h. als Verknüpfung eines bestimmten *antecedens* mit einem nicht erwartbaren *consequens*, begreifen kann[2], erinnert dieses Satzmuster unmittelbar an das kanonische Gattungsgesetz der Novelle: die konzentrierte Gestaltung einer *unerhörten*, d. h. aufgrund der gegebenen Voraussetzungen nicht vorhersehbaren *Begebenheit*[3]. Indem also das syntaktische Gefüge und das literarische Genus, *in abstracto* gesehen, auf ganz und gar parallele Weise die Idee des Zufalls in der Erscheinung der enttäuschten Erwartung oder des überwundenen Hindernisses[4] zum Ausdruck bringen, kann der Konzessivsatz als novellistische Mikrostruktur identifiziert werden, während sich umgekehrt die Novelle auf eine konzessive Makrostruktur zurückführen läßt.

In der Folge einer solchen, von der konzessiven Relation als Abbild und Nukleus der Novelle ausgehenden, satzlinguistischen Definition der Gattung können wir in den syntaktischen Bausteinen der Prosa des *Decameron*, ge-

---

studi in onore di Vittore Branca, Florenz 1983, I, 71–78) und zur mathematischen Komposition der »Liedersammlung« Petrarcas (vgl. Vf., *Chi era Laura? – Strutture linguistiche e matematiche nel »Canzoniere« di Francesco Petrarca*, Bologna 1987). – An dieser Stelle danke ich sehr herzlich Wolfgang Aarburg für seine stete Bereitschaft, mit mir die numerologischen und mathematischen Probleme meiner Untersuchungen zu erörtern. Ein besonderer Dank gilt ferner Gunde Gerhard und Petra Krug, die mich mit großer Geduld beim Schreiben des Typoskripts unterstützt haben, sowie Alexander Tschida und Magnus Göller, auf deren kritische Anregungen so manche Verbesserung in der Darstellung zurückgeht. Außerdem seien hier noch mit Dankbarkeit meine italienischen Freunde Gino Belloni (Venedig) und Furio Brugnolo (Padua) genannt, die über viele Jahre hin meine linguistischen Überlegungen zur Literatur des Trecento mit ermunterndem Zuspruch und fruchtbarem Widerspruch begleitet haben.

[2] Vgl. unten, Kap. 4 (speziell 4.1.).
[3] Zu der hier evozierten berühmten Definition von Goethe vgl. 4.2.1.
[4] Die Formulierung *Überwindung eines Hindernisses* und *Enttäuschung einer Erwartung* sind zentrale Elemente der Definition der konzessiven Satzverknüpfung, wie sie sich in den meisten traditionellen Grammatiken findet (vgl. 4.1.).

mäß der von der Prager Schule initiierten Lehre von der Funktionalen Satzperspektive, bestimmte kommunikative Einheiten unterschiedlicher Länge und Komplexität sehen: Thema + Rhema, Exposition (= thematischer Hintergrund) + Eventum (= rhematischer Vordergrund), Topic + Comment[5], kurz: *datum-novum*-Verbindungen in verschieden stark expandierten Sätzen.

Da folglich Sätze auf jeder Ebene der Satzerweiterung in der Regel immer wieder ein *datum* (= thematisches Segment) mit einem *novum* (= rhematisches Segment) verbinden, offenbart sich die grundlegende syntaktische Sinn- und Leistungseinheit, in die man Texte einzuteilen pflegt, d.h. der Satz generell, als noch abstrakteres eidetisches Muster des Novellenerzählens. Konstitutiv für die Gattung ist nämlich, ebenso wie für den Satz, ein strukturell gleicher zweigliedriger Aufbau: Insoweit die Novelle – entsprechend der typischen Realisierung des Genus – aus der Voraus-Setzung eines bestimmten Konflikts (= Thesis = *datum* = textuelles Thema) und der nachfolgenden Entwicklung einer unvermuteten Lösung (= Lysis = *novum* = textuelles Rhema) besteht, findet sich dieses charakteristische Handlungsschema des novellistischen Textes *mutatis mutandis* im pragmatischen Aufbau des Satzes, seiner Thema-Rhema-Gliederung, vorgeprägt. Das also in beiden Fällen festzustellende kommunikative Profil einer *datum-novum*-Abfolge zeigt, daß *Satz* und *Novelle* jenseits ihrer jeweiligen – durch die Zugehörigkeit zu verschiedenen sprachlichen Ebenen begründeten – Besonderheiten in ihrer grundlegenden Funktion übereinstimmen: Der ihnen gemeinsame Sinn und Zweck liegt in der Aufgabe, »Neues« mitzuteilen.

Im Lichte dieses abstrakten syntaktisch-literarischen Vergleichs läßt sich mit Hilfe des vom Prager Funktionalismus geprägten Begriffs der »kommunikativen Dynamik« die eigentümliche strukturelle Kongruenz noch prägnanter fassen: Sowohl im konzessiven Adverbialsatz, der sich aus einer Protasis als thematischem Hintergrund und einer Apodosis als rhematischem Vordergrund zusammensetzt, als auch in der Novelle, deren Exposition in paralleler Weise das thematische Segment und deren eigentliche novellistische Begebenheit das rhematische Segment des Textes darstellen, folgt dem *datum* nicht ein *novum*, das beliebig wäre; die im Zentrum des kommunikativen Interesses stehende Information ist vielmehr im Konzessivsatz und in der Novelle gleichermaßen ein ganz besonderes *novum*, das sich – im Sinne des logisch-linguistischen Konzepts der negierten Implikation ebenso wie gemäß den Ergebnissen der traditionellen Gattungstheorie – als *eine von der Mitteilungsbasis* (= »Argument«) *her nicht erwartbare Mitteilung* (= »Prädikat«) bestimmen läßt. Es handelt sich also in beiden Fällen um ein *novum*, das dank dem Merkmal »WIDER ERWARTEN« einen gesteigerten und deshalb Aufmerken

---

[5] Die Verwendung der beiden aus der englischsprachigen Forschung übernommenen Begriffe ist nicht einheitlich. Im folgenden sind mit *topic* und *comment* die explizit eingeführte Mitteilungsbasis (= *topic*) und die eigentliche Mitteilung (= *comment*) gemeint. Vgl. unten, 5.1.

erregenden und so zum Erzählen anregenden Novitätsgrad besitzt. Auf der Grundlage dieses gemeinsamen semantisch distinktiven Zugs kann der Inhalt der im Konzessivsatz und in der Novelle im jeweiligen Mitteilungszentrum stehenden Aussage übereinstimmend mit einigen von den großen Meistern der Novellenkunst geprägten Ausdrücken, wie z.B. als *fortunato avvenimento* (Boccaccio), *cas étrange* (Marguérite de Navarre), *caso jamás visto* (Cervantes), *unerhörte Begebenheit* (Goethe), charakterisiert werden.

In einem weiteren Schritt lassen sich die zugleich in linguistischer Hinsicht definierten und in ihrer poetologischen Kommensurabilität mit der Gattung *Novelle* näher bestimmten Satz-Einheiten als diskrete Größen im mathematischen Sinne verstehen, d.h. als gesonderte Elemente, die zählbar sind. Indem wir nun im Textcorpus des *Decameron*, und zwar in Boccaccios ca. 1370 abgeschlossenem Originalmanuskript des *Codex Hamilton 90*[6], die einzelnen Sätze ermitteln und deren Anzahl bestimmen, kommen wir zu einem verblüffenden Befund: Der Autor selbst hat offenbar die Sätze seiner Prosa als delimitierbare Textsegmente gesehen und sie, diesem sprachwissenschaftlichen Grundsatz gemäß, zu syntaktisch-arithmetischen Maßeinheiten einer numerologisch konzipierten Ästhetik und Kompositionstechnik erhoben. Mit Hilfe genauester Berechnungen hat er die nach Satz und Zahl bestimmten Quantitäten in einem ersten Schritt dazu verwandt, in der inhaltlich-formalen Gestaltung der einzelnen Novellen strengste Proportionsverhältnisse zu verwirklichen (mit einem keineswegs ominösen, weil mathematisch rekonstruierbaren *Wendepunkt* als regelmäßigem Angelpunkt der »harmonischen« Konstruktionsschemata). Und zugleich dienen diese Zahlenwerte auf der höheren Ebene des Novellenzyklus dazu, einen nicht minder nach den ästhetischen Gesetzen des antik-mittelalterlichen *numerositas*-Prinzips entworfenen Bauplan des gesamten Buches ins Werk zu setzen: ein geheimes *aedificium* also, das sich hinter dem expliziten *deca*-System verbirgt. Mit anderen Worten, der Satz – als von Boccaccios eigener Hand im Originalmanuskript mittels Majuskelsetzung abgegrenzte Einheit, die vom Autor zugleich, auf der Grundlage dieser Delimitation, als arithmetische Größe konzipiert wurde – ist der syntaktisch-numerische Grundbaustein der

---

[6] Der *Codex Hamilton 90* befindet sich in der Staatsbibliothek Preußischer Kulturbesitz (Berlin). Eine nähere Beschreibung dieses und der wichtigsten anderen Manuskripte des *Decameron* bietet V. Branca, »Per il testo del Decameron. La prima diffusione del Decameron«, in *Studi di filologia italiana* 7 (1950) 29–143 (vgl. insbesondere S. 69ff.), und ders. in der Einleitung zur kritischen Ausgabe: Giovanni Boccaccio, *Decameron. Edizione critica secondo l'autografo hamiltoniano*, a cura di Vittore Branca, Florenz 1976. Für die Arbeit am eigenen Schreibtisch kann man auf folgende moderne Reproduktionen des Berliner Originalmanuskripts zurückgreifen: G. B., *Decameron. Edizione diplomatico-interpretativa dell'autografo Hamilton 90*, a cura di Ch. S. Singleton, Baltimore 1974; G. B., *Decameron. Facsimile dell'autografo conservato nel codice Hamilton*, a cura di V. Branca, Florenz 1975.

sprachlich-literarischen und der zahlenästhetisch-mathematischen *syntaxis* des poetischen Textes: das Metrum der dichterischen Prosa.

Der gerade skizzierte syntaktische Ansatz soll nun in der vorliegenden Studie anhand einer Analyse der neunten Novelle des V. Tages als Experiment und als Exemplum für die Deutung der anderen 99 Teile des Zyklus vorgeführt werden. Der ausgewählte Text erzählt bekanntlich von der Liebe des Florentiner Edelmannes Federigo degli Alberighi, dem es, obwohl (!) er sein ganzes Vermögen verschwendet, um der von ihm verehrten Donna Giovanna den Hof zu machen, anscheinend nicht gelingen will, die Gunst der verheirateten Dame zu erlangen, und der wider Erwarten schließlich doch (!) von der inzwischen verwitweten Giovanna zum Manne gewählt wird, weil die Hingabe des letzten Zeichens früheren Reichtums, seines Falken, den er der Dame anläßlich eines Besuchs in seinem Landhaus in Campi als Mittagsmahl geopfert hat, von ihr als Beweis seiner außergewöhnlichen Seelengröße erkannt wird.

Die Entscheidung für die Novelle V 9 als Gegenstand unserer Untersuchung liegt darin begründet, daß die Erzählung aufgrund ihrer intensiven und vielfältigen Rezeption, vor allem im deutschen Sprachraum, als bekannteste der *Cento novelle* gilt. In der literaturgeschichtlichen Forschung meist ohne weitere Angaben unter dem Namen *Falkennovelle* geläufig, ist dieses kurze Stück italienischer Prosa seit den Anfängen der wissenschaftlichen Philologie immer wieder als Prüfstein für gattungstheoretische Standpunkte herangezogen worden. Was aber bei allen Bemühungen um dieses berühmte literarische Kunstwerk bisher fehlt, ist eine gründliche Analyse der sprachlich-dichterischen Komposition des Textes. Diese – ohne Zweifel gravierende – Lücke wollen die folgenden Ausführungen zu schließen versuchen.

Die Ergebnisse der Interpretation – und damit zugleich die Tragfähigkeit der angewandten Methode – sollen im Anschluß an die Deutung der Novelle V 9 am Beispiel weiterer sechs Texte des *Decameron* überprüft werden (und zwar II 4, VI 6, I 1, I 2, I 3 und I 4).

Ziel der insgesamt sieben Erprobungen unseres aus dem Begriff einer einzigen abstrakten Struktur der Syntax abgeleiteten Verfahrens ist es, auf der Grundlage einer linguistischen Beschreibung der für die »Zusammen-Ordnung« der sprachlichen Einheiten zum Satz und zum Text besonders charakteristischen Eigenheiten der Prosa Boccaccios neue Einblicke in die künstlerische Arbeitsweise des mittelalterlichen Novellenerzählers zu gewinnen: Einblicke, die – zumindest insoweit sie unseren Autor betreffen – nicht ohne Belang für die keineswegs mit befriedigenden Lösungen abgeschlossene Diskussion über die umstrittenen poetischen Gesetze der literarischen Gattung sein dürften.

Kurz: Es ist die sprachwissenschaftliche Disziplin der Syntax, von der im folgenden – anhand unserer Deutung des klassischen Textes – Poetik und Hermeneutik der Novelle ein einheitliches Konzept beziehen werden.

1. Die Falkennovelle: Wege der Forschung

Die neunte Novelle des V. Tages des *Decameron* hat seit jeher die Aufmerksamkeit der Gelehrten und der Literaten erregt. Von den Anfängen der wissenschaftlichen Philologie an – und auch vorher schon – wurde sie als zur Nachahmung empfohlenes Muster der Gattung betrachtet. Außerdem haben anhand dieses Textes verschiedene Schulen und Strömungen der literarischen Interpretation ihre methodischen Möglichkeiten exemplarisch vorgeführt.

1.1. Bedeutung des Textes

Die Falkennovelle verdankt ihre Berühmtheit außerhalb der italienischen Literatur(wissenschaft) besonders der Tatsache, daß sie in der viele Jahrzehnte währenden gattungstheoretischen Diskussion immer wieder als Paradebeispiel novellistischer Erzählkunst, als vollendete Verwirklichung der genuinen Gesetze der Gattung angesehen wurde.[1]

---

[1] Zur Novellentheorie, auf die wir im 4. Kapitel (speziell im Abschnitt 4.1.2.) näher eingehen werden, wurden folgende Diskussionsbeiträge und Forschungsüberblicke konsultiert: O. Walzel, »Die Kunstform der Novelle«, in *Zeitschrift für den deutschen Unterricht* 29 (1915) 161–184; A. von Grolmann, »Die strenge ›Novellen‹form und ihre Zertrümmerung«, in *Zeitschrift für Deutschkunde* (= Jahrgang 43 der *Zeitschrift für den deutschen Unterricht*, 1929, 609–627); W. Pabst, »Die Theorie der Novelle in Deutschland«, in *Romanistisches Jahrbuch* 2 (1949) 81–124; ders., *Novellentheorie und Novellendichtung. Zur Geschichte ihrer Antinomie in den romanischen Literaturen*, Hamburg 1953; L. Mackensen, »Die Novelle«, in *Studium generale* 11 (1958) 751–759; R. Koskinies, »Die Theorie der Novelle«, in *Orbis litterarum* 14 (1959) 65–88; M. Schunicht, »Der ›Falke‹ am ›Wendepunkt‹«, in *Germanisch-Romanische Monatsschrift* 10 (1960) 44–65; K. K. Polheim, »Novellentheorie und Novellenforschung (1945–1963)«, in *Deutsche Vierteljahrsschrift für Literaturwissenschaft und Geistesgeschichte* 38 (1964) 208–316; B. von Wiese, *Novelle*, 2. Aufl. Stuttgart 1964; H. H. Remak, »Wendepunkt und Pointe in der deutschen Novelle von Keller bis Bergengruen«, in *Wert und Wort. Fs. für E. M. Fleissner*, New York 1965, 45–56; H. H. Malmede, *Wege zur Novelle*, Stuttgart 1966; E. Leube, »Boccaccio und die europäische Novellendichtung«, in A. Buck (Hg.), *Neues Handbuch der Literaturwissenschaft*, Frankfurt 1972, Bd. IX, 128–161; J. Kunz, *Novelle*, Darmstadt 1973 (mit weiteren, hier nicht genannten Beiträgen, insbesondere mit novellentheoretischen Quellen aus dem 18. und 19. Jh.); W. Krömer, *Kurzerzählungen und Novellen in den romanischen Literaturen bis 1700*, Berlin 1973; H. H. Wetzel, *Die romanische Novelle bis Cervantes*, Stuttgart 1977; W. Wehle, *Novellenerzählen. Französische Renaissancenovellistik als Diskurs*, München 1981. – Vgl. auch 4.2.2. und 4.2.3.

In der Tat, ausgeprägter und evidenter als im Falle des Falkenopfers kann die Funktion eines an der Wende zum unerwarteten Ende stehenden Ereignisses, das wegen seiner dramatischen Dimension für die Handlung der ganzen Novelle und wegen seiner auch mit flüchtigem Blick bereits erkennbaren Position in der Mitte des Textes jedem Leser sofort als *zentrale* Begebenheit erscheinen wird, kaum gedacht werden. Es ist mithin nicht verwunderlich, daß die literarische Kritik seit den Romantikern gerade die Falkennovelle Boccaccios als beispielhafte Anwendung der erzähltechnischen Mittel des Wendepunkts und des Spitzenmotivs angesehen hat.

Ausgehend von der Novelle V 9 des *Decameron* wurde sogar im übertragenen Sinne die vor allem mit den Namen Schlegel, Tieck und Heyse verbundene – als Poetik des novellistischen Erzählens schlechthin verstandene – Falkentheorie entwickelt, die u.a. von folgender Stelle in Paul Heyses Einleitung zu dem 1871 zusammen mit Hermann Kurz herausgegebenen *Deutschen Novellenschatz* einen entscheidenden Anstoß erhielt:

> Gleichwohl […] könnte es nicht schaden, wenn der Erzähler auch bei dem innerlichsten und reichsten Stoff sich zuerst fragen sollte, wo »der Falke« sei, das Specifische, das diese Geschichte von tausend anderen unterscheidet.[2]

Von den ersten Hinweisen der romantischen Literaturkritik auf Boccaccios novellistische Technik über die angeführte Bemerkung von Heyse/Kurz zum Falken und zum Falkenopfer bis in die moderne Novellenforschung hinein ist über die zentralen Bestandteile des Spitzenmotivs und des Wendepunkts so ausgiebig gestritten worden, daß sich schließlich Überdruß einstellte. Dem Thema schien kaum mehr eine neue Seite abzugewinnen zu sein, weshalb zu guter Letzt in einem dem »Falken *am* Wendepunkt« gewidmeten Aufsatz von M. Schunicht der gesamten Novellentheorie sogar der Vorschlag gemacht wurde, sich dazu zu

> …entschließen, dem Vorbild Federigo degli Alberighis folgend, den Falken zu schlachten …[3].

Was Boccaccio und die Theorie der Novelle im *Decameron* angeht, wollen wir uns allerdings an diesem »Schlachtfest« nicht beteiligen. Wir werden vielmehr sehen, daß im Gegensatz zu den Bedenken und Zweifeln, die manche Vertreter der modernen Literaturwissenschaft wegen wirklicher oder vermeintlicher Auswegslosigkeit der Gattungstheorie anwandeln, die Ahnun-

---

[2] P. Heyse, in P. Heyse/H. Kurz (Hgg.), *Deutscher Novellenschatz*, München 1871, Bd. I, xx.
[3] Schunicht 1960, 58, bezieht allerdings die in diesem Vorschlag enthaltene Kritik wohl nur auf die seines Erachtens in eine fruchtlose Debatte über den Wendepunkt als formalästhetischen »Trick« geratene Novellentheorie in Deutschland. Im übrigen ist Schunichts Aufsatz, abgesehen von der oben zitierten Bemerkung, voll luzider Beobachtungen zu den Konstanten des novellistischen Erzählens. Vgl. dazu unten, 4.1.2.3.11. Siehe dort (4.1.2.3.) auch eine Würdigung weiterer neuerer Beiträge zur Gattungstheorie.

gen der frühen Kritik zur formalästhetischen Technik Boccaccios, namentlich zum »Falken« als Sinnbild des novellistischen »Wendepunktes«, einer feinsinnigen Einfühlung in tatsächlich bei der künstlerischen Arbeit angewandte dichterische Verfahren des italienischen Ahnvaters der Gattung entsprungen sind.

1.2. Deutung des Textes

Die Novelle V 9 hat nicht nur die Gattungstheoretiker unaufhörlich auf den Plan gerufen, auch die verschiedenen Schulen und Strömungen der literarischen Interpretation fühlten sich von Boccaccios berühmter Erzählung immer wieder zur Erprobung ihrer Leistungsfähigkeit herausgefordert.

Von den vorliegenden Deutungen – es handelt sich um Spezialstudien zur Falkennovelle selbst oder um eingehendere Analysen des Textes, die innerhalb größerer Arbeiten zum *Decameron* zu finden sind – seien hier die markantesten Positionen und Ansätze in einem chronologisch geordneten Überblick zusammengestellt. Die einzelnen Titel wurden mit den der Boccaccio-Forschung glücklicherweise zur Verfügung stehenden Spezialbibliographien von A. Bacchi della Lega (1875)[4], G. Traversari (1907)[5], V. Branca (1939)[6], E. Esposito (1976)[7] und für die folgenden Jahre mit Hilfe des »Bollettino bibliografico« der *Studi sul Boccaccio*[8] ermittelt.

1.2.1. Cappelletti 1876

Eine erste ausschließlich der Falkennovelle gewidmete Analyse stammt aus dem Jahre 1876: L. Cappelletti, *Commento sopra la IX novella della quinta giornata del Decamerone*, Bologna 1876. Es handelt sich um einen im Selbstverlag erschienenen Artikel aus *Il Propugnatore*, Bd. 10, Teil I.[9] Die Studie war mir nicht zugänglich.

1.2.2. Anschütz 1892

Nachdem die Falkennovelle in den kritischen Arbeiten von Schlegel, Tieck und Heyse zunächst im größeren gattungstheoretischen Zusammenhang be-

---

[4] A. Bacchi della Lega, *Bibliografia boccaccesca. Serie delle edizioni delle opere di Giovanni Boccaccio latine, volgari, tradotte e trasformate*, Bologna 1875 (Anast. Nachdruck, Bologna 1967).
[5] G. Traversari, *Bibliografia boccaccesca. Scritti intorno al Boccaccio e alla fortuna delle sue opere*, Città di Castello 1907.
[6] V. Branca, *Linee di una storia della critica al »Decameron« con bibliografia boccaccesca completamente aggiornata*, Mailand usw. 1939.
[7] E. Esposito, *Boccacciana. Bibliografia delle edizioni e degli scritti (1939–1974)*, Ravenna 1976.
[8] *Studi sul Boccaccio*, 1ff., Florenz 1963ff. (Hgg. V. Branca und G. Padoan).
[9] So die Angaben bei Traversari 1907, Nr. 246.

handelt wurde, erscheint am Ende des 19. Jahrhunderts auch eine erste deutschsprachige Monographie zum Text V 9 des *Decameron*: R. Anschütz, *Boccaccios Novelle vom Falken und ihre Verbreitung in der Litteratur nebst Lope de Vegas Komödie »El Halcón de Federico«*, Erlangen 1892. Im Anschluß an eine kurze Inhaltsangabe bringt der Verfasser einige wenige Hinweise zur Frage des Ursprungs der Novelle, um dann in einem chronologischen Überblick die wichtigsten literarischen Behandlungen zu besprechen, die Boccaccios Erzählung bei so verschiedenen Autoren wie Hans Sachs, Lope de Vega, La Fontaine, Hagedorn, Longfellow u.a. gefunden hat. Auch Goethe hat, wie man aus seinen Briefen entnehmen kann, im Sommer 1776 an eine Verwendung des Stoffes der Falkennovelle, und zwar an eine dramatische Bearbeitung, gedacht.[10] Die anderen der insgesamt 18 von Anschütz ausfindig gemachten Adaptationen und Entlehnungen der Erzählung stammen durchweg von weniger bekannten Schriftstellern.

In einigen Punkten ist Anschützens Studie durch neuere quellen- und rezeptionsgeschichtliche Untersuchungen ergänzt worden.[11] Auf diese Arbeiten brauchen wir hier aber nicht näher einzugehen, da ihre Ergebnisse für unsere textimmanente Deutung der Falkennovelle ohne Belang sind.

1.2.3. Momigliano 1924

Nach Cappelletti 1876 findet sich eine nächste ausführlichere Interpretation wichtiger Stellen der Falkennovelle in den Fußnoten zur Ausgabe *Il Decameron – 49 novelle commentate* von Attilio Momigliano (Mailand 1924). In seinen Anmerkungen folgt Momigliano Croces Anregung, im Autor der Prosadichtung den »poeta« zu entdecken, um so eine besondere lyrische Stimmung des Textes einzufangen. Die seelische Tonlage, die er unablässig an verschiedenen Stellen der Erzählung wiederfindet, sieht er – außer von den Werten männlicher Großmut und weiblicher Ehrbarkeit – von der Stimmung der Melancholie beherrscht:

> La novella è gentile, casta, *malinconica* ...[12]

---

[10] Vgl. Anschütz 1892, 18f.
[11] Es handelt sich vor allem um weitere Hinweise zu den Einflüssen Boccaccios auf Lope de Vega und Longfellow: I. Tosi, *Longfellow e l'Italia*, Bologna 1906 (zur Falkennovelle: 89–99); G. Velli, »Una novella del *Decameron* e una poesia del Longfellow«, in *Scampoli goliardici*, Malta, Soc. univ. di lett. it., 1940, 1–8; P. Montes, »Federico degli Alberighi y *El Halcón de Federico*«, in *Filología moderna* (Madrid) 15 (1974/75) N. 55, 583–590 (dieser Titel wird in manchen Bibliographien mit falscher Angabe der Quelle verzeichnet). Eine weitere neuere quellengeschichtliche Arbeit, die aber zugleich eine Interpretation liefert, folgt unten (1.2.14.).
[12] Momigliano 1924, 238, Anm. 1 (hier und in den folgenden Zitaten aus Momigliano 1924 sind die Kursivierungen von mir).

L'arte di questa novella consiste proprio nel suo finire calmo, in cui si rispecchia l'anima *malinconica* e pura del protagonista.[13]

Continua l'andamento semplice, con una lieve nota di *malinconia*.[14]

Nel ritmo piano, si riflettono l'equanimità di Federigo, la sua *malinconia* virile.[15]

... con tutta la scena, che ritrae un amore profondo, ma discreto e *malinconico*.[16]

... la chiusa è *malinconica*.[17]

I primi due periodi sopra tutto sono bellissimi per l'agevolezza con cui fondono insieme le vicende e la serena *malinconia* con cui rimpiangono l'avversità della fortuna.[18]

Im übrigen versucht Momigliano, den »melancholischen« Helden Federigo degli Alberighi zeitgeschichtlich einzuordnen. Federigos Verzicht erscheint ihm gleichwertig mit dem Duell, das ein mittelalterlicher Ritter für seine Dame zu bestehen habe, obwohl sich die »anima cavalleresca« des Florentiner Edelmannes nicht im ritterlichen Kampfe, sondern in den Auseinandersetzungen des alltäglichen Lebens bewähren müsse. In diesem größeren Lebensrealismus offenbare sich eine neue Kultur und ein neues Lebensgefühl, dessen Träger nicht mehr der »cavaliere dei pelegrinaggi, delle avventure, delle battaglie« sei, sondern der »cavaliere delle sale signorili, delle conversazioni meditate, delle difficoltà dell'esistenza quotidiana, delle rinunzie ardue, delle lotte continue«, kurz, nicht mehr der Ritter der Kriege, sondern ein Ritter des Lebens.[19]

1.2.4. Russo 1938

Momiglianos Begriff der *Melancholie* ist ein hermeneutischer Leitgedanke, der sich in den Äußerungen mehrerer nachfolgender Interpreten wiederfindet. So beendet Luigi Russo[20] seine Ausführungen zur Falkennovelle, in denen er im übrigen einige wichtige Überlegungen allgemeiner Art zum Zusammenhang zwischen Satzbau und Sprachkunst bei Boccaccio anstellt, mit

---

[13] Kommentar zu der Textstelle, wo Federigos Verarmung geschildert wird. Momigliano 1924, 239, Anm. 8.
[14] Anmerkung zur kaltherzigen Reaktion der Donna. Momigliano 1924, 239, Anm. 9.
[15] Diese Beobachtung betrifft die Textstelle, in der Federigos Entscheidung, sich nach Campi zurückzuziehen, mitgeteilt wird. Momigliano 1924, 239, Anm. 11.
[16] Die gemeinte Szene ist die Begegnung Federigos mit Giovanna im Garten des Landhauses. Momigliano 1924, 242, Anm. 20.
[17] Hier ist die Rede von Federigos Beitrag zum Dialog vor dem Falkenopfer. Momigliano 1924, 242, Anm. 23.
[18] Besprochen wird hier Federigos Sprache im Dialog nach dem Falkenopfer. Momigliano 1924, 246, Anm. 36.
[19] Momigliano 1924, 243, Anm. 29.
[20] L. Russo, *Letture critiche del Decameron*, 5. Aufl. Rom/Bari 1977 (^{1}1956), SS. 185–198 (Kursivierung von mir). Russos *Decameron*-Deutung geht auf die *Postille critiche* zu seiner Ausgabe 25 ausgewählter Novellen, Florenz 1938, zurück.

folgender zusammenfassender Charakterisierung der Erzählung, die unmittelbar an Momigliano erinnert:

> Più che l'amore vero e proprio, il tema è per l'appunto la *gentilezza malinconica* di quei desideri che non hanno pace nel cuore [...]. Per questo parlavamo di *tono crepuscolare*. [...] Non c'è angoscia tragica, ma piuttosto *il gemito soffocato dell'elegia*.[21]

1.2.5. Branca 1956

Vittore Branca[22] knüpft in seinen wenigen Hinweisen zur Falkennovelle ebenfalls an Momigliano an, indem er die Novelle V 9 als »elegia pacata e cavalleresca« qualifiziert, in der der Held ganz in der »virile malinconia del suo soffrire« gefangen sei.[23] Federigos großmütige Geste erscheint als erhabene Tat, die mit dem »duello eroico d'un paladino per la sua donna« zu vergleichen sei.[24] Brancas Ausführungen zur Falkennovelle enden, dem Ansatz seines »Boccaccio medievale« entsprechend, mit einer zeitgeschichtlichen Situierung des Helden:

> ... il Boccaccio [...] ha stabilito anche l'ideale punto di incontro e di conciliazione di due società: quella feudale irta di ferro e d'oro, solenne nei suoi atteggiamenti nobilmente statuari, e quella della più splendida età comunale, tutta sapienza e cortesia umana nella misurata eleganza dei gesti e delle parole.[25]

1.2.6. Getto 1957

Giovanni Getto[26] bleibt ebenfalls im Einflußbereich der Deutung Momiglianos: Er weist die Stimmung der Melancholie auch am Beispiel der anderen Protagonisten des Textes, d.h. bei Giovanna und ihrem Sohn, nach:

> Quella modulazione *malinconica* che percorre tutta la novella trova una sorgente purissima proprio nel profile lieve di questo fanciullo [...][27].
>
> La [= la donna] vediamo [...] allontanarsi tutta piena di *malinconia*, per restare, nella memoria del lettore, fra le immagini più pure di questo libro [...][28].

Außer den z.T. reichlich summarischen und repetitiven Deutungen der Falkennovelle, wie sie sich im Rahmen der hier besprochenen Gesamtdarstellungen des *Decameron* finden, sind in den letzten Jahrzehnten einige unterschiedlich informative Spezialstudien zu dem berühmten Text erschienen.

---

[21] Russo 1938/1956, ⁵1977, 185.
[22] V. Branca, *Boccaccio medievale*, Florenz 1956/⁴1975, 185–187.
[23] Branca ⁴1975, 186.
[24] Branca ⁴1975, 186.
[25] Branca ⁴1975, 186f.
[26] G. Getto, *Vita di forme e forme di vita nel Decameron*, Turin 1957/³1972 (Kursivierung hier und im folgenden Zitat von mir).
[27] Getto ³1972, 220.
[28] Getto ³1972, 221.

1.2.7. Layman 1969

Ein Aufsatz von B. L. Layman über »Eloquence of Pattern in Boccaccio's Tale of the Falcon«[29] führt in kaum nennenswerter Weise über die bereits vor ihm bekannten Erkenntnisse hinaus, liefert uns die Arbeit doch über weite Strecken nicht mehr als eine kommentierte Inhaltsangabe der Erzählung. Erklärtes Ziel des Verfassers ist es, zu zeigen, daß in der Falkennovelle nicht in erster Linie eine »lyrical inspiration«, sondern eine »imagination of drama« am Werke sei, wobei er uns allerdings nicht im einzelnen nachweist, in welchen künstlerischen Formen sich die für die Falkennovelle zweifellos charakteristische »eloquence of a complex, expanding design« niederschlägt.[30]

1.2.8. Todorov 1969

In methodischer Hinsicht hebt sich T. Todorovs bekannte *Grammaire du Décaméron*[31] von den anderen hier besprochenen Deutungen ebenso ab, wie sie dem in der vorliegenden Arbeit benutzten syntaktischen Verfahren vom prinzipiellen Ansatz her nahesteht.

In seiner linguistischen Analyse des Erzählwerkes hat der Verfasser den Versuch unternommen, mit Kategorien der *grammaire universelle* (also mit Konzepten wie Nomen, Adjektiv, Verb, Negation, Steigerung, Modus usw.), insbesondere aber mit dem syntaktischen Begriff der Sequenz, einige typische narrative Strategien Boccaccios auf fundamentale Regeln der Sprache überhaupt zurückzuführen. Was nun Todorovs kurze Deutung der Falkennovelle angeht[32], gesteht er in entwaffnender Bescheidenheit ein, daß seine Methode für die Interpretation gerade der zentralen Szene des Textes, für die Deutung des Falkenopfers also, ungeeignet sei:

> C'est dans ce don qui n'en est pas un que réside la spécificité insaisissable (par notre grammaire) de la nouvelle; cet acte est, dirons-nous, SYMBOLIQUE.[33]

Eine Analyse der Falkennovelle, die in dieser Weise bewußt die Frage nach der konkreten kompositorischen Funktion der Falkenopferszene ausklammert, kann, so eindrucksvoll auch einige allgemeine – Boccaccios Erzähltechnik betreffende – Erkenntnisse sein mögen, zwangsläufig nur unzulängliche Einsichten vermitteln. Ziel einer kohärenten Theorie und Beschreibung der

---

[29] B. L. Layman, »Eloquence of Pattern in Boccaccio's Tale of the Falcon«, in *Italia* 46 (1969) 3–16.
[30] Layman 1969, 14. Jedenfalls ist der einfache Hinweis auf die Selbstcharakterisierung Boccaccios, der in der Einleitung zur Novelle V 9 seinem textimmanenten Erzähler Coppo di Borghese, d. h. letztlich sich selbst, die Fähigkeit zum *ornato parlare* zuschreibt, nicht ausreichend, um Boccaccios kompositorische Technik konkret darzulegen. Vgl. dazu unten, Kap. 9.
[31] T. Todorov, *Grammaire du Décaméron*, Den Haag/Paris 1969.
[32] Todorov 1969, 72–75.
[33] Todorov 1969, 74.

Novelle V 9 muß es dagegen sein, alle einzelnen Punkte der Interpretation des Textes so zueinander in ein Bezugssystem zu bringen, daß sie als logische Schritte einer in erster Linie von der zentralen Wendepunktszene ausgehenden und immer wieder auf diesen Mittelpunkt hin zurückverweisenden Argumentation angesehen werden können.[34]

1.2.9. Baratto 1970

An das in den ersten Arbeiten zur Falkennovelle so geläufige Stichwort der Melancholie knüpft auch M. Baratto in seiner großen *Decameron*-Analyse wieder an[35]. Als wesentliche Quelle, aus der er die für die Falkennovelle typische Stimmung entspringen sieht, bestimmt er – in einer vergleichenden Analyse der Texte V 9 und V 8 (Nastagio) – eine spezifische

> ... tensione, che distrugge nel disinganno e nella frustrazione la nobiltà di ogni comportamento.[36]

Die Spannung zwischen Liebeskodex und Enttäuschung löst sich aber in einer Szene, in der Baratto eine modern anmutende psychologische Meisterschaft des Autors erkennt: Nach dem Aufdecken seines fatalen Irrtums bricht Federigo in Tränen aus, und mit diesem offenen Eingestehen seiner Trauer und Verzweiflung wird der bisherige Formalismus in seinen Beziehungen zur Donna überwunden. Die so begründete menschliche Annäherung der beiden Helden wird von Baratto – ähnlich wie bei Momigliano und Branca – als Ausfluß eines Wandels in den zeitgenössischen gesellschaftlichen Bedingungen gedeutet:

> E' una scena in cui si manifesta la crisi di un'aristocrazia cittadina che aveva rinnovato in ambito comunale la pratica dei miti cavallereschi: e si apre un'affermazione più risentita dei rapporti individuali.[37]

1.2.10. Muscetta 1972

Carlo Muscetta[38] konzentriert sich in seiner Analyse der Falkennovelle auf die Verschiedenheit der Charaktere der beiden Protagonisten. Das Drama dieser unerhörten Begebenheit entstehe in erster Linie aus dem ...

---

[34] Vgl. unten insbesondere Kap. 8.
[35] M. Baratto, *Realtà e stile nel Decameron*, Vicenza 1970/²1974, 349–352.
[36] Baratto ²1974, 350. Die Ausdrücke *disinganno* und *frustrazione*, die in permanenter stilistischer Variation in allen Interpretationen Barattos auftauchen, sind übrigens nichts anderes als objektsprachliche, lexikalische Umschreibungen für den abstrakten Begriff der negierten Implikation, der Konzessivität. Vgl. dazu unten, Kap. 4.
[37] Baratto ²1974, 351.
[38] C. Muscetta, »Giovanni Boccaccio«, in C. Muscetta/A. Tartaro, *Il Trecento. Dalla crisi dell'età comunale all'umanesimo* = C. Muscetta (Hg.), *La letteratura italiana. Storia e testi*, Bd. II, Bari 1972 (zum *Decameron*, SS. 156–316, speziell zur Falkennovelle SS. 242–245).

... incomunicabile confronto tra chi ama e chi non ama, tra la ricchezza di Federigo e la miseria dei sentimenti di questa donna.[39]

Sogar das glückliche Ende dieses Konflikts, Giovannas Entscheidung für Federigo, sei im eigentlichen nicht von Gefühlen der Liebe bestimmt: sie nehme den Verehrer zum Manne nur, weil sie sich ihm wegen seiner »magnificentia ultima« verpflichtet fühle.[40]

1.2.11. Imberty 1974

Einen ganz anderen methodischen Ansatz, der zu nicht weniger eigenwilligen Ergebnissen führt, bietet die 1974 erschienene psychoanalytische Studie über »Le symbolisme du faucon dans la nouvelle 9 de la Ve Journée du Décaméron«, in der uns Cl. Imberty[41], in der bekannten Art freudianisch inspirierter Literaturpsychologie, den Text deutet als Produkt von »fantasmes inconscients« und »défenses visant à en effacer la trace«[42]. Die Handlung beruhe, meint Imberty, auf einer in der italienischen Literatur selten so perfekt angelegten »situation oedipienne«[43] und entwickele sich als eine »difficile relation triangulaire«[44] zwischen Giovanna, deren Sohn und dem Verehrer Federigo. Die prekären moralischen Beziehungen der drei Helden würden vom Autor mit dem edlen Ambiente des Florentiner Patriziermilieus und einer ästhetisch verbrämten Pseudomoral kaschiert, wobei er aber schließlich genau das ausgedrückt habe, was zu verschweigen seine Absicht gewesen sei. Dem Falken als zentralem Motiv der Erzählung komme die Aufgabe zu, sinnbildlich die sexuellen Begierden der Protagonisten zu verkörpern. So sei für Giovannas Sohn der Jagdvogel nichts anderes als ein »symbole phallique«[45], und seine Krankheit wegen des Falken entstehe als Folge nicht befriedigter Libido, während für Federigo und Giovanna das gemeinsame Falkenmahl die Bedeutung eines vorweggenommenen »commerce charnel«[46] habe.

1.2.12. Zatti 1978

Die unter den Studien zur Falkennovelle ausführlichste und wohl auch anregendste Untersuchung ist der Aufsatz von Sergio Zatti über »Federigo e la metamorfosi del desiderio«[47]. Der Verfasser beginnt zunächst mit einer Kritik an der älteren Forschung, der er zu Recht eine allzu flüchtige Festlegung auf die einseitige Formel des »rimpianto nostalgico« vorwirft.[48] In Anlehnung

---

[39] Muscetta 1972, 243. [40] Muscetta 1972, 244.
[41] Cl. Imberty, »Le symbolisme du faucon dans la nouvelle 9 de la Ve Journée du Décaméron«, in *Revue des études italiennes* 20 (1974) 147–156.
[42] Imberty 1974, 156. [43] Imberty 1974, 147f. [44] Imberty 1974, 155.
[45] Imberty 1974, 150. [46] Imberty 1974, 151f.
[47] In *Strumenti critici* 12 (1978) 236–252.
[48] Zatti 1978, 237. Vgl. oben, 1.2.1., 1.2.2., 1.2.3., 1.2.4.

namentlich an Baratto[49] verdient seines Erachtens der Text eher unser Interesse als ideologisch-kulturgeschichtliches Dokument, das uns am Beispiel der Person Federigos, der sich vom verschwenderischen und schließlich verarmten aristokratischen Edelmann (*donzel*) zum bürgerlich-merkantilen Verwalter (*miglior massaio*) seines durch die Heirat mit Giovanna wiedergewonnenen Reichtums wandelt, einen historischen Umbruch schildert: den Übergang von einer »vecchia classe cavalleresca, cortese, dissipatrice e generosa, a una nuova classe aristocratico-borghese ben più saggia nell'amministrazione dei propri beni«[50].

Die Originalität des gesellschaftshistorischen Ansatzes liegt im folgenden darin, daß die Untersuchung zur »potente connotazione ideologica«[51] des Textes aus der Analyse der privaten Liebesgeschichte selbst heraus entwickelt wird, daß sich also »tema erotico e tema economico«[52] in ihrer wechselseitigen Durchdringung offenbaren:

> Così il conflitto che il testo formalizza come opposizione fra ›legge di natura‹ e ›pudore di classe‹ si risolve a vantaggio di una ›naturalità‹ che di fatto coincide con la nuova razionalità borghese, un codice certamente meno splendido, ma anche meno formalistico e disumano.[53]

Im Hinblick auf dieses Ergebnis sind die einzelnen Ausführungen zur Liebesgeschichte, genauer: zur »trasformazione del desiderio di Federigo« in der im Zitat erläuterten gesellschaftshistorischen Dimension, keineswegs nur auf soziologisch-ideologiekritischen Erwägungen gegründet, sondern werden zugleich von psychoanalytischen Konzepten geleitet und außerdem durch sorgfältig gesichtete Belege zur »particolare qualità semantica«[54] der Sprache Boccaccios abgesichert.

1.2.13. Lehmann 1979

Von einem ähnlichen soziologisch-ideologiegeschichtlichen Ansatz wie Zatti 1978 geht auch Cornelia Lehmann aus.[55] Anhand einer strukturalistisch verfahrenden Untersuchung über »Konfliktgestaltung und Figurenaufbau im *Decameron*« möchte sie eine enge Verquickung gesellschaftlich und ästhetisch neuer Gesichtspunkte nachweisen. Als entscheidend betrachtet die Verfasserin die Tatsache, daß die Lösung des Konflikts durch eine überraschende, psychologisch motivierte »Differenzimpression« (Begriff von Victor Sklovskij[56]) gelingt: Federigo erlange die Huld der Dame dem falschen Mittel

---

[49] Vgl. oben, 1.2.5.
[50] Zatti 1978, 247, nach Baratto 1970/²1974.
[51] Zatti 1978, 239.   [52] Zatti 1978, 240.
[53] Zatti 1978, 247.   [54] Zatti 1978, 236.
[55] C. Lehmann, »Konfliktgestaltung und Figurenaufbau im *Decameron* – Boccaccios Falkennovelle«, in *Beiträge zur romanischen Philologie* 18 (1979) 133–139.
[56] Lehmann 1979, 37. Zum Terminus der „Differenzimpression" vgl. V. Sklovskij, *Theorie der Prosa*, Frankfurt a. M. 1966, S. 135ff.

(= dem Falkentod) »zum Trotz«[57], da für Giovanna das Falkenopfer ein Zeichen seiner edlen Gesinnung und somit Hauptgrund für die Wahl Federigos zum Gatten sei (eine Analyse, die im Ergebnis genau unserem aus der abstrakten Struktur des Konzessivsatzes entwickelten syntaktischen Ansatz entspricht).

In Anlehnung an H. J. Neuschäfer[58] deutet Lehmann die mit der freien Entscheidung der Donna herbeigeführte Lösung des Konflikts als Ausdruck einer neuen Zeit, in der nicht mehr das Wunder oder eine höhere gottgewollte Ordnung – wie in anderen mittelalterlichen Erzählformen – den Rahmen für die Entwicklung der Einzelschicksale setzen. Trotz aller Schicksalsschläge und der vom Zufall herbeigeführten Verwicklungen sei bei Boccaccio das Individuum selbst in der Lage, durch eigene Initiative aus dem an sich sinnlosen Geschehen das Beste zu machen.

1.2.14. Trimborn 1979

In einer neueren quellengeschichtlichen Arbeit[59], in der an die für die Falkennovelle in dieser Hinsicht wenig fündig gewordene frühere Forschung angeknüpft wird, weiß Karin Trimborn ihrerseits eine ansehnliche Reihe von Belegen zum Motiv des Falken beizubringen, und zwar vornehmlich aus der mittelhochdeutschen Literatur (Kürenberger, Pseudo-Dietmar, Reinmar, Burkhard von Hohenfels u.a.). Vor dem Hintergrund der herangezogenen Vergleichsstellen widmet sich die Verfasserin dann im weiteren Verlauf ihrer Untersuchung dem Problem der Besonderheit des Falkenmotivs bei Boccaccio. Zwar handele es sich, so Trimborn, bei der Tötung des Falken als Zeichen der »totalen Selbsthingabe«[60] um ein Handlungselement, das zum Kernbestand mittelalterlicher Liebesdichtung gehöre, aber beim Autor der Falkennovelle stehe, wie die Verfasserin wohl richtig sieht, weniger das Motiv selbst im Vordergrund als die im Falkenopfer zum Vorschein kommende Noblesse des Verhaltens, die edle Gesinnung Federigos, die weder Armut noch Mißgeschick hätten beeinträchtigen können, ein moralisch begründeter Adel des Herzens also, der sich als stärker erweise denn die Vornehmheit der Geburt. Diese charakterliche Eigenart des Helden der Falkennovelle wird von Trimborn – in Anlehnung an Branca – als Zeichen eines veränderten Menschen-

---

[57] Die Vf. verwendet »zum Trotz« als lexikalischen Ausdruck des Gedankens der Konzessivität, ohne sich – wie es scheint – der Beziehung zur entsprechenden Syntax bewußt zu sein. Vgl. Lehmann 1979, 137.
[58] H.-J. Neuschäfer, *Boccaccio und der Beginn der Novelle. Strukturen der Kurzerzählung auf der Schwelle zwischen Mittelalter und Neuzeit*, München 1969 (speziell SS. 76–89).
[59] K. Trimborn, »Der Falke des Federigo degli Alberighi und seine mittelalterlichen Vorfahren«, in *Zeitschrift für deutsche Philologie* 98 (1979) 92–109.
[60] Trimborn 1979, 104.

bildes der Zeit gedeutet: die in Bewegung geratene ethische Hierarchie werde zwar noch mit den vom Mittelalter ererbten Kategorien erfaßt, aber andererseits der veränderten Lage des sozialen Umbruchs angepaßt.[61]

Spätestens anläßlich dieser Schlußbemerkungen von Trimborn beginnt man sich über den seltsamen Tatbestand zu wundern, daß die einzelnen Verfasser von gesellschaftshistorischen Studien zur Falkennovelle bisher kaum in einen Dialog über die teils übereinstimmenden, teils differierenden Ansätze und Ergebnisse ihrer Forschungen eingetreten sind.

1.2.15. Cottino-Jones 1982

In der von der bekannten italo-amerikanischen Boccaccio-Forscherin unter dem trefflichen Titel *Order from Chaos* vorgelegten Gesamtanalyse des *Decameron*[62] sind der Falkennovelle über resümierende Hinweise zum Inhalt der Erzählung hinaus nur wenige interpretierende Bemerkungen gewidmet. Der Falke Federigos und Giovannas Sohn werden als vergleichbare Sinnbilder gedeutet, nämlich als »symbols of the different ideals of the two main characters«[63]. Der Verlust des Falken und der Tod des Jungen sollen dabei angeblich anzeigen, daß

> ... both characters must sacrifice their ideological frames of reference before they can accept each other[64].

Wie Federigo seine höfischen Ideale erst aufgeben müsse, um Giovanna erobern zu können und durch die Heirat mit ihr zu neuem, mit bürgerlich-merkantilem Sachverstand verwaltetem Wohlstand zu kommen, sei Giovanna ihrerseits erst nach dem Verlust ihres Sohnes in der Lage, das aristokratische Liebeswerben ihres Verehrers angemessen zu würdigen. Diese Deutung des Wandels im Verhalten und Charakter des weiblichen Protagonisten beruht insbesondere auf Giovannas Antwort an ihre Brüder, die einer Verheiratung ihrer Schwester mit dem verarmten Federigo zunächst ablehnend gegenüberstehen, sich aber dann von folgendem Argument Giovannas umstimmen lassen:

> ... io voglio avanti uomo che abbia bisogno di ricchezza che ricchezza che abbia bisogno d'uomo (V 9, 42).

---

[61] Trimborn 1979, 106–108, hier: 108.

[62] M. Cottino-Jones, *Order from Chaos. Social and Aesthetic Harmonies in Boccaccio's »Decameron«*, Washington 1982. In unseren weiteren Ausführungen in der vorliegenden Arbeit und in den anderen o. g. Studien (vgl. Einleitung, Anm. 1) wird zu zeigen sein, daß die These »Ordnung aus Chaos« in einem viel umfassenderen Sinn, als es Cottino-Jones darstellt, die Gesetze der ästhetischen Gestaltung des *Decameron* auf den Begriff bringt.

[63] Cottino-Jones 1982, 90. Der Ansatz zeigt, daß sich die Verfasserin mehr für die inhaltlich-gehaltlichen Probleme der Erzählung interessiert und den Fragen der sprachlich-kompositorischen Gestaltung des Textes weniger Beachtung schenkt.

[64] Cottino-Jones 1982, 90.

Sicherlich ist es richtig, den Tod des Jungen als Voraussetzung für das danach folgende Ende der Geschichte anzusehen, aber die zitierte Textstelle ist nicht geeignet, überzeugend nachzuweisen, inwieweit der Sohn das entscheidende Element in Giovannas »ideological frames of reference« darstellen soll, die einer Annäherung an Federigo im Wege gestanden hätten. Im Gegenteil, die freundschaftliche Beziehung des Jungen zu Federigo ist als erster Schritt in Richtung auf die spätere Vereinigung der beiden Helden zu werten, und aus der Sicht dieses Teils der Handlung erscheint der Tod des Knaben eher dazu bestimmt, die aufkeimende Hoffnung auf eine baldige Annäherung Federigos und Giovannas zunächst einmal zu enttäuschen. Die erzählerische Funktion des Schicksals des Sohnes besteht also eher darin, das glückliche Ende der Geschichte, Giovannas überraschende Entscheidung für Federigo, noch glücklicher und überraschender erscheinen zu lassen. In diesem Sinne ist die Figur des Jungen ein wesentliches Element in der novellistischen Gestaltung des unerwarteten Endes, der unerhörten Begebenheit.[65]

1.2.16. Bilanz

So legitim nun die aus dem jeweiligen Ansatz entwickelten Erkenntnisinteressen und so zutreffend oder vielleicht sogar ingeniös die resümierten Deutungen im einzelnen auch sein mögen, sie verraten in der Regel mehr von der Fähigkeit zu textüberschreitenden gelehrten Assoziationen und von den literarhistorischen Kenntnissen des professionellen Lesers als von der konkreten sprachlich-literarischen Gestalt und Eigenart des untersuchten Textes sowie den dabei vom mittelalterlichen Autor befolgten Grundsätzen der künstlerischen Arbeit.

Uns dagegen wird im folgenden die Falkennovelle ausschließlich als *sprachliches Kunstwerk* beschäftigen, d.h. schlicht und wörtlich als ein literarisches *Werk*, dessen *Kunst* sich uns aus der *Sprache* des Autors erschließen soll. Um uns in diesem Sinne dem Problem der Konstitution dieses literarischen Textes – seiner syntaktischen »Verfertigung« vom Satz als Element bis zum fertigen Stück dichterischer Prosa – zu nähern, wollen wir, unserer linguistisch orientierten Heuristik entsprechend, in folgenden Schritten verfahren: Nach einer in den Phasen des erzählten Ereignisses selbst gründenden Gliederung des Handlungsverlaufs zitieren wir den gesamten Text der Falkennovelle in der Originalfassung des im *Codex Hamilton 90* enthaltenen Autographs, analysieren dann in dieser sprachlichen Version einige Merkmale des Satzbaus und fragen schließlich, welche ästhetische Absicht in bezug auf die poetische Gestalt des Textes Boccaccio mit der graphisch realisierten Abgrenzung bestimmter syntaktischer Einheiten verfolgt hat.

---

[65] Vgl. unten, 4.1.3.

2. Ereignis und Geschichte: inhaltliche Gliederung des Handlungsverlaufs

Kriterien des die novellistische Handlung konstituierenden objektiven Geschehens und entsprechende sprachliche Signale des Autors geben uns die Möglichkeit, in den Texten des *Decameron* eine inhaltliche Gliederung zu erkennen, und zwar
1) die Aufteilung des Textes in die drei Hauptelemente Rahmen, Vorgeschichte und eigentliche Geschichte (»avvenimento«) sowie
2) die Abgrenzung einzelner Phasen im Verlauf des Hauptgeschehens.

2.1. Rahmen, Vorgeschichte, Geschichte

Wie in den meisten anderen Texten des *Decameron* arbeitet Boccaccio auch in der Falkennovelle mit spezifischen sprachlichen Signalen, um bestimmte Hauptpunkte der inhaltlichen Gliederung explizit anzuzeigen. So wird der Übergang von der Rahmenerzählung zum Novellentext in der Novelle V 9, wie häufig in anderen Fällen, mit der Formulierung *DOvete adunque sapere*[1] markiert. Im Anschluß an diese Wendung folgt die Exposition, d. h. die Vorgeschichte mit den wichtigsten Hinweisen zum raum-zeitlichen Rahmen der anschließenden Geschichte und mit Angaben zu den Protagonisten. Im Falle der Falkennovelle erfahren wir an dieser Stelle in aller Kürze von Federigo degli Alberighis Stand und Ansehen in der Stadt Florenz, von seinem vergeblichen Werben um die verheiratete Donna Giovanna, von seinem Liebeswahn, der ihn so weit treibt, daß er sein ganzes Vermögen verschwendet, um die Huld der Verehrten zu erlangen; von deren unerschütterlicher Ehrbarkeit, vom Rückzug des verarmten Federigo auf ein ihm noch verbliebenes kleines Landgut in Campi bei Florenz, wo er sich mit seinem Falken, dem letzten Zeichen seines früheren Reichtums und seines adeligen Standes, über sein trauriges Los hinwegtröstet.

Ein weiteres idiomatisches Element in Boccaccios Sprache findet sich danach am Beginn der Erzählung der eigentlichen »Ereignisse«: *Hora advenne che ...*.

Die beiden sprachlichen Wendungen *DOvete adunque sapere* und *Hora*

---

[1] Die Orthographie der Zitate folgt dem Originalmanuskript Boccaccios (vgl. unten, 3.1.).

advenne che gliedern mithin, zusammen mit den – Anfang und Ende des Novellentextes anzeigenden – *Rubriche*, den gesamten Text in folgende Hauptsegmente:

\# *Rubrica*
    RAHMEN
\# *DOvete adunque sapere ...*
    EIGENTLICHE ERZÄHLUNG
    A. Vorgeschichte
\# *Hora advenne che ...*
    B. Geschichte
\# *Rubrica* des nächsten Textes.

2.2. Phasen des Hauptgeschehens

Im Hauptteil B, in dem die *novella* im etymologischen Sinne, die konzentrierte Gestaltung der unerhörten Begebenheit, folgt, ergibt sich nun eine weitere Gliederung nachgerade naturgemäß aus dem Verlauf der Ereignisse selbst: aus einer Veränderung der raum-zeitlichen Umstände und aus dem innerhalb der meist wenigen Tableaus der Handlung sich ergebenden Wechsel in der jeweiligen Zusammenstellung der beteiligten Personen.[2]

Nach diesen Kriterien gliedert sich der Hauptteil der Falkennovelle in drei größere inhaltliche Blöcke, drei Akte (I, II, III) sozusagen, von denen sich der mittlere Akt seinerseits wieder in drei eindeutig abgegrenzte Szenen (1, 2, 3) aufteilt. Hier nun diese Gliederung des Hauptteils im einzelnen:

I. Federigos Falke und Donna Giovannas Sohn

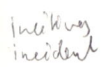

Nach dem Tod ihres Mannes (welcher das mit *Hora advenne che* eingeleitete auslösende Moment derjenigen Ereignisse ist, die die Geschichte ausmachen) zieht sich Giovanna mit ihrem Sohn auf ihr Landgut, das ebenfalls bei Campi liegt, zurück. Hier begegnet der Junge Federigo, begleitet ihn auf die Beizjagd, verliebt sich in dessen Falken, erkrankt daraufhin und bedrängt die Mutter, von Federigo den Jagdvogel zu erbitten, um wieder gesund werden zu können. Nach längerem inneren Widerstreben entschließt sich Giovanna aus Liebe zu ihrem Kind, dem Wunsch des Knaben Folge zu leisten und ausge-

---

[2] Zum Verhältnis von Geschichte, Ereignis und Erzählen – speziell zu den Phänomenen der »naturalen Chronologie«, des »Wandels« und der »systemindividualisierenden Abweichung« als konstitutiven Merkmalen narrativer Ereignisse (»Geschichten«) – vgl. diverse Beiträge zum V. Bd. der Reihe *Poetik und Hermeneutik*: R. Kosellek/W.-D. Stempel, *Geschichte – Ereignis und Erzählung*, München 1973.

rechnet den Mann, dem sie so lange und beständig die kalte Schulter gezeigt hat, um die letzte Habe aus seinem früheren Besitz zu bitten.

II. Giovannas Besuch in Federigos Landhaus

Der größere, mittlere Block des Hauptteils der Novelle ist durch eindeutige raum-zeitliche Angaben umschrieben: Giovannas Aufbruch beginnt »am folgenden Morgen«, und ihr Besuch endet mit der »Rückkehr zu ihrem Kind«. Ihre Begegnung mit Federigo läßt sich – wie oben angedeutet – in drei Szenen aufgliedern: zwei größere als Flügelteile, zwischen denen eine dritte, kürzere Szene – der Falkentod – als Mittelteil steht. Im einzelnen:

1) Nach Giovannas Ankunft folgt ein längerer Dialog mit Federigo zur Begrüßung und zum Austausch von Erinnerungen. Danach bittet Federigo, sich zurückziehen zu dürfen, um das Essen zu richten.
2) In seiner Not, der verehrten Giovanna kein ebenbürtiges Mahl bieten zu können, entscheidet sich Federigo nach qualvollem Überlegen dazu, den Falken zu töten und der Dame als »würdige Speise« zu servieren.
3) Nach dem gemeinsamen Falkenmahl folgt wieder ein längeres Gespräch zwischen Federigo und Giovanna, in dessen Verlauf Federigos fataler Irrtum aufgeklärt wird: Endlich erlebt er das Glück, daß die verehrte Donna ihn um etwas bittet, aber da kann er zu seinem Leidwesen ihren Wunsch nicht erfüllen, weil er der Dame die erbetene Gabe schon vorher – freilich zu einem anderen Zweck – geopfert hat.

III. Giovannas Entscheidung für Federigo

Die Dame kehrt also unverrichteterdinge nach Hause zurück. Nach dem in aller Kürze mitgeteilten Tod des Sohnes wird sie von ihren Brüdern bedrängt, sich wieder zu verheiraten. Eingedenk der im Falkenopfer offenbar gewordenen *grandezza d'animo* ihres Verehrers, entscheidet sich Giovanna für Federigo. Die Brüder, die sie zunächst von der als Mesalliance betrachteten Verbindung mit dem verarmten Edelmann abhalten wollen, willigen schließlich ein. So heiratet Federigo am Ende die reiche Witwe und lebt »glücklich und als besserer Verwalter seines Vermögens« mit der von ihm so lange vergeblich umworbenen Dame.

Die Übersicht über die bereits in der Oberflächenstruktur vom strengen Kompositionswillen des Autors zeugenden Gliederung der Falkennovelle läßt sich in schematischer Form wie folgt zusammenfassen:

    A.   Vorgeschichte: Liebeswahn und Verarmung
    B.   Geschichte
           I.   Federigos Falke und Giovannas Sohn
               (Dialog Giovanna – Sohn)

II. Giovannas Besuch bei Federigo
1) Dialog Giovanna – Federigo vor dem Falkenopfer
2) FALKENTOD
3) Dialog Giovanna – Federigo nach dem Falkenopfer
III. Giovannas Wiederverheiratung
(Dialog Giovanna – Brüder).

Das Schema und die vorausgegangene ausführliche Darstellung der inhaltlichen Gliederung der Novelle lassen bereits erkennen, mit welchen technischen Mitteln Boccaccio in der Komposition der Falkennovelle vorrangig gearbeitet hat. Die Abfolge der Handlungssequenzen verrät konzentrische Gestaltung um einen ideellen Handlungskern herum und spiegelbildliche – durch Opposition oder Ähnlichkeit der Inhalte motivierte – Anordnung der einzelnen Akte und Szenen des Geschehens im Hauptteil der Erzählung.

Diese schematische Rekonstruktion der inhaltlichen Gliederung der Falkennovelle entspricht in etwa dem Stand der bisherigen Kenntnisse der Forschung zum formalen Aufbau der Erzählung.[3] Dieser Wissensstand, der eigentlich kaum mehr leistet, als die Oberflächenstruktur des Textes abzubilden, läßt sich nun allerdings erheblich vertiefen und präzisieren. Zu diesem Zweck wollen wir
- die graphische Gestaltung der Novelle in ihrer Originalfassung aus dem Autograph des *Codex Hamilton 90* und
- einige syntaktische Merkmale der sprachlichen Gestaltung des Textes einer genauen Analyse unterziehen.

---

[3] Obwohl, wenn man die im ersten Kapitel besprochenen Forschungsarbeiten kritisch durchmustert, die Suche nach einer systematisch geordneten Gliederung des Handlungsverlaufs der Novelle V 9 sogar vergeblich ist.

3. *Ad fontes*: die Originalversion des Textes aus dem Autograph des »Codex Hamilton 90«

Die Originalfassung der Falkennovelle, die uns in dem von Boccaccio ca. 1370 abgeschlossenen Autograph des *Codex Hamilton 90*[1] überliefert ist, soll im folgenden ersten Abschnitt des vorliegenden Kapitels vollständig zitiert werden, und zwar aus verschiedenen Gründen:
1) Da die in den nachfolgenden Kapiteln gebotene syntaktische Analyse im linguistisch entscheidenden Punkt, nämlich in der Abgrenzung der Sätze, auf dem authentischen Schriftbild im Manuskript letzter Hand beruht, soll dem interessierten Leser die Möglichkeit gegeben werden, diesen Rekurs *ad fontes* ohne weitere Umstände nachzuvollziehen. Die Originalfassung stellt zudem die Grundlage aller folgenden Zitate und aller unserer Beobachtungen zur Sprache Boccaccios dar. Unser Referenztext kann also nicht die *Edizione critica* von Branca (1976) sein, sondern der *Codex Hamilton 90* in der diplomatischen Ausgabe von Singleton (1974) und in der Faksimile-Wiedergabe von Branca (1975).[2]
2) Die Originalversion des Textes gilt uns als Quelle für den Versuch, die kommunikativen Minimalsequenzen der Handlung in ihrer Delimitation und kursorischen Abfolge genau so zu rekonstruieren, wie sie der Autor selbst aufgrund des syntaktischen Kriteriums *Satz* und mit dem graphischen Zeichen *Majuskel* abgegrenzt hat (vgl. 3.2.).[3]

Der folgende Abschnitt bringt also zunächst das vollständige Zitat der Falkennovelle in der einzigen uns überlieferten handschriftlichen Fassung des Autors. An das Zitat schließt sich eine aufeinander abgestimmte Besprechung des originalen Schriftbildes und des Inhalts der Erzählung an, d.h. es werden die von Boccaccio durch graphische Signale abgegrenzten syntaktischen Segmente des Textes als entsprechende Sequenzen der Handlung interpretiert.

3.1. Der Text: vollständiges Zitat in diplomatischem Abdruck

Die im Anschluß zitierte Fassung der Novelle V 9 stammt aus der *Edizione diplomatico-interpretativa* von Ch. S. Singleton[4]. Der Text wurde in den für

---

[1] Vgl. oben, Einleitung, Anm. 4.
[2] Vgl. ebd.
[3] Zur linguistischen Beurteilung der satzsyntaktischen Einheiten in Boccaccios Text vgl. unten, Kap. 6 (speziell 6.1.).
[4] Ed. Singleton 1974, 393–399.

unsere Analyse wichtigen Erscheinungen der Syntax und in der graphischen Gestaltung, speziell der Majuskelsetzung, mit der phototypischen Faksimile-Ausgabe des *Codex Hamilton 90*[5] verglichen und entsprechend überprüft.

Das Zitat des Originals enthält zusätzlich am Rand, von meiner Hand, eine Numerierung der von Boccaccio durch Majuskeln gekennzeichneten syntaktischen Einheiten; und zwar sind die Sätze des Rahmens mit römischen Ziffern versehen, während die *Incipit* der Sätze der eigentlichen Novelle, d. h. des Textes der Erzählung von der Initialformel *DOvete adunque sapere* ... an, mit arabischen Ziffern durchgezählt werden.

Die hier vorausgesetzte Deutung der Majuskeln als original von Boccaccio gesetzter graphischer Zeichen, mit denen der Autor syntaktische Einheiten, d.h. die Sätze des Textes, abgegrenzt hat, wirft eine Reihe von Problemen auf, die weiter unten in einer besonderen Betrachtung erörtert werden.[6]

I – **Federigo degli alberighi ama** *et*
non **e amato**/ *et* **in cortesia spendendo si consuma** *et* **rima**n
gli un sol falcone/ **il quale no**n **avendo altro da ad man**
giare alla sua donna venutagli ad casa la qual cio
sappiendo mutata danimo il prende per marito
et **fallo ricco; rubrica;**

II – ERa gia di parlar ristata phylomena qua*n*do la reina a
vendo veduto che piu niuno ad dover dire se no*n* dyo
neo p*er* lo suo privilegio vera rimaso co*n* lieto viso disse.

III – AD me omai appartiene di ragionare *et* io carissime do*n*
ne da una novella simile i*n* parte alla precedente il faro vo
lentieri non accio solamente che conosciate qua*n*to la vo
stra vagheça possa ne cuor gentili ma p*er* che apprendiate
dessere voi medesime dove si co*n*viene donatrici de vostri
guiderdoni/ sença lasciarne sempre esser la fortuna gui

IV – datrice La qual no*n* discretamente/ ma come saviene smo

1 – deratame*n*te il piu delle volte dona. DOvete adu*n*que
sapere che coppo di borghese domenichi/ il quale fu nella no
stra citta *et* forse ancora e huomo di grande *et* di revere*n*da
auctorita ne di nostri/ *et* p*er* costumi *et* p*er* vertu molto piu che
p*er* nobilta di sangue chiarissimo *et* degno deterna fama
essendo gia danni pieno spesse volte delle cose passate
co suoi vicini *et* co*n* altri si dilectava di ragionare la qual
cosa egli meglio *et* co*n* piu ordine/ *et* co*n* maggior memoria
et ornato parlare che altro huom seppe fare. era usato di dire
tra laltre sue belle cose/ che in firença fu gia un giovane

---

[5] Ed. facs. Branca 1975, fol. 70rA – fol. 71rA.
[6] Vgl. 6.1.2. und 6.1.3.

chiamato federigho di messer filippo alberighi in opera darme
2 – et in cortesia pregiato sopra ogni altro donçel di toscana/ Il
quale si come il piu de gentili huomini adviene duna
gentil donna chiamata monna giovanna sinnamoro⸝
ne suoi tempi tenuta delle piu belle donne et delle piu leg
giadre che in firençe fossero⸝ et accio che egli lamor di lei ac
quistar potesse/ giostrava/ armeggiava/ faceva feste/
3 – et donava/ et il suo sença alcun ritegno spendeva. Ma ella
non meno honesta che bella/ niente di queste cose per lei fac
4 – te/ ne di colui si curava chelle faceva Spendendo adun
que federigo oltre ad ogni suo potere molto/ et niente
acquistando⸝ si come di leggiere adiviene le ricchece
mancarono/ et esso rimase povero/ sença altra cosa che
un suo poderetto piccolo essergli rimasa delle rendite del
quale strectissimamente vivea⸝ et oltre ad questo un suo
5 – falcone de miglior del mondo⸝ Per che amando piu che mai
ne parendogli piu potere essere cittadino come disidera
va/ ad campi la dove il suo poderetto era/ se nando ad stare⸝
6 – Quivi quando poteva uccellando/ et sença alcuna persona
7 – richiedere patientemente la sua poverta comportava. Ho
ra advenne un di che essendo cosi federigo divenuto al
lo stremo/ che il marito di monna giovanna infermo/ et veg
gendosi alla morte venire fece testamento⸝ et essendo
ricchissimo/ in quello lascio suo herede un suo figliuolo
gia grandicello⸝ et appresso questo avendo molto amata
monna giovanna/ lei se advenisse che il figliuolo sença
herede legiptimo morisse⸝ suo herede substitui/ et morissi⸝
8 – Rimasa adunque vedova monna giovanna/ come usan
ça e delle nostre donne/ lanno di state con questo suo fi
gliuolo se nandava in contado ad una sua possessione
assai vicina ad quella di federigo⸝ per che advenne che que
sto garçoncello sincomincio ad dimesticare con federi
go/ et ad dilectarsi duccelli et di cani⸝ et avendo veduto
molte volte il falcon di federigo volare et stranamente
piacendogli forte disiderava daverlo/ ma pure non sattenta
9 – va di domandarlo veggendolo allui esser cotanto caro. Et co
si stando la cosa advenne che il garçoncello infermo⸝ di che
la madre dolorosa molto come colei che piu non avea/ et lui
amava quanto piu si poteva/ tutto il di standogli dintor
no/ non restava di confortarlo/ et spesse volte il domandava
se alcuna cosa era la quale egli disiderasse/ pregandolo
gliele dicesse/ che per certo se possibile fosse ad avere pro
10 – caccerebbe come lavesse. Il giovanetto udite molte

11 – volte queste profecte/ disse⸌ Madre mia se voi fate che
io abbia il falcone di federigo io mi credo prestamente
12 – guerire⸌ La donna udendo questo alquanto sopra se stette
et comincio ad pensar quello che far dovesse⸌ ella sapeva
che federigo lungamente laveva amata ne mai dallei
una sola guatatura aveva avuta⸌ per che ella diceva/ co
me mandero io o andro ad domandargli questo falcone
che e per quel che io oda il migliore che mai volasse/ et ol
tre accio il mantien nel mondo? et come saro io si sconoscen
te che ad un gentile huomo al quale niuno altro dilec
13 – to e piu rimaso/ io questo gli voglia torre? Et in cosi fac
to pensiero impacciata/ come che ella fosse certissima
daverlo sel domandasse/ sença sapere che dover dire/ non
14 – rispondeva al figliuolo ma si stava. Ultimamente tanto
la vinse lamor del figliuolo che ella seco dispose per contentar
lo che che esser ne dovesse/ di non mandare ma danda
re ella medesima per esso/ et di recargliele/ et risposegli⸌
15 – Figliuol mio confortati et pensa di guerire di força che
io ti prometto che la prima cosa che io faro domattina
16 – io andro per esso et si il ti rechero⸌ Di che il fanciullo lieto
17 – il di medesimo mostro alcun miglioramento/ La don
na la mattina seguente presa unaltra donna in com
pagnia per modo di diporto se nando alla piccola ca
18 – setta di federigo et fecelo adimandare⸌ Egli percio che
non era tempo ne era stato ad quei di duccellare era
in un suo orto et faceva certi suoi lavorietti acconciare⸌
19 – Il quale udendo che monna giovanna il domandava al
20 – la porta maravigliandosi forte lieto la corse⸌ La qua
le vedendol venire/ con una donnesca piacevoleça
levatiglisi incontro/ avendola gia federigo reveren
21 – temente salutata⸌ disse⸌ Bene stea federigo⸌ et seguito⸌
io son venuta ad ristorarti de damni li quali tu ai gia
avuti per me amandomi piu che stato non ti sarebbe biso
gnio⸌ et il ristoro e cotale/ che io intendo con questa mia
compagna insieme desinar teco dimesticamente sta
22/23 – mane⸌ Alla qual federigo humilmente rispose. Ma
donna niun damno mi ricorda mai avere ricevuto
per voi/ ma tanto di bene/ che se io mai alcuna cosa val
si/ per lo vostro valore/ et per lamore che portato vo adiven
ne⸌ et per certo questa vostra liberale venuta me trop
po piu cara che non sarebbe se da capo mi fosse dato da
spendere quanto per adietro o gia speso⸌ come che ad
24 – povero hoste siate venuto⸌ Et cosi decto vergognosa

mente dentro alla sua casa la ricevette/ et di quella nel
suo giardino la condusse⸌ et quivi non avendo ad cui far
25 – le tener compagnia ad altrui disse⸌ **M**adonna poi che
altri non ce questa buona donna moglie di questo
lavoratore vi terra compagnia tanto che io vada ad
26 – far metter la tavola⸌ **E**gli con tutto che la sua poverta fos
se strema non sera ancor tanto adveduto quanto bisognio
gli facea/ che egli avesse fuor dordine spese le sue richeçe/
ma questa mattina niuna cosa trovandosi di che potere
honorar la donna per amor della quale egli gia infiniti
huomini honorati avea/ il fe ravedere⸌ et oltre modo
angoscioso seco stesso maledicendo la sua fortuna come
huomo che fuor di se fosse hor qua et hor la trascorrendo
ne denari ne pegno trovandosi/ essendo lora tarda et il
disidero grande di pure honorar dalcuna cosa la gentil
donna et non volendo non che altrui ma il lavorator suo
stesso richiedere/ gli corse ad gli occhi il suo buon fal
cone il quale nella sua saletta vide sopra la stangha⸌
per che non avendo ad che altro ricorrere presolo et trova
tolo grasso penso lui esser degna vivanda di cotal don
na/ et pero sença piu pensare tiratogli il collo ad una
sua fanticella il fe prestamente pelato et acconcio
mettere in uno schedone/ et arrostir diligentemente/
et messa la tavola con tovaglie bianchissime delle
quali alcuna ancora avea con lieto viso ritorno alla
donna nel suo giardino/ et il desinare che per lui far si
27 – potea/ disse essere apparecchiato. **L**aonde la donna con la
sua compagna levatasi andarono ad tavola et sença
saper che si mangiassero insieme con federigo il quale
con somma fede le serviva mangiarono il buon falco
ne⸌ et levate da tavola et alquanto con piacevoli ra
gionamenti con lui dimorate⸌ parendo alla donna
tempo di dire quello per che andata era cosi benigna
28 – mente/ verso federigo comincio ad parlare. **F**ede
rigo ricordandoti tu della tua preterita vita et della
mia honesta la quale per adventura tu ai reputata du
reça et crudelta/ io non dubito puncto che tu non ti debbi
maravigliare della mia presumptione sentendo quello
per che principalmente qui venuta sono/ ma se figliu
oli avessi/ o avessi avuti per li quali potessi conoscere
di quanta força sia lamor che lor si porta mi parrebbe
esser certa che in parte mavresti per iscusata⸌ ma come
che tu non abbia io che no uno non posso pero le leggi co

muni dellaltre madri fuggire⁄ le cui forçe seguir con
venendomi/ mi conviene oltre al piacer mio/ et oltre
ad ogni convenevoleça et dovere chiederti un dono il
quale io so che sommamente te caro⁄ et e ragione percio
che niuno altro dilecto/ niuno altro diporto/ niuna con
solatione lasciata ta la tua strema fortuna⁄ et questo
dono e il falcon tuo del quale il fanciul mio e si forte in
vaghito che se io non gliele porto io temo che egli non
aggravi tanto nella infermita la quale a/ che poi ne
segua cosa per la quale io il perda⁄ et percio ti priego non per
lamore che tu mi porti al quale in usar cortesia se maggi
ore che in alcuno altro mostrata/ che ti debba piacere
di donarlomi/ accio che io per questo dono possa dire da
vere ritenuto in vita il mio figliuolo/ et per quello aver

29 – loti sempre obligato⁄ Federigo udendo cio chella don
na adomandava et sentendo che servir non ne la potea
percio che mangiar gliele avea dato/ comincio in presença
di lei ad piagnere ançi che alcuna parola responder po

30 – tesse. Il qual pianto la donna prima credette che da do
lore di dover da se dipartire il buon falcon divenisse
piu che da altro⁄ et quasi fu per dire che nol volesse⁄ ma
pur sostenutasi aspecto dopo il pianto la risposta di fe

31 – derigo il qual cosi disse. Madonna poscia che a dio piac
que che io in voi ponessi il mio amore in assai cose mo
reputata la fortuna contraria et sonmi di lei doluto
ma tutte sono state leggieri ad rispecto di quello che
ella mi fa al presente/ di che io mai pace con lei
aver non debbo⁄ pensando che voi qui alla mia povera
casa venuta siete/ dove mentre che ricca fu venir
non degnaste/ et da me un picciol don vogliate et ella
abbia si facto che io donar nol vi possa⁄ et per che que

32 – sto esser non possa vi diro brievemente⁄ Come io udi che
voi la vostra merce meco desinar volavate aven
do riguardo alla vostra excellentia et al vostro valo
re reputai degna et convenevole cosa che con piu cara
vivanda secondo la mia possibilita io vi dovessi hono
rare che con quelle che generalmente per laltre persone su
sano/ per che ricordandomi del falcon che mi domandate
et della sua bonta degno cibo da voi il reputai/ et que
sta mattina arrostito lavete avuto in sul tagliere⁄
il quale io optimamente allogato avea⁄ ma ve
dendo hora che in altra maniera il disideravate/ me
si gran duolo che servire non ve ne posso che mai pace

33 – non me ne credo dare. Et questo decto/ le penne e
piedi el becco le fe in testimoniança di cio gittare avanti⸌
34 – La qual cosa la donna vedendo et udendo prima il biasi
mo daver per dar mangiare ad una femina ucciso un
tal falcone⸌ et poi la grandeça dellanimo suo la quale
la poverta non avea potuto ne potea rintuçare mol
35 – to seco medesima commendo⸌ Poi rimasa fuori della
sperança davere il falcone/ et per quello della salute del
figliuolo entrata in forse/ tutta malinconosa si dipar
36 – ti et tornossi al figliuolo. Il quale o per malinconia che
il falcone aver non potea/ o per lanfermita che pure ac
cio il dovesse aver condocto/ non trapassar molti gior
ni che egli con grandissimo dolor della madre di que
37 – sta vita passo. La quale poi che piena di lagrime et da
maritudine fu stata alquanto/ essendo rimasa ric
chissima et ancora giovane piu volte fu da fratelli
38 – costretta ad rimaritarsi. La quale come che voluto non
avesse pur veggendosi infestare/ ricordatasi del va
lore di federigo et della sua magnificentia ultima/ cioe
davere ucciso un cosi facto falcone per honorarla disse
39 – a fratelli⸌ Io volentieri quando vi piacesse mi starei⸌
ma se ad voi pur piace che io marito prenda per certo
io non ne prendero mai alcuno altro se io non o federi
40 – go degli alberighi⸌ Alla quale i fratelli faccendosi bef
41 – fe di lei dissero⸌ Sciocca che e cio che tu di? come vuoi
42/43 – tu lui che non a cosa del mondo? A quali ella rispose Fra
telli miei/ io so bene che cosi e come voi dite⸌ ma io
voglio avanti huomo che abbia bisogno di riccheça/
44 – che ricccheça che abbia bisogno duomo⸌ Li fratelli uden
do lanimo di lei/ et conoscendo federigo da molto quan
tunque povero fosse/ si come ella volle lei con tutte
45 – le sue ricceçe gli donarono. Il quale cosi facta don
na et cui egli cotanto amata avea per moglie vedendo
si et oltre accio ricchissimo/ in letitia con lei miglior mas
saio facto termino gli anni suoi; [Es folgt die *Rubrica* von V 10.]

3.2. Schriftbild und Inhalt: Segmentierung des Textes und Sequenzen der Handlung

Wenn Boccaccio tatsächlich mit der Setzung der Majuskeln die Anfänge irgendwelcher textueller Untereinheiten, z.B. die Grenzen von Sätzen, gekennzeichnet hat, ergibt sich daraus für den Text als Ganzes – und damit für den Inhalt der Erzählung – eine Segmentierung, die, wie bei jeder syntaktischen Untergliederung eines Textes, eine Portionierung der Gesamtinformation in kleinere kommunikative Einheiten darstellt. Gemäß dieser Hypothese könnten die satzmäßigen Elemente des Textes als diejenigen kleinsten inhaltlichen Sequenzen verstanden werden, in die der Autor die Handlung der Novelle unterteilen wollte.

Auf der Grundlage dieser Segmentierung des Textes soll nun die kursorische Abfolge der Handlungssequenzen Satz für Satz in resümierter Form nachgezeichnet werden. Diese besondere Form von »Inhaltsangabe« verschafft uns einen ersten globalen Einblick in die Art, wie Boccaccio selbst die sequentielle Entfaltung der in der Novelle enthaltenen Information gestaltet hat. Abgrenzung und Anzahl der folgenden syntaktischen Einheiten bilden die Grundlage der anschließenden linguistischen Analyse.

I *Rubrica*: Der Autor faßt – wie vor jeder der 100 Novellen – in einem Satz die Handlung der folgenden Erzählung zusammen. – Dem *Argomento* folgt der Rahmen (Satz II–IV).
II Die Königin des Fünften Tages, Fiammetta, stellt fest, daß nach der von der galanten Gesellschaft festgelegten Ordnung sie selbst an der Reihe ist, die 9. Novelle dieses Tages zu erzählen.
III Fiammetta kommentiert die systematische Stellung der Novelle innerhalb der Thematik des Tages und zieht aus dieser Betrachtung Lehren für ihre Gefährtinnen: Sie sollten in der Gewährung ihrer Huld selbst die Initiative ergreifen und das Liebesglück nicht allein dem Zufall überlassen.
IV Charakterisierung der launischen Fortuna.
1 Die Novelle beginnt mit der Einführung eines erzählten Erzählers zweiten Grades, dem Florentiner Edelmann Coppo di Borghese Domenichi, der unter den vielen Geschichten, die er zu erzählen pflegte, auch von der Liebesgeschichte des Federigo degli Alberighi zu berichten wußte.
2 Der genannte Federigo verliebt sich in die verheiratete Donna Giovanna und setzt sein ganzes Vermögen ein, um ihr den Hof zu machen.
3 Die ehrbare Giovanna beachtet Federigos Liebeswerben nicht.
4 Federigo verschwendet ohne jedes Maß seine ganze Habe, er verarmt, und es bleiben ihm nur ein kleines Landhaus in Campi und sein Falke.
5 Federigo zieht sich nach Campi zurück.
6 Dort verbringt er seine Zeit mit der Beizjagd, und im übrigen trägt er das Los der Armut mit Geduld.
7 Giovannas reicher Ehemann erkrankt und stirbt, nachdem er kurz zuvor noch die Erbfolge (1. Sohn, 2. Ehefrau) festgelegt hat.
8 Die verwitwete Giovanna zieht sich im Sommer auf ihr Landgut in Campi zurück, wo sich ihr Sohn mit Federigo anfreundet und sich dabei so sehr in den Falken verliebt, daß er das edle Tier unter allen Umständen zu besitzen wünscht.
9 Der Knabe erkrankt, und die Mutter dringt mehrfach in ihn, um seine Wünsche zu erfahren.
10 Die Fragen und Bitten der Mutter bringen den Jungen schließlich zum Sprechen; er antwortet:
11 – Er könne wieder genesen, wenn er Federigos Falken besäße. –
12 Giovanna überlegt, ob sie angesichts ihres früheren Verhaltens gegenüber Federigo, dem doch der Falke das Liebste bedeute, das ihm auf der Welt geblieben sei, die Bitte ihres Sohnes erfüllen könne.

13 Giovanna zögert, ihrem Sohn zu antworten.
14 Schließlich obsiegt die Liebe zu ihrem Kind, und Giovanna beschließt, persönlich Federigo um den Falken zu bitten.
15 Giovanna tröstet ihren Sohn und verspricht ihm, am nächsten Morgen zu Federigo zu gehen.
16 Der darüber beglückte Knabe läßt sofort Zeichen einer Besserung seines Gesundheitszustandes erkennen.
17 Am nächsten Morgen begibt sich Giovanna in Begleitung einer anderen Dame zu Federigos Landhaus.
18 Federigo ist gerade mit Gartenarbeit beschäftigt.
19 Voller Freude über Giovannas unerwarteten Besuch läuft Federigo ihr entgegen.
20 Sie begrüßen sich.
21 Giovanna eröffnet Federigo, daß sie gerne mit ihm zu Mittag essen möchte, um ihn für seine früheren Verluste zu entschädigen.
22 Federigo antwortet voller Bescheidenheit:
23 – Er erinnere sich an keine Verluste, im übrigen freue er sich über ihren Besuch, obwohl sie zu einem armen Gastgeber gekommen sei. –
24 Federigo führt die Damen ins Haus und dann in den Garten.
25 Federigo läßt die Frau des Pächters kommen, um dem Besuch Gesellschaft zu leisten, und bittet, sich entfernen zu dürfen, um das Essen zu richten.
26 Federigo wird sich seiner äußersten Verarmung bewußt, als er darüber nachdenkt, welches Mahl er zu Ehren der geliebten Dame bereiten könnte; in seiner Not fällt sein Blick auf den gut genährten Falken, den er nach längerem Abwägen tötet, dann von einer Dienerin braten läßt und schließlich als Essen serviert.
27 Es folgt das gemeinsame Falkenmahl, wonach Giovanna den Augenblick für gekommen hält, Federigo den eigentlichen Grund ihres Besuchs zu eröffnen.
28 Nach einer ausführlichen, wohlbedachten Begründung bittet Giovanna Federigo um den Falken.
29 Federigo bricht in Tränen aus.
30 Giovanna deutet das Weinen als Trauer über ihre Bitte, wagt aber nicht, nach dem Grund zu fragen, woraufhin Federigo das Wort ergreift.
31 Federigo klärt den fatalen Irrtum auf: – Da bitte ihn die geliebte Donna endlich einmal um einen Gefallen, aber er habe ihr die erbetene Gabe bereits vorher geopfert, zu einem anderen Zweck.
32 Der Falke sei ihm als würdige Speise für die Donna erschienen, und so könne er ihrer Bitte nicht mehr entsprechen, was ihn mit großem Schmerz erfülle. –
33 Zum Beweis des Gesagten zeigt er Giovanna Federn, Fänge und Schnabel des Falken.
34 Zunächst tadelt Giovanna Federigo wegen des Falkenopfers, sie erkennt aber dann insgeheim die Seelengröße des Mannes, die sich in dem großen Verzicht offenbart hat.
35 Giovanna verabschiedet sich voller Schwermut und kehrt zu ihrem Sohn zurück.
36 Einige Tage später stirbt der Knabe.
37 Nach einer gebührenden Trauerzeit wird Giovanna von den Brüdern bedrängt, an eine Wiederverheiratung zu denken.
38 Giovanna, die wenig Neigung zu einer neuen Ehe verspürt, erinnert sich aber an Federigo sowie an sein großherziges Opfer und antwortet den Brüdern:
39 – Wenn sie denn unbedingt heiraten müsse, dann möchte sie Federigo zum Manne nehmen. –
40 Die Brüder machen sich über sie lustig und nennen ihren wichtigsten Einwand:
41 – Federigo sei mittellos. –
42 Giovanna entkräftet diesen Einwand mit einem Sinnspruch:

31

43 – Sie wolle lieber einen Mann, der des Reichtums entbehrt, als umgekehrt Reichtum, der des Mannes entbehrt. –
44 Von dieser Begründung überzeugt, geben die Brüder ihre Schwester, die reiche Witwe Giovanna, dem verarmten Federigo zur Frau.
45 Federigo ist also endlich mit der von ihm so sehr geliebten Dame vereinigt, außerdem hat ihn die Heirat wieder zu großem Wohlstand gebracht; so führt er ein glückliches Leben mit seiner Gemahlin und bewährt sich fürderhin auch als besserer Verwalter seines Vermögens.

Im Gegensatz zu dem im vorhergehenden Kapitel anhand objektiver Kriterien des erzählten Geschehens und aufgrund eindeutiger sprachlicher Signale rekonstruierten Handlungsgerüst sind die sprachlich-dichterischen Motive und Absichten, die den Autor bei der Segmentierung und Serialisierung der gerade resümierten syntaktischen Einheiten im einzelnen geleitet haben, nicht auf Anhieb zu erkennen. Bei einem anspruchsvollen Schriftsteller wie Boccaccio, dessen Prosa sich bekanntermaßen durch ein besonderes Raffinement auszeichnet, ist es aber sicherlich nicht abwegig, in der Verknüpfung der Sätze zum Text mehr als nur die Präsenz allgemein sprachlicher Bedingungen syntaktischer Kohäsion und der Gesetze semantischer Kohärenz von Texten zu sehen. Ganz im Gegenteil scheint es wohl eher angebracht, hinter allen Erscheinungen seines literarischen Kunstwerkes zunächst und immer Entscheidungen eines bewußten, mit ästhetischer Absicht wählenden und ordnenden poetischen Willens zu sehen. Die graphische Markierung im Autograph wirft mithin die Frage auf, ob die Sätze im Text nicht zugleich auch Sequenzen des erzählten Geschehens darstellen, deren Grenzen und deren Abfolge nach planvoll operierenden Vorstellungen und Verfahren dichterischer Textkonstitution *a priori* festgelegt worden sind.

Um den hier vermuteten Geheimnissen der novellistischen Erzählkunst Boccaccios auf die Spur zu kommen, d. h. um die ganz spezifischen Grundsätze zu erkennen, die ihn bei der Festlegung der einzelnen Satzgrenzen und bei der anschließenden »Zusammenordnung« der Sätze zum Text geleitet haben, bietet es sich als erstes an, einige in Boccaccios Prosasprache besonders auffällige Formen der Satzverknüpfung einer sorgfältigen sprachwissenschaftlichen Analyse zu unterziehen. Die hier angesprochenen Beobachtungen zur syntaktischen Konnexion im *Decameron* lassen sich – zusammenfassend – einem einzigen Gebiet der Satzlehre zuordnen: dem großen Bereich des grammatischen Ausdrucks der Ideen der Kausalität (*lato sensu*) und der Antikausalität (= Konzessivität).

Die folgenden Betrachtungen sind also dazu bestimmt, unter dem Stichwort *Syntax und Poetik* der Frage nachzugehen, ob es eine innere Beziehung zwischen bestimmten – im Text V 9 besonders häufig auftretenden – Satzstrukturen einerseits und den – in der Falkennovelle in beispielhafter Vollendung verwirklichten – narrativen Gesetzen des novellistischen Erzählens andererseits gibt.

4. Syntax und Poetik:
die unerhörte Begebenheit und ihre Glaubwürdigkeit

Ausgehend von der Beobachtung, daß im Text der Falkennovelle bestimmte Muster des Satzbaus in auffallender Häufigkeit und formaler Vielgestaltigkeit vorkommen, wird im folgenden Kapitel der Versuch unternommen, einen möglichen Zusammenhang zwischen Satzgestalt und Textstruktur in der Novelle generell aufzudecken. Zu diesem Zweck werden die konkreten Formen der Satzverknüpfung in Boccaccios Syntax auf einige wenige Typen abstrakter Beziehungen zurückgeführt. Diese syntaktischen Relationen können dann in einem weiteren Schritt mit einem üblicherweise als gattungskonstitutiv angesehenen Merkmal der Novelle verglichen werden. Aus diesem Vergleich soll am Ende eine linguistisch fundierte Gattungstheorie der Novelle entwickelt werden. Die syntaktologische Definition der Gattung bildet dann im weiteren Verlauf unserer Untersuchung die Grundlage für die Beschreibung der poetischen Komposition der Falkennovelle.

4.1. Satzgestalt und Textstruktur in der Novelle

Wenn man sich als ein an sprachlichen Merkmalen interessierter Leser ein beliebiges Textstück des *Decameron* im italienischen Original vornimmt, fallen als Eigenheit der Prosa Boccaccios die zahlreichen Beispiele von Kausalsätzen, Konditionalsätzen, Finalsätzen und Konsekutivsätzen sowie insbesondere eine beträchtliche Anzahl und ein erstaunlicher formaler Reichtum im Bereich der konzessiven Satzverknüpfung auf.[1] Angesichts dieses empirischen Befundes stellt sich selbstverständlich die Frage, welche stilistisch-textlinguistische Funktion die beobachteten syntaktischen Fakten erfüllen. Um dieses Problem einer Lösung zuzuführen, müssen vorab zwei andere – generelle – Probleme erörtert werden, nämlich:
1) Welcher Art sind die abstrakten Strukturen, die den genannten Satzverbindungen aus dem großen Bereich des sprachlichen Ausdrucks der Kausalität zugrunde liegen?
2) Was haben die diesen abstrakten Strukturen entsprechenden Typen syntaktischer Verknüpfung, wenn denn ihre Häufigkeit und ihre formale

---

[1] Vgl. Vf., *Negierte Implikation im Italienischen. Theorie und Beschreibung des sprachlichen Ausdrucks der Konzessivität auf der Grundlage der Prosasprache des »Decameron«* (mit Hinweisen zur Frequenz des Satzmusters).

Variation nicht einem – bei Boccaccio wohl unwahrscheinlichen – Zufall, d.h. unreflektierter Sprachverwendung, entsprungen sein sollten, mit dem künstlerischen Produkt des Autors, der literarischen Textsorte *Novelle*, zu tun?

Erst wenn wir für diese im Schnittbereich von Syntax und Poetik liegenden Vorfragen einigermaßen befriedigende Antworten gefunden haben, können wir uns wieder dem Text der Falkennovelle widmen, um zu untersuchen, in welcher konkreten Form und mit welchen ästhetischen Folgen die vielen kausalen, konditionalen, finalen, konsekutiven sowie konzessiven Satzgefüge und Satzreihungen den Text konstituieren.

4.1.1. Linguistischer Ausgangspunkt: Konzessivität und Kausalität in der Syntax

Die abstrakte Struktur, die den inneren logischen Zusammenhang zwischen den in den Kausal-, Konditional-, Final-, Konsekutiv- und Konzessivsätzen vorliegenden Formen der syntaktischen Verknüpfung sichtbar macht, ist in der einschlägigen Forschung der letzten zwei Jahrzehnte mit Hilfe des Konzepts der *Implikation* auf den Begriff gebracht worden.[2]

Unter *Implikation*, einem aus der Logik entlehnten Terminus, versteht die neuere Sprachwissenschaft allerdings nicht eine formallogische, sondern lediglich eine inhaltliche Beziehung zwischen zwei Sachverhalten p und q,

---

[2] Aus der an anderer Stelle ausführlicher besprochenen Literatur zum Begriff der Implikation, speziell der negierten Implikation, seien hier in Auswahl folgende Titel genannt: R. Blanché, *Le raisonnement*, Paris 1973 (Kap. 5 f.); Chr. Lehmann, *Latein mit abstrakten Strukturen*, München 1973; P. Blumenthal, »Zur Logik des Konzessivsatzes«, in *Vox Romanica* 32 (1973) 272–280; E. Rudolph, *Das finale Satzgefüge als Informationskomplex. Analysen aus der spanischen Literatursprache*, Tübingen 1973; P. Blumenthal, »Komplexe Sätze im Französischen«, in *Zeitschrift für romanische Philologie* 92 (1976) 59–89; G. Herczeg, »Sintassi delle proposizioni concessive nell'italiano contemporaneo«, in *Studi di grammatica italiana* 5 (1976) 195–242; K. Henschelmann, *Kausalität im Satz und im Text. Semantisch-vergleichende Studien zum Französischen und Deutschen*, Heidelberg 1977; L. Hermodsson, *Semantische Strukturen der Satzgefüge im kausalen und konditionalen Bereich*, Uppsala 1978; E. Rudolph, »Zur Problematik der Konnektive des kausalen Bereichs«, in J. Fritsche (Hg.), *Konnektivausdrücke. Konnektiveinheiten. Grundelemente der semantischen Struktur von Texten*, Hamburg 1982, 146–244; *Cahiers de linguistique française* 5 (1983): »Connecteurs pragmatiques et structure du discours«; E. König/P. Eisenberg, »Zur Pragmatik von Konzessivsätzen«, in G. Stickel (Hg.), *Pragmatik in der Grammatik. Jahrbuch 1983 des Instituts für Deutsche Sprache*, Düsseldorf 1984, 313–332; A. Borghini, »Schemi sintattici e schemi narrativi: le frasi causali e le frasi concessive«, in *Linguistica e letteratura* 9 (1984) 15–58 (mit ähnlichen Ausgangsthesen und Schlußfolgerungen wie Pötters 1981 und wie in der vorliegenden Arbeit, allerdings nicht mit speziellem Bezug zu Boccaccio und zur Novelle, sondern zur Narrativik im allgemeinen).

in der *p* in einer realen oder imaginären Welt *q* nach sich zieht, d.h. *p* bedingt, verursacht, führt zu *q*; oder *p* läßt den Schluß zu auf *q*.[3]

Die formelhafte Darstellung drückt schlicht die grundlegende Tatsache aus, daß es für den denkend die Dinge ordnenden Menschen neben Kategorien wie Ort und Zeit die Erfahrung zweier grundlegender Relationen zwischen zwei Tatbeständen gibt: *Implikation* und *negierte Implikation*.

4.1.1.1. Implikation

Ergänzend zur oben gegebenen allgemeinen Definition der implikativen Beziehung sei hier präzisierend hinzugefügt, daß die in der Implikation realisierte Verknüpfung der Tatbestände *p* und *q* noch ein zusätzliches Element aufweist: die Beziehung der Erwartbarkeit. Danach gilt also, daß in der implikativen Verbindung der beiden verknüpften Terme *p* in der Regel, normalerweise, der gängigen Erwartung entsprechend ... *q* nach sich zieht. Unter *Implikation* in dieser positiven Form ist also generell ein Grund-Folge(rung)-Verhältnis, eine Kausalrelation im weiten Sinne zu verstehen.

Zum konkreten Ausdruck des Gedankens der nicht-negierten Implikation besitzen die natürlichen Sprachen vier Formen syntaktischer Verknüpfung:
– den Kausalsatz (im engeren Sinne): *weil p → deshalb q, da p → q* und *p ← denn q*;
– den Konditionalsatz: *wenn p → dann q*;
– den Finalsatz: *p → damit q*;
– den Konsekutivsatz: *p so sehr → daß q*.

Von diesen einzelnen Ausprägungen ist das grundlegende implikative Verhältnis selbst prinzipiell nicht berührt; die Grund-Folge-Beziehung wird hier lediglich in den besonderen Formen ihrer Verwirklichung gesehen: als reale, gedachte, beabsichtigte oder von einer Gradierung abhängige Verbindung der Tatbestände *p* und *q*.

4.1.1.2. Negierte Implikation

Im Gegensatz zu diesen Verbindungen positiver Implikation gibt es nun in unserer Beobachtung der Dinge und des menschlichen Lebens auch die gegenteilige Erfahrung. Abweichend von den als üblich angesehenen Normen, Gesetzen und Regeln stellen wir mehr oder weniger häufig fest, daß *p wider Erwarten q nicht impliziert* oder daß *p wider Erwarten nicht NEG-q verhindert*. In diesem Fall liegt mithin statt eines präsupponierten implikativen Verhältnisses *p → q* eine Verbindung negierter Implikation vor: (*p ↛ NEG-q*).[4]

---

[3] Dieser Sachverhalt ist besonders prägnant dargestellt bei Blumenthal 1976, 65f.
[4] Chr. Lehmann 1973, 87ff.; Blumenthal 1973 und Blumenthal 1976, 65f. Abweichend von einer in der einschlägigen Literatur geübten Praxis wird oben vorge-

Ich der Konzessivsatz ist eine grammatische Struktur, die die Idee einer unerwarteten, ungewöhnlichen Begebenheit aus zum Ausdruck bringt

Die *negierte Implikation* genannte Relation stellt die Art syntaktischer Verknüpfung dar, die in der traditionellen Grammatik als *Konzessivsatz* bezeichnet und dort sehr treffend als Satzmuster definiert wird, das zum Ausdruck der enttäuschten Erwartung oder des überwundenen Hindernisses bestimmt ist.

4.1.1.3. Die Idee des Zufalls aus syntaktischer Sicht

In den negiert–implikativen Satzverknüpfungen liegt also – wie wir gesehen haben – eine grammatikalisierte Form der Verknüpfung von Propositionen vor, die spezialisiert ist auf den Gedanken der wider Erwarten eintretenden Verbindung eines Grundes mit einer anderen als der aufgrund dieser Prämisse vorhersehbaren, aber nicht eingetretenen Folge(rung). Mit anderen Worten, das konzessive Satzmuster ist eine zum Zwecke des Ausdrucks der Idee des »ungewöhnlichen Vorfalls«, des »seltsamen«, »nie gesehenen« Ereignisses, der »unerhörten Begebenheit«… habitualisierte grammatische Struktur.[5]

In den nicht-negierten implikativen Satzstrukturen dagegen haben sich die natürlichen Sprachen syntaktische Ausdrucksmittel geschaffen, die zwei einander benachbarte andere Funktionen erfüllen. Die implikativen Relationen dienen

a) der sprachlichen Wiedergabe der Erfahrung regelmäßiger, erwartungskonformer, normalerweise eintretender Verknüpfungen zweier Tatbestände.

Sie können aber

b) auch dazu herangezogen werden, ein konzessives Ereignis, eine negierte Implikation also, nachträglich zu begründen, indem der in der Konzessivität wirksam werdende *singuläre* Kausalzusammenhang offengelegt wird, um so den ungewöhnlichen Vorfall, die unerwartete Folge motiviert, plausibel, glaubwürdig erscheinen zu lassen.

Wir können also den abstrakten Zusammenhang der die verschiedenen Grund-Folge(rung)-Verbindungen von *p* und *q* zum Ausdruck bringenden Satzstrukturen mit Hilfe der Begriffe der *Implikation* und der *Negierung* als binaristisches Schema (+/-*Implikation*) darstellen und so alle entsprechenden Satzverknüpfungen kausaler, konditionaler, finaler, konsekutiver, konzessiver

---

schlagen, in den Implikationsformeln selbst den Gegensatz zwischen negierter und nicht-negierter Implikation auch durch entsprechend verteilte Setzung *vs* Nicht-Setzung der Negationszeichen abzubilden, da ja die Formeln – wie oben erwähnt – nicht formallogische Relationen, sondern Verhältnisse in natürlichen Sprachen darstellen sollen. In diesem Sinne scheint die Formel $p \rightarrow NEG\text{-}q$ die adäquateste Wiedergabe zu sein, zumal im konzessiven Verhältnis die Folge das eigentliche Ziel der konzessiven Negierung ist. Näheres vgl. Vf., *Negierte Implikation im Italienischen*.

[5] Zu den hier evozierten Assoziationen, die andeuten sollen, daß die Analyse der implikativen Relationen in der Syntax zum Problem der Theorie und Definition der Gattung *Novelle* führen wird, vgl. unten, 4.2. und 4.3.

Art in semantischer Hinsicht auf den Gegensatz *Bestätigung* vs *Enttäuschung einer Erwartung* zurückführen. Diese begriffliche Identifikation macht deutlich, daß im fraglichen Bereich der Syntax die geistige Strategie und das entsprechende sprachliche Programm einer grundsätzlichen Welterfahrung und -erfassung zum Ausdruck kommen. Es geht hier um die menschliche Erkenntnis, daß unsere Welt und unser Leben in weiten Bereichen von zwei Prinzipien beherrscht zu sein scheinen, die man je nach Situation und Anlaß verschieden benennt: Norm/Verstoß, Regel/Ausnahme, Notwendigkeit/Freiheit, Ordnung/Chaos, Kausalität/Konzessivität oder Implikation/negierte Implikation. Was nun diese Ausdrücke auch im besonderen meinen, sie alle lassen sich gedanklich mit dem fundamentalen Gegensatz von *Determination* und *Zufall* identifizieren.

Vor dem Hintergrund dieser Erläuterungen zu zwei in der Syntax der Prosasprache Boccaccios sehr häufig und mit großer formaler Variation vorkommenden Typen der Satzverknüpfung können wir nun unsere zweite Vorfrage auf einem verbesserten Reflexionsstand wiederholen: Was haben die vielen Beispiele konzessiver Syntax und die zahlreichen »kausalen« Satzmuster (*lato sensu*) in Boccaccios Prosa mit dem künstlerischen Produkt der Sprache des Autors, mit der Textsorte und Gattung *Novelle*, zu tun? Welchen textkonstituierenden Beitrag leisten sie?

Bevor wir diese Frage aber endlich angehen können, müssen wir noch in aller provisorischen Kürze auf die bisherige Diskussion zur Theorie und Definition der Novelle eingehen. Wir können nämlich schlecht die beschriebene abstrakte Struktur der Satzbildung mit den narrativen Gesetzen der literarischen Gattung vergleichen, wenn wir in den Überlegungen, die die literaturwissenschaftliche Forschung seit langem angestrengt hat, um die Merkmale des novellistischen Erzählens zu bestimmen, nicht mindestens ein ästhetisches Gesetz oder einen zentralen poetologischen Begriff ausfindig machen, der als mehr oder weniger unumstritten gelten kann.

4.1.2. Literarischer Bezugspunkt: die Gattung *Novelle*

In dem namentlich zwischen den deutschen Germanisten und Romanisten ausgetragenen Streit um die Definition der Novelle[6] geht es im letzten um die Möglichkeit oder Unmöglichkeit der Feststellung präziser Grundzüge und Grenzen der Gattung, wobei sich der in den Geisteswissenschaften übliche Gegensatz zwischen denen, die den Blick mit Vorliebe auf strukturelle Gemeinsamkeiten der beobachteten Daten lenken, und denen, welche die individuelle, historisch bedingte Ausprägung jedes einzelnen Phänomens für das Vorrangige halten, voll entfalten kann. Im Falle der Novelle ist dies eine Kontroverse, an der auch unser Autor nicht unschuldig ist. Anschei-

---

[6] Vgl. oben, Kap. 1, Anm. 2.

nend mit wenig Konsequenz behauptet Boccaccio nämlich einmal, und zwar im Titel, sein Werk enthalte »cento novelle«, während er ein andermal, am Ende des *Proemio*, den gattungsbezeichnenden Terminus relativierend vorgibt, er wolle »cento novelle, o favole, o parabole, o istorie che dire le vogliamo« erzählen.

Bei einer kritischen Sichtung der einschlägigen gattungstheoretischen Erörterungen kann man sich nun aber des Eindrucks nicht erwehren, daß im Laufe der im Anschluß an die literarische Kritik der deutschen Romantik geführten Diskussion immer wieder unterschiedliche Meinungen über zweitrangige Einzelheiten zu einer grundsätzlichen Uneinigkeit in bezug auf die Wesensmerkmale der Novelle aufgebauscht worden sind. Aus den meisten Ausführungen läßt sich dagegen bei näherem Hinsehen durchaus der Schluß ziehen, daß über die abstrakte Struktur der Novelle und damit über die Bestimmung ihrer narrativen Gesetze der Dissens eigentlich so grundsätzlich nicht zu sein bräuchte. Wir wollen uns im folgenden darauf beschränken, diesen Befund mit Hilfe einer chronologisch geordneten Sammlung von Zitaten zu belegen, in denen immer wieder ein und derselbe Kerngedanke in der Bestimmung der Gattung auftaucht: die Idee des Zufalls. Soweit auf diesen Begriff nicht ausdrücklich rekurriert wird, stellen wir zumindest seine implizite Präsenz fest, und zwar in all den sprachlichen Variationen, mit denen die Novelle als unerhörte(r/s), nie gesehene(r/s), merkwürdige(r/s), sonderbare(r/s), unerwartete(r/s) Fall, Vorfall, Begebenheit, Ereignis usw. dargestellt wird. Alle diese definitorischen Formulierungen können auf ein einziges strukturelles Schema zurückgeführt werden, nämlich auf ein syntaktisches Modell, das eine aus zwei Termen bestehende Relation darstellt: a) Bestimmte Voraussetzungen liegen vor, die b) zu einem anderen als dem erwarteten Ende führen; wobei zwischen den Polen offensichtlich ein Umschwung durch Negierung (eine Wende hin zum Unerwarteten) stattfindet, der vielbesprochene Wendepunkt. Dieses abstrakte Muster der Syntax findet sich als invariable Denkstruktur in allen im folgenden zusammengestellten Definitionen und Erläuterungen wieder, von den poetologischen Bemerkungen einiger großer Meister der Novellenkunst über die Gattungstheorie der deutschen Romantik bis hin zur zeitgenössischen literaturwissenschaftlichen Diskussion.

4.1.2.1. Definitionen der literarischen Meister

Von mehreren Musterautoren der Novellenkunst stammen einschlägige Definitionen, die Ausgangspunkt aller weiterführenden Überlegungen sind und bleiben.

Im *Proemio* des *Decameron* gibt Boccaccio folgende umfassende Bestimmung »seiner« Gattung:

> Nelle quali novelle *piacevoli e aspri casi d'amore e altri fortunati avvenimenti* si vederanno così ne' moderni tempi *avvenuti* come negli antichi … (*Proemio*, 14).

An den Anfang des Novellenzyklus gestellt und durch eine Figura etymologica unterstrichen, ist also das von Fortuna, dem Zufall, bestimmte »sich ereignete Ereignis« zweifellos die Definition, die Boccaccio selbst dem Begriff der *novella* und seiner eigenen dichterischen Praxis geben wollte. Zur Unterstützung der immanenten Theorie erscheint die Idee des *fortunato avvenimento* im Verlauf des Werkes immer wieder in verschiedenen Ausdrücken, von denen nur die hervorstechendsten Beispiele zitiert seien[7]: *maravigliosa cosa è a udire* (I Introd., 16), *i diversi casi della fortuna* (I Conclus., 10), *i fortunosi casi* (II 7, 6). Insgesamt taucht das Lexem *avvenire/avvenimento* 369mal im *Decameron* auf. Nach der Exposition beginnt bekanntlich das eigentliche »Ereignis« in den meisten Texten mit der stereotypen Formel *ora avvenne che*. Die zentrale Bedeutung des Begriffsfelds des *fortunato avvenimento* bestätigt sich des weiteren im häufigen Vorkommen sinnverwandter Vokabeln: *fortuna* (105 Belege), *accidente* (50 Belege), *avventura* (besonders in der Adverbialphrase *per avventura*: 132 Belege), *maraviglia* (*-oso, -are*: 196 Belege) und *miracolo* (13 Belege) zur Wiedergabe der psychischen Reaktion auf den unvermuteten *caso*, außerdem eine Reihe von Adverbien, welche die überraschende Plötzlichkeit eines Geschehens zum Ausdruck bringen: *prestamente* (144mal), *subitamente* (129mal), *incontanente* (60mal), und schließlich das Wort *novella* selbst, das neben der Verwendung als Gattungsbezeichnung bei Boccaccio auch im vortheoretischen Sinne die Bedeutung »novità sorprendente« (13mal) haben kann. Das sprachliche Material des *Decameron* erhärtet also die Definition der Novelle als literarische Gestaltung der unerwarteten Begebenheit. Trotz der präzisierenden Hinweise, die diese lexikostatistische Auswertung der Sprache Boccaccios liefert, bleiben fürs erste die bekannten Zweifel und Schwierigkeiten, die besonders von der Frage nach der Einordnung jener Novellen herrühren, in denen kein Ereignis im objektiven Sinne stattfindet, da der Kern der Aussage der fraglichen Texte in nichts anderem als einem *bel detto*, einem *piacevole argomento*, einem *leggiadro motto*, einer *pronta risposta* oder einer *beffa* besteht (vgl. besonders die Novellen I 5 bis I 10, außerdem VI 1 bis VI 9 sowie den VII. und den VIII. Tag). Wir kommen darauf zurück.[8]

Boccaccios Begriff und Praxis der Novelle als Erzählung eines *fortunato avvenimento* steht bekanntlich am Anfang einer Tradition poetologischer Bemerkungen großer Autoren, von denen hier lediglich ein paar weitere prominente Stimmen zitiert seien. Marguérite de Navarre kennzeichnet zahlreiche Texte ihres *Heptaméron* (1542–49) mit dem Ausdruck *cas étrange*, und dieselbe Bezeichnung auf spanisch, *caso extraño*, dient auch Cervantes zur Charakterisierung seiner *Exemplarischen Novellen* (1613). Die Lösung

---

[7] Zu den statistischen Angaben vgl. A. Barbina (Hg.), *Concordanze del Decameron*, 2 Bde. Florenz 1969.
[8] Vgl. unten, 4.3.

am Ende der Erzählungen wird bei Cervantes jeweils durch die Formel *quiso Dios y la suerte* angekündigt. Im dichtungstheoretisch wichtigsten Text dieser Sammlung, der letzten Novelle mit dem Titel *Coloquio de los perros*, wird die Gattung genauer als *caso portentoso y jamás visto* bestimmt. Mit Cervantes' Epitheton des Nie-Gesehenen sind wir schließlich schon fast bei Goethe und seiner berühmten Definition mit dem Attribut des Unerhörten, die er bekanntlich in einem Gespräch mit Eckermann (25. bzw. 29. Januar 1827) über die Frage des Titels seiner Novelle, der er schließlich die Überschrift »Novelle« geben sollte, formuliert hat:

... denn was ist eine Novelle anders als eine sich ereignete unerhörte Begebenheit.[9]

4.1.2.2. Novellentheorie im 19. Jh.

Die Argumente der gattungstheoretischen Entwürfe von den Anfängen der Philologie bis zum Ende des 19. Jahrhunderts sind hin- und hergewendet worden, so daß zu vermuten steht, daß ihnen kaum ein wirklich neuer Gesichtspunkt abzugewinnen ist. Gleichwohl wird für unsere syntaktologisch begründete Theorie der Novelle die folgende Zitatensammlung aus dem einschlägigen Schrifttum des abgegrenzten Zeitraums nicht ohne weiterführenden Aufschluß sein.

4.1.2.2.1. Friedrich Schlegel (1798)

In den gattungstheoretischen Reflexionen Friedrich Schlegels (Athenäumsfragmente 1798) kommt die Idee des Zufalls in der Definition der Novelle nur eher beiläufig zum Ausdruck. Die novellistische Erzählung müsse, meint der Autor, »in jedem Punkte ihres Seyns und ihres Werdens *neu und frappant seyn*«.[10]

4.1.2.2.2. August Wilhelm Schlegel (1803–04)

Eindeutiger liegen die Dinge beim Bruder August Wilhelm, der in seinen *Vorlesungen über die schöne Literatur und Kunst* (1803–04) folgende in unserem Sinne einschlägige Formulierungen findet:

---

[9] Goethes berühmte Definition lautet mit vollständigem Kontext: »Wissen Sie was«, sagte Goethe, »wir wollen es die Novelle nennen; denn was ist eine Novelle anders als eine *sich ereignete unerhörte Begebenheit*. Dies ist der eigentliche Begriff, und so vieles, was in Deutschland unter dem Titel Novelle geht, ist gar keine Novelle, sondern bloß Erzählung oder was Sie sonst wollen. In jenem ursprünglichen Sinne einer unerhörten Begebenheit kommt auch die Novelle in den Wahlverwandtschaften vor« (J. P. Eckermann, *Gespräche mit Goethe in den letzten Jahren seines Lebens*, Gespräch vom 25. (29.) 1. 1827, zitiert nach der Artemis Gedenk-Ausgabe, hg. von F. Beutler, Zürich 1948, Bd. 24, 225).

[10] Bibliographischer Nachweis bei Kunz 1973, 38. Die Kursivierungen in den folgenden Zitaten aus Kunz 1973 stammen, soweit nicht eigens vermerkt, von mir.

So viel ist gewiß: *die Novelle bedarf einschneidender Wendepunkte* [...]. Die Novelle ist eine Geschichte außer der Geschichte, sie erzählt *merkwürdige Begebenheiten*, die gleichsam hinter dem Rücken der bürgerlichen Verfassungen und Anordnungen vorgefallen sind. Dazu gehören *theils seltsame bald günstige bald ungünstige Abwechslungen des Glücks*, theils schlaue Streiche, zur Befriedigung der Leidenschaften unternommen ... [11]

4.1.2.2.3. Ludwig Tieck (1829)

Bei Ludwig Tieck (*Schriften* Bd. 11, 1829) wird die Novelle noch klarer und ausführlicher mit Ausdrücken bestimmt, die auf das Wesen des Zufalls zutreffen. Die Novelle hebe sich dadurch von verwandten kleinen Formen (wie Anekdote, Erzählung, Geschichte) ab, daß sie

> ... einen großen oder kleinern *Vorfall* in's hellste Licht stelle, der, so leicht er sich ereignen mag, doch *wunderbar*, vielleicht *einzig* ist. *Diese Wendung der Geschichte, dieser Punkt, von welchem aus sie sich unerwartet völlig umkehrt* und doch natürlich, dem Charakter und den Umständen angemessen, die Folge entwickelt, wird sich der Phantasie des Lesers um so fester einprägen, als die Sache, selbst im *Wunderbaren*, unter andern Umständen wieder alltäglich sein könnte.[12]

Etwas weiter in Tiecks Text ist dann noch die Rede von jenem »sonderbaren auffallenden *Wendepunkt* [...], der sie von allen andern Gattungen der Erzählung unterscheidet«[13]. Der Wendepunkt als Produkt der Negierung, die zwischen gegebenen Voraussetzungen und den erwartbaren Folgen eintritt, um dem »neuen« Ereignis Platz einzuräumen, ist ein Bestandteil jedweder Erscheinungsform des Zufalls. Einige weitere Zeugnisse aus dem 19. Jh. seien in unkommentiertem Zitat angefügt.

4.1.2.2.4. F.T. Vischer (1857)

> ... Die Novelle [...] gibt ein Stück aus einem Menschenleben, das eine Spannung, eine Krise hat und uns durch eine Gemüths- und *Schicksalswendung* mit scharfem Accente zeigt, was Menschenleben überhaupt ist [...]. [...] da ist auch die schärfere Schneide des *Schicksals*, wie die Pritsche des lächerlichen *Zufalls*, im Zuge des Ausholens.[14]

4.1.2.2.5. P. Heyse (1871)

> ... wer erkennt nicht in diesen wenigen Zeilen alle Elemente einer rührenden und erfreulichen Novelle, in der das Schicksal zweier Menschen durch eine *äußere Zufallswendung*, die aber die Charaktere tiefer entwickelt, aufs Liebenswürdigste sich vollendet?[15]

---

[11] Vgl. Kunz 1973, 47 und 50.
[12] Vgl. Kunz 1973, 53.
[13] Vgl. Kunz 1973, 53.
[14] Vgl. Kunz 1973, 64.
[15] Vgl. Kunz 1973, 68. Heyse bezieht sich an dieser Stelle speziell auf die Falkennovelle.

4.1.2.2.6. F. Spielhagen (1876)

... die Novelle hat es mit feurigen Charakteren zu thun, die, *durch eine besondere Verkettung der Umstände und Verhältnisse*, in einen interessanten Konflikt gebracht werden ...[16]

4.1.2.2.7. P. Ernst (1901/02)

... Hier ist ein ganzes Menschenschicksal, insofern es an Charakter und Umstände geknüpft ist, *in einem einzigen Punkt entschieden,* welcher ein *außergewöhnlicher Vorfall* ist.[17]

4.1.2.2.8. Stifter, Storm, Musil

Erwähnt seien noch die einschlägigen Stimmen einiger Schriftsteller der Zeit. Während A. Stifter in der Urfassung seiner Erzählung *Der beschriebene Tännling* in den »Studien« einen »jener Zufälle« hervorhebt, »die es lieben, die Dinge auf die *Spitze* zu treiben«[18], und während R. Musil (1914) die Eigenart der Novelle sogar auf ein entsprechendes »Erlebnis der Novelle« zurückführt, d.h. auf

... etwas, das über ihn [= den Dichter] hereinbricht, eine Erschütterung; nichts, wozu man geboren ist, sondern eine *Fügung des Geschicks*[19],

gibt es andere Dichter, die aus dem Gattungsgesetz, das sich in der Idee des Zufalls kristallisiert, auszubrechen verkünden, so z.B. Th. Storm (1881):

... *Sie* [= die Novelle] *ist nicht mehr,* wie einst, die »kurzgehaltene Darstellung einer durch ihre *Ungewöhnlichkeit* fesselnden Begebenheit«.[20]

Aus den mit solchen Äußerungen theoretisch belegten Krisen und Wandlungen der Gattung können verschiedene Schlüsse gezogen werden: 1) Die Gattung löst sich auf. 2) Die Gattung ist prinzipiell unbestimmbar. 3) Geniale Erzähler wollen die Gattung auf höherer Ebene erneuern und bestätigen damit den etymologischen Sinn der Bezeichnung *novella*.

4.1.2.3. Novellentheorien im 20. Jh.

Aus den vielen Beiträgen, welche die Literaturwissenschaft seit gut 60 Jahren zum Problem der Theorie und Definition der Novelle nicht müde wird vorzulegen, sollen im folgenden wieder die auffälligen Übereinstimmungen zitiert werden, die sich alle auf den *Zufall* als zentrales Element der Novellenhandlung beziehen. Die Auszüge stammen dabei zum Teil aus Beiträgen von Forschern, deren erklärtes Ziel es ist, aus einer bei den

---

[16] Vgl. Kunz 1973, 69.
[17] Vgl. Kunz 1973, 81.
[18] Vgl. von Wiese 1964, 9.
[19] Vgl. Kunz 1973, 87.
[20] Vgl. Kunz 1973, 72.

einzelnen Novellisten nachweisbaren Antinomie zwischen Novellentheorie und Novellendichtung zu dem Schluß zu kommen, daß es *die* Novelle nicht gebe, sondern nur individuelle Texte, die den Namen *Novelle* tragen, daß es also müßig sei, irgendeinen gattungskonstitutiven Grundzug zu suchen. Der Streit über die Möglichkeit einer Definition der Gattung braucht uns aber nicht im einzelnen zu beschäftigen.[21] Wir beschränken uns hier darauf, aus den Schriften einiger den verschiedenen »Lagern« angehörender Novellentheoretiker definitorische Formulierungen zu bringen, deren Konvergenz nicht zu übersehen ist. Diese Übereinstimmung allein ist der Punkt, der für uns im Hinblick auf unsere linguistische – von der Syntax der Prosasprache Boccaccios her gewonnene – Sicht der Dinge von Belang ist.

4.1.2.3.1. E. Auerbach (1921)

... Immer ist es eine ausgeklügelte *Zufälligkeit*, auf der die Novelle steht.[22]

4.1.2.3.2. A. Hirsch (1928)

... so ist das Gestaltungsziel der Novelle ein prinzipiell anderes: Beschränkung auf eine Situation, Gestaltung gerade von ganz *besonderen, einmaligen, unerhörten Bildern, die außerhalb des allgemeinen, für jeden verbindlichen Weltablaufs liegen*.[23]

4.1.2.3.3. B. Bruch (1928)

... Das schließt, durch die Kunst der novellistischen Perspektivenführung, eine *Anerkennung*, ja eine Apotheose des *Zufalls*, als des »einem Zufallenden« ein, bei weitem stärker, radikaler noch als sie jede Verteidigung und Rechtfertigung des Zufalls auch für die Welt der Tragödie noch zu leisten vermöchte. [...] In der Novelle aber gilt [...] der Zufall noch unendlich mehr: er wird zum entscheidenden Sinn, zum *eigentlichen Symbol* jener geheimnisvollen, zugleich absichtsvoll-zufälligen und ganz persönlichen Schicksalsbestimmtheit allen menschlichen Lebens, welche die allgemeine Weltanschauung der Novelle ist.[24]

---

[21] Vgl. besonders die im Anschluß an das große Novellenbuch von W. Pabst (Pabst 1953) geführte Diskussion. Vgl. auch Kap. 9.
[22] E. Auerbach, *Zur Technik der Frührenaissancenovelle in Italien und Frankreich*, Diss. Heidelberg 1921, 49. Ähnlich Vf. in *Mimesis. Dargestellte Wirklichkeit in der abendländischen Literatur*, 1. Aufl. 1946, 2. verb. und erweiterte Aufl. Bern 1959: »In den Liebesgeschichten, die Boccaccio tragisch oder edel gestalten will [...], *überwiegt das Abenteuerliche* und das Sentimentale; wobei das Abenteuer nun nicht mehr, wie in der höfischen Epik der Blütezeit, die in die ständische Idealvorstellung verschmolzene, innerlich notwendige Erprobung von Auserwählten ist [...], sondern *tatsächlich nur das Zufällige, fortdauernd Unerwartete des schnellen und heftigen Ereigniswechsels*« (S. 220; Kursivierung von mir).
[23] Vgl. Kunz 1973, 112.
[24] Vgl. Kunz 1973, 125 (Kursivierung im Original).

4.1.2.3.4. H. Pongs (1929)

Die Novelle [...]. Eine Geschichte, die [...] irgendeinen *überraschend*-auffälligen Zug hat [...] um einen Punkt zentriert. [Es folgt ein Zitat von W. Schäfer, wonach der Falke aus Boccaccios V 9 nur ein Sinnbild des *Zufalls* sei, der hier ein feines Spiel treibe.][25]

4.1.2.3.5. R. Petsch (1934)

... Freilich waltet auch hier immer ein Seltsames, ein Unbegreifliches, ein *Widerspruch zwischen Ursache und Wirkung*. [...] Wir begnügen uns immerhin mit »leichten Verzahnungen«, wenn sie nur den *schicksalsmäßigen* Eindruck »*sinnvoller Zufälle*« oder höherer Fügungen erwecken [...][26].

4.1.2.3.6. J. Klein (1936)

... Schicksal und Zufall treten in ein *sonderbares Verhältnis*. Ein *Zufall* wird, da er *Schicksale* bestimmte, als *Schickung* aufgefaßt und zum *Mittelpunkt*.[27]

4.1.2.3.7. G. Lukács (1939)

... Der Lebens*ausschnitt* [kursiv vom Vf.] dagegen, der der Novelle zugrundeliegt, läßt *Zufall und Notwendigkeit* in eben jenem Verhältnis erscheinen, das zwischen ihnen [...] obwaltet.[28]

4.1.2.3.8. P. Haukamer (1943)

Als Kunstform entstand die Novelle in einer geistbeherrschten und selbstbewußten Gesellschaft, als sie erkannte, daß wie alle menschliche Lebensform so auch ihre schöne und abgehobene Ordnung dem *entstaltenden Einwirken der Mächte* offenstehe.[29]

4.1.2.3.9. W. Pabst (1953/²1967)

Mitte des Spiels ist nicht der Dichter, sondern *jene unsichtbare Kraft*, die alles in dieser Welt in Bewegung setzt und *alles zum erstaunlichen Ende wendet*.[30]

4.1.2.3.10. F. Martini (1960)

Die Novelle nahm eine große Vielfalt der thematischen und formalen Aspekte an; vom Schwankhaft-Anekdotischen und Komisch-Humoristischen, zu dem die *Paradoxie der Zufälle*, der verwirrenden Täuschungsspiele gehört, bis zum Tragischen, das auf *Schicksal* und *Verhängnis* deutet [...]. Es scheidet die Novelle von der Erzählung, daß sie *nicht* einen chronologischen und *kausalen* Zusammenhang aufbaut und reflektierend, kommentierend erhellt, sondern durch Sprünge, Kontraste, Auswahl von Schwerpunkten, durch Verhüllungen und durch Symbol-

---

[25] Vgl. Kunz 1973, 139.
[26] Vgl. Kunz 1973, 184 und 185.
[27] Vgl. Kunz 1973, 197.
[28] Vgl. Kunz 1973, 243.
[29] Vgl. Kunz 1973, 245.
[30] Das Zitat bezieht sich allerdings allein auf Cervantes: Pabst 1953, 243.

gestaltungen *auf das Unberechenbare und Irrationale des Daseins in dieser Welt hindeutet.*[31]

4.1.2.3.11. M. Schunicht (1960)

... Wie aber gelingt es dem Novellisten, die strenge Finalität der Geschehensverläufe als *fiktive Kausalität* erscheinen zu lassen? [...] Diese Schwierigkeit löst der Novellist durch die Einführung des *Zufalls*. Erst der Einbezug eines oder mehrerer *Zufälle* ermöglicht die Finalität, die *Gipfelbildung des Geschehens*, die Koinzidenz der heterogensten Motive, die Verknüpfung der verschiedensten Handlungsstränge. *Der Zufall ist wesentlichstes Prinzip der subjektiven Teleologie novellistischer Wirklichkeit.*[32]

4.1.2.3.12. J. Müller (1961)

... Es ist demnach zu vermuten, daß sich in den Einzelanalysen epischer Kleinwerke zwei selbständige Grundtypen nachweisen lassen; der eine ist die Novelle; sie ist *ereignishaft konzentrisch, eingipflig zentriert, scharf profiliert, pointiert gezielt, überraschend sich wendend.*[33]

4.1.2.3.13. B. von Wiese (1964)

... Die Novelle bevorzugt im Gegensatz zum Roman den *Einzelfall*, der nicht deutend in einen Weltzusammenhang eingeordnet zu werden braucht. Novellen werden in erster Linie um ihrer selbst willen, um ihres *überraschenden* Wahrheits- und Wirklichkeitsgehalts willen erzählt. Daher liebt die Novelle das *Zufällige*, die *Launen des Schicksals*, die *Paradoxien der Erfahrung*. Der *Zufall als Regent* in der Novelle ...[34]

4.1.2.3.14. E. Leube (1972)

... Vorherrschend [in den Novellen Boccaccios] ist die Form der Anekdote, der in einer *Pointe* gipfelnden *Geschichte, in der oft genug der Zufall Lenker des Geschehens ist.*[35]

4.1.2.3.15. P. Brockmeier (1972)

... *Der tückische Zufall* [...]. Boccaccio brachte stets den *Wirbel trivialer Zufälligkeit* in Zusammenhang mit der Sensibilität und Reaktionsfähigkeit des Individuums (*Dec.* II 5). *Fortunas Stürme* trieben seine Helden, wenn sie sich nur maßvoll klug oder geistesgegenwärtig verhielten, immer in einen sicheren Hafen. Im *Trecento novelle* taucht das Individuum, das keinen Sinn zu stiften vermag, erst wieder am Ende der Ereignisse auf, hilflos und verstört ob des entstandenen Chaos.[36]

---

[31] Vgl. Kunz 1973, 361 und 370.
[32] Vgl. oben, Kap. I, Anm. 3.
[33] Vgl. Kunz 1973, 479.
[34] Vgl. von Wiese 1964, 9.
[35] Vgl. Leube 1972, 132.
[36] Vgl. P. Brockmeier, *Lust und Herrschaft*, Stuttgart 1972, 51.

4.1.2.3.16. W. Krömer (1973)

... Ein festes Handlungsschema mit einem meist einmaligen *Umschlagen der Situation und Wechsel der Person*, welche die Oberhand hat, findet sich vor allem in der Boccaccionovelle. [...][37]

4.1.2.3.17. H. H. Wetzel (1977)

... Boccaccios Welt wird nicht mehr vom christlich-feudalen Ordo und einer in diesem Sinne wirkenden Vorsehung beherrscht, sondern *der Zufall* [...], die Partikularinteressen der Geschäftsleute und deren spezifische Tugenden und Fähigkeit bestimmen die Wirklichkeit. [...] *das Chaos der Wirklichkeit*, in dem einer den anderen übertölpelt, *im Kampf mit dem Schicksal* je nach seinen Fähigkeiten und Tugenden unterliegt oder gewinnt, wird repräsentiert durch die Fülle der einzelnen Novellen, die in einen adlig-großbürgerlichen Rahmen voller Harmonie und Vernunft gebettet werden.[38]

4.1.2.3.18. W. Wehle (1981)

... Wo aber Novellenerzählen eine Diskursfunktion auf affektivem Wege auszuüben sucht, wird der *Wendepunkt*, um den so viel gattungstheoretische Spekulation getrieben wurde, zur wirkungspoetologischen Notwendigkeit einer Lösung des erzählten Falles.[39]

4.1.2.4. Boccaccio und die Idee des Zufalls

Es gibt kaum eine literaturwissenschaftliche Studie über das *Decameron*, in der nicht mehr oder weniger ausführlich das zentrale Thema der *fortuna*, die handlungsbestimmende Rolle des *caso* und die entsprechende Technik des *capovolgimento* angesprochen werden. Die Idee des Zufalls als Merkmal der Novelle Boccaccios arbeitet z. B. M. Baratto im Zusammenhang mit seiner Interpretation der Novelle II 5 mittels einer beeindruckenden Ansammlung von Synonymen heraus:

> Forse, per trovare convergenze più precise fra queste novelle, va sottolineato l'importanza che in tutte ha il *caso*, il quale si manifesta in un oggetto, in un'apparizione, in un aspetto più generale di vita che è sempre verosimile, pur presentandosi come *imprevisto*. [...] Il caso, nel testo del Boccaccio, nasce al punto di intersezione di due piani narrativi: l'uno già chiaro per il lettore, l'altro *imprevisto* per il personaggio. Ne sgorga uno *straordinario effetto* speculare. [...] Sempre »*per ventura*« Andreuccio mette il piede sopra una tavola »sconfitta dal travicello« da un lato. [...] E spesso, in queste novelle, una volta messo in moto il *meccanismo del caso*, si determinano *contraccolpi* ulteriori, altre *sorprese* cui il personaggio tenta di adeguarsi: ma lo *scatto* che crea una *situazione inedita* avviene sempre per un particolare *fortuito* e pur plausibile, in nessun modo magico o favoloso. [...] Questo appare il primo elemento di unificazione di tali novelle; il presentarsi di un

---

[37] Vgl. Krömer 1973, 207.
[38] Vgl. Wetzel 1977, 23f.
[39] Vgl. Wehle 1981, 245.

elemento normale che appare *fortuito* e determina una *svolta*, seguito da *oggetti normali ugualmente fortunosi.* [...]⁴⁰

Die lange Reihe der Zitate vom Ahnvater der abendländischen Novelle bis zur modernen Literaturkritik, in denen übereinstimmend – sozusagen als wenig einfallsreiche, permanente Paraphrase der Äußerungen Boccaccios selbst – die Idee des Zufalls als (der/ein) Grundzug der Novelle erscheint, legt es nahe, aus dem vielfach unkritisch gebrauchten Begriff des *fortunato avvenimento*, der unerhörten Begebenheit, einen hermeneutisch sinnvollen Ansatz zu machen. Einen ersten Versuch in dieser Hinsicht hat bereits 1969 H.-J. Neuschäfer im IV. Kapitel seines Boccaccio-Buches unter der Überschrift »Regel und Ausnahme: die unerhörte Begebenheit und die Auffassung des Zufalls in der Novelle«⁴¹ unternommen. Anhand einer vergleichenden Untersuchung einer Novelle Boccaccios und einer Erzählung aus *Tausendundeiner Nacht* entwickelt Neuschäfer mit Hilfe des gedanklichen Schemas Regel-Ausnahme die gattungsspezifischen Merkmale der Novelle: In der Novelle werde nicht auf die Regel, sondern auf die Ausnahme abgehoben, auf die Infragestellung einer Ordnung; das Ereignis stelle hier etwas Unerwartetes, Ungewöhnliches, Unvorhersehbares dar, etwas, das gegen die bekannten, normalen Gesetzmäßigkeiten verstoße, ein Fall, der auch am Ende nicht ganz in das Gewohnte, Gültige eingeordnet werden könne und so etwas Wunderbares, Unerklärliches, Beunruhigendes behalte, trotz aller Erklärungen und plausibilisierenden Motivierungen des Erzählers:

> Die unerhörte Begebenheit ereignet sich also in der Weise des *Zufalls* und hat in dieser Geschehnisform auch ein weiteres entscheidendes Charakteristikum; denn nur *eine solche außerordentliche Begebenheit, die wie der Zufall völlig unerwartet und unversehens, ganz kontingent, mitten aus der normalen Ordnung heraus sich ereignet,* kann wahrhaft eine unerhörte Begebenheit genannt werden.⁴²

Danach weist Neuschäfer nach, daß der Zufall in diesem Sinne den konkurrierenden Erzählformen (Märchen, Exemplum) fehle. Im Anschluß daran folgt ein wichtiger Hinweis auf einen einschlägigen philosophischen Traktat, Chalcidius' *Timaios*-Kommentar, eine Quelle, die Boccaccio wahrscheinlich durch Petrarcas Vermittlung bekannt war und wo wir zwei Definitionen des Zufalls finden, von denen jede geradezu als abstrakter Kommentar zum Handlungsverlauf einer boccaccesken Novelle dienen könnte. Eine der beiden Definitionen lautet:

> Fortuna est concursus simul cadentium causarum duarum originem ex proposito trahentium, ex quo concursu provenit aliquid *praeter spem* cum admiratione.⁴³

---

⁴⁰ Vgl. Baratto 1970/²1974, 106ff.
⁴¹ Vgl. Neuschäfer 1969, 76–89.
⁴² Vgl. Neuschäfer 1969, 84.
⁴³ Zit. bei K. Heitmann, *Fortuna und Virtus. Eine Studie zu Petrarcas Lebensweisheit*, Köln 1958, 33.

Die Formulierung, mit der Chalcidius das Wesen des Zufalls unterstreicht, sein Unverhofftsein (*praeter spem*), taucht *tantis verbis* in Boccaccios Thema des Zweiten Tages auf:

> ... incomincia la seconda, nella quale [...] si ragiona di chi, da diverse cose infestato, sia *oltre alla sua speranza* riuscito a lieto fine (II *Introduzione*, 1).

Wir können hier nun nicht auf die philosophische Kasuistik des Begriffs eingehen, nicht die von Aristoteles stammende Unterscheidung von Kausalität und Finalität beim Zufall diskutieren und auch nicht den Unterschied zum Begriff der Kontingenz analysieren. Statt dessen rekurrieren wir ganz einfach auf die naive, intuitive Vorstellung vom Zufall, zu der wesentlich die Idee des Unerwarteten gehört. Die Philosophie selbst schämt sich mitnichten, die großen Schwierigkeiten bei der Definition einzugestehen:

> ... Ainsi s'explique le singulier ballottement de l'esprit quand il tente de définir le hasard [...]. Il oscille, incapable de se fixer, entre l'idée d'une absence de cause efficiente et celle d'une absence de cause finale [...]. *Le problème reste insoluble en effet*, tant qu'on tient l'idée de hasard pour une pure idée, sans mélange d'affection. Mais en réalité le hasard ne fait qu'objectiver l'état d'âme de celui qui se serait *attendu* [kursiv im Original] à l'une des deux espèces d'ordres, et qui rencontre l'autre.[44]

Für Henri Bergson, den Autor dieser Erläuterungen, ist also der Zufall schlicht das schlechthin Unerwartete. Übertragen wir nun diese absichtlich unphilosophischen Betrachtungen aus der Feder eines Philosophen auf den kanonischen Handlungsverlauf der Novelle, so können wir diesen in folgender abstrakter Form umschreiben:

> Bei einem bestimmten, aus den regelhaften, normalen, vertrauten Geschehnisabläufen her bekannten Ursache–Wirkung–Verhältnis entspricht einem vorliegenden Grund nicht die erwartete Folge, sondern es kommt ein außergewöhnliches, in seiner Kausalität unvorhergesehenes Ereignis zum Zuge.

Mit dieser auf den Mechanismus des novellistischen Handlungsverlaufs bezogenen Paraphrase der Idee des Zufalls lassen sich die vielen zitierbaren Äußerungen der Literaturkritik zum Thema *Novelle und Zufall* offenbar auf ein einziges strukturelles Schema zurückführen. Die Allgegenwart zufälliger Ereignisse in den Novellen und im Anschluß daran die gattungstheoretische Identifikation der unerhörten Begebenheit mit der Idee des Zufalls erinnern nämlich in unübersehbarer Weise an die logisch-linguistische Formel, mit der sich die syntaktische Relation des Konzessivsatzes abbilden läßt. Wir wollen sie mit folgender Umschreibung in Erinnerung rufen:

> Ein gegebenes *antecedens* (= p), das gemäß den bekannten Normen ein bestimmtes *consequens* (= q) nach sich ziehen müßte, führt wider Erwarten zu einem anderen als diesem implizierten *consequens* (= NEG-q).

---

[44] H. Bergson, *L'évolution créatrice*, zitiert nach A. Lalande (Hg.), *Vocabulaire technique et critique de la philosophie*, Paris 1972, Art. *hasard*, 401–410 (Zitat S. 405).

Dieses Ergebnis unseres syntaktisch-poetologischen Vergleichs gibt Anlaß zu gattungstheoretischen Schlußfolgerungen.

4.1.3. Syntax und Gattungstheorie
4.1.3.1. *Tertium comparationis*: negierte Implikation

Die linguistischen Ausführungen zum *Konzessivsatz* und die literaturtheoretischen Betrachtungen zum Problem der Definition der Gattung *Novelle* haben uns zwei konvergierende Befunde geliefert. Die Übereinstimmung typischer Merkmale der syntaktischen Struktur der konzessiven Relation einerseits und des narrativen Schemas andererseits läßt sich im Begriff des Zufalls verankern. In beiden Fällen hat uns die Analyse der jeweils zugrundeliegenden abstrakten Strukturen zu der Definition

Wider Erwarten nicht (p → q), sondern (p → NEG-q)

geführt.

Diese Definition ist eine Paraphrase des abstrakten Konzepts der *negierten Implikation*.

Daraus folgt, daß wir die aus zwei Propositionen bestehende Relation der negierten Implikation als *tertium comparationis* der konzessiven Satzverknüpfung und des novellistischen Erzählens bestimmen können.

Der Konzessivsatz stellt eine novellistische Mikrostruktur dar, und die Novelle realisiert eine konzessive Makrostruktur. Jede Novelle läßt sich mit einem Konzessivgefüge resümieren, und jeder Konzessivsatz kann zu einer Novelle expandiert werden.[45]

Somit kommen wir zu folgender satzsyntaktisch begründeter Definition des novellistischen Erzählens:

> Die Struktur der Novelle ist eine aus zwei Propositionen bestehende Relation, die *in abstracto* mit der syntaktischen Struktur des Konzessivsatzes übereinstimmt.

Spätestens an dieser Stelle wird der gattungstheoretische Skeptiker[46] einwenden wollen, daß diese Definition für die Novelle nur insoweit zutreffen

---

[45] Vgl. folgenden in unserer Einleitung bereits angeführten Satz: *Obwohl Federigo immerzu vergeblich um Donna Giovannas Huld geworben hat, heiratet sie ihn am Ende doch*. Dieser Konzessivsatz ist für die Novelle V 9 je nach Perspektive entweder Resümee des fertigen Textes oder Nukleus der noch zu verfertigenden Erzählung.

[46] Z. B. im Sinne von Pabst 1953, 245: »... Denn es gibt weder die ›romanische Urform‹ der Novelle noch ›die Novelle‹ überhaupt. Es gibt nur Novellen.« Diese Schlußfolgerung, die bei Pabst am Ende einer bestens dokumentierten und brillanten Argumentation steht, ist m. E. ein Trugschluß: Sie zieht nicht in Betracht, daß gerade die Variabilität der Novelle wesensmäßig zu einem Genus gehört, das sich – um dem Grundgesetz der durchkreuzten Erwartung gerecht zu werden – nicht nur im textimmanenten Geschehen, sondern auch in der formalen Gestaltung immer wieder etwas »Neues« ausdenken muß.

könne, als sie tatsächlich eine »novella«, eine unerhörte Begebenheit als »Neuigkeit«, enthalte. Aber schon Boccaccio habe bekanntlich im *Proemio* zum *Decameron* von »cento novelle, o favole o parabole o istorie che dire le vogliamo«[47] gesprochen und damit – als Schöpfer der Gattung – selbst schon die Gattung relativiert; und dies sicherlich insbesondere angesichts der nicht wenigen Erzählungen in seinem Novellenzyklus, die lediglich in einer verbal realisierten Pointe, einem *leggiadro motto*, einem *piacevole argomento*, einem *bel detto*, einer *pronta risposta*, einer *beffa* oder ähnlichem bestünden. Das aufgeworfene gattungstheoretische Problem stellt jedoch für unseren syntaktischen Ansatz keine ernsthafte Schwierigkeit dar. Konzessive Relationen bestehen nämlich keineswegs nur auf der Ebene der ausgesagten Dinge, der propositionalen Gehalte, der Objektivität der Ereignisse. Ein konzessives Verhältnis kann sich ebenfalls zwischen zwei Aussagen als solchen, also auf der Ebene der illokutionären Sprechakte selbst, einstellen. Im zweiten Fall manifestiert sich das Unerhörte als überraschende, von den vorhergehenden Äußerungen her nicht vorhersehbare sprachliche Handlung. Die diversen Formen konzessiver Sprechhandlungen lassen sich mithin auf den Gegensatz *Objektivität* vs *Diskursivität*, d.h. auf zwei pragmatische Grundtypen, zurückführen.

Mit der im pragmatischen Status der Verknüpfung von Aussagen begründeten Unterscheidung konzessiver Satzmuster korrespondieren in sprechakttheoretischer Hinsicht zwei verschiedene Ausprägungen des konzessiven Grundmodells der novellistischen Gattung: Während die Struktur der typischen Ereignisnovelle als Relation objektiver Konzessivität, d. h. als konzessives Verhältnis zwischen den ausgesagten propositionalen Gehalten, definierbar ist, kann man die Texte, deren Zweck Boccaccio mit treffenden Ausdrücken als Vermittlung eines *leggiadro motto*, einer *pronta risposta*, eines *bel detto* beschreibt, auf die Idee der diskursiven Konzessivität zurückführen, d. h. sie als Realisierung eines konzessiven Verhältnisses zwischen Aussagen bestimmen.

---

[47] Diese synonymen oder aber mit je eigener gattungstheoretischer Bedeutung ausgestatteten Ausdrücke kommen im *Decameron* sonst nirgendwo mehr vor. Im Gegenteil sogar, Boccaccio verwendet im gesamten Erzählwerk beständig die Bezeichnung *novella*. Vgl. dazu die Untersuchung von P. D. Stewart, »Boccaccio e la traduzione retorica: la definizione della novella come genere letterario«, in *Stanford Italian Review* 1 (1979) 67–74: »L'uso costante di *novella* per indicare il racconto, scritto o orale, che presenti un interesse narrativo, mostra nel Boccaccio una chiara consapevolezza della fondamentale unità del genere. La classificazione delle novelle come favole, parabole e istorie, basata sul maggiore o minor grado di approssimazione alla realtà, sembra che abbia esaurito ogni sua utilità con la definizione del genere, e non è più ripresa dal Boccaccio nel *Decameron*« (71). Aus diesem Grund plädiert der Vf. schließlich – auf der Basis des in Boccaccios Erzählwerk durchgehend wichtigen Grundsatzes der *veridicità* – für die Annahme eines für das *Decameron* maßgeblichen einheitlichen Modells der Gattung.

Im Sinne dieser syntaktischen Typologie der Gattung *Novelle* ist es also gleichgültig, mit welcher Art von Sprechhandlung der Novellenerzähler auf die gattungskonstitutive Frage *Quid novi?* dichterisch antwortet, vorausgesetzt, er durchkreuzt irgendeine – auf welcher Ebene auch immer bestehende – Erwartungshaltung, indem er einem beim Leser präsupponierten oder ihm suggerierten *(p → q)*-Verhältnis eine *(p → Neg-q)*-Relation entgegensetzt.[48]

4.1.3.2. Konzessivität und Kausalität: die unerhörte Begebenheit und ihre Glaubwürdigkeit

Der gerade erwähnte Begriff der Präsupposition[49] stellt einen weiteren wichtigen methodischen Ansatz der neueren linguistischen Forschung dar, der sich mit Bezug auf die Novelle für eine syntaktisch inspirierte Kritik der Gattungstheorie nutzbringend einsetzen läßt. Als Präsupposition eines Satzes gilt »die ihm zugrundeliegende (und vom potentiellen Sprecher als gegeben angenommene) Voraussetzung, die zwar nicht in allen, aber doch in vielen Fällen aus dem Satz gefolgert werden kann«[50].

Der Begriff der Präsupposition liefert einige weitere Erkenntnisse in der Analyse der konzessiven Syntax, die anschließend, durch diese Vermittlung, auch auf die Theorie der Novelle übertragen werden können. Ein konzessives Satzgefüge – wie z.B.

Obwohl es regnet, geht Hans spazieren –

stellt nicht nur eine sprachliche Information dar kraft dessen, was es explizit sagt (= *assertiert*), sondern es erinnert in der Zusammenstellung der in Protasis und Apodosis des Satzgefüges enthaltenen Inhalte auch an das, was es voraussetzt und an Ungesagtem mitschwingen läßt (= *präsupponiert*). So sind im oben angeführten Beispielsatz folgende Voraussetzungen und Informationen mitgedacht:

1) die Wahrheit von *p* (= *es regnet*);
2) ein *general statement*, das der Norm, d. h. gemeinsamer Welterfahrung von Sprecher und Hörer, entspricht:
   wenn p, dann q (etwa: *wenn es regnet, bleibt man besser zuhause*); und
3) das Wirksamwerden eines nicht genannten Grundes, der in Wirklichkeit

---

[48] Einige ergänzende Bemerkungen folgen unten, 9.2., im Zusammenhang mit der Interpretation der Novellen II 4 und VI 6, zwei im oben abgegrenzten Sinne konträren Novellentypen.
[49] Zum Begriff der *Präsupposition* (und dem Komplementärbegriff der *Assertion*) vgl. O. Ducrot, *Dire et ne pas dire*, Paris 1972; J. Petöfi/D. Franck, *Präsuppositionen in Philosophie und Linguistik*, Frankfurt 1973; A. J. Baker, »Presupposition and Types of Clauses«, in *Mind* 65 (1976) 368–378; M. Reis, *Präsupposition und Syntax*, Tübingen 1977.
[50] D. Wunderlich, »Syntax und Semantik in der Transformationsgrammatik«, in *Sprache im technischen Zeitalter* 36 (1970) 319–355.

die vom *general statement* abweichende Folge nach sich gezogen hat, in unserem Standardsatz also z.B. *die Empfehlung des Arztes, Hans solle bei jedem Wetter einen Spaziergang machen.*

Der verschwiegene, mitgedachte, präsupponierte Grund, der in einem Konzessivgefüge für einen in der Apodosis geäußerten unerwarteten Vorfall oder ein ungewöhnliches Verhalten verantwortlich ist – d.h. diesen Vorfall oder dieses Verhalten begründet, motiviert, plausibel erscheinen läßt –, stellt nun dasjenige gedankliche Element dar, in dem die Unterschiede sichtbar werden, die über die im Begriff der negierten Implikation verankerte Übereinstimmung von konzessiver Syntax und literarischem Genus hinausgehen, die also das Besondere der dichterischen Textsorte *Novelle* gegenüber der strukturell gleichen grammatischen Relation des *Konzessivsatzes* ausmachen.

Da einem Novellenautor daran gelegen sein muß, der von ihm erzählten Begebenheit Glaubwürdigkeit zu verleihen, um die Früchte seiner Einbildungskraft vor der Gefahr, als unwahrscheinlich abgetan zu werden, zu bewahren, wird er sein Augenmerk ganz besonders auf die präsupponierten, im einzelnen aber noch unbekannten Gründe, Motive, Anlässe des novellistischen Geschehens richten. Nur so kann er nämlich der Darstellung des ungewöhnlichen Ereignisses kausal-finale Stringenz verleihen. Für diese ästhetisch notwendige Handlungs- und Geschehnismotivation eignen sich insbesondere alle die grammatikalisierten Formen der Satzverknüpfung, die auf den Gedanken der Implikation, d.h. auf die abstrakte Struktur $p \rightarrow q$, spezialisiert sind: Kausalsätze, Konditionalsätze, Finalsätze, Konsekutivsätze.

Unser empirischer Befund am Ausgangspunkt unserer Studie, die Beobachtung nämlich, daß in Boccaccios Text eine extreme Häufung implikativer und negiert-implikativer Satzstrukturen vorkommt, findet somit eine schlüssige Erklärung in der Verbindung der folgenden zwei Punkte:

1) Die konzessive Struktur ist Abbild und Vorbild des narrativen Schemas der unerhörten Begebenheit.
2) Den diversen kausalen Strukturen (Kausalität/Konditionalität/Finalität/Konsekutivität) kommt dagegen die Aufgabe zu, die unerhörte Begebenheit vor dem ständig latenten Vorwurf der Willkür zu bewahren und ihr Glaubwürdigkeit zu verleihen, d.h. sie mit dem Signum kausal-finaler Notwendigkeit – allerdings einer nur singulär wirksamen, individuellen, subjektiven Notwendigkeit – auszustatten.[51]

Anhand einer Analyse der konzessiven und kausalen Satzverknüpfungen in der Falkennovelle wollen wir nun sehen, ob und wie diese theoretisch erarbeitete Parallelisierung der Syntax des Konzessivsatzes und der Poetik des novellistischen Genus in der konkreten sprachlichen Gestalt unseres Beispieltextes ihre Bestätigung findet.

---

[51] Hier trifft sich das Ergebnis unserer syntaktischen Untersuchung mit den Einsichten der literaturwissenschaftlichen Gattungstheorie (vgl. z.B. Schunicht 1960 und Neuschäfer 1969).

4.2. Satzgestalt und Textstruktur in der Falkennovelle

Im folgenden werden die von Boccaccio in der Novelle V 9 zum Ausdruck der Ideen der Konzessivität und der Kausalität eingesetzten syntaktischen Mittel in systematischer Ordnung aufgelistet und in ihrer wechselseitigen Durchdringung sowie im Hinblick auf ihren wesentlichen Beitrag zur poetischen Gestaltung der erzählten unerhörten Begebenheit untersucht.

4.2.1. Der syntaktische Ausdruck der Konzessivität

Der Text der Falkennovelle ist in seiner ganzen Länge von konzessiven Satzverknüpfungen durchzogen. Die entsprechenden Beispiele lassen sich auf verschiedenen Ebenen der Syntagmatik nachweisen[52]:

I. auf der subphrastischen Ebene als konzessive Präpositionalphrasen,
II. als hypotaktische Verbindungen
    – von Nebensätzen verschiedenen Grades und
    – in Form eines adverbialen Nebensatz-Hauptsatz-Gefüges sowie
III. als paratacktische Verbindungen
    – gleichrangiger Nebensätze,
    – in Form satzwertiger Satzreihung und
    – in der satzgrenzenüberschreitenden Satzreihung (= transphrastische Konzessivität).

Verteilt auf diese Bereiche lassen sich im Text insgesamt 26 konzessive Relationen nachweisen. Da es die Grenzen unserer Darstellung sprengen würde, die Identifizierung jedes einzelnen konzessiven Verhältnisses aus dem Textzusammenhang heraus zu beschreiben, müssen wir uns darauf beschränken, die Belege in der folgenden linguistisch geordneten Liste nachzuweisen:

I. Präpositionalphrasen
    oltre ad (4) – (Satz 4 enthält außerdem ein nicht-konzessives *oltre a*);
    oltre a und *oltre ad* (28).
II. Hypotaktische Verbindungen
    1) Nebensätze verschiedenen Grades in konzessiver Beziehung:
       Relativsatz zu Kompletivsatz (12); *gerundio* zu Relativsatz (21).
    2) Nebensatz-Hauptsatz-Gefüge
        a) mit monofunktionaler Subjunktion:
           come che (13); *che che* (14); *come che* (23); *con tutto che* (26); *come che* (28); *come che* (38); *quantunque* (44);
        b) mit polyfunktionaler Subjunktion:
           mentre che (31).

---

[52] Zum deskriptiven Instrumentarium der in 4.2.1 und 4.2.2 folgenden Darstellung vgl. Vf., *Negierte Implikation im Italienischen*.

III. Parataktische Verbindungen
   1) Parataxe gleichrangiger Nebensätze:
      zwei *gerundi* (4); zwei Relativsätze (12); zwei *gerundi* (26).
   2) Satzwertige Satzreihung
      a) mit monofunktionalen Ausdrücken:
         ma pure (8); *ma pur* (30); *ma pur* (39);
      b) mit polyfunktionaler Konjunktion:
         ma (26); *ma* (28); *ma* (31); *ma* (32); *ma* (43).
   3) Satzgrenzenüberschreitende Satzreihung:
      ma (2–3); *gerundio* (5) in bezug zu Satz (4).

Aufgrund dieses Reichtums an konzessiven Relationen erweist sich die Falkennovelle als sprechendes Beispiel für den empirischen Ausgangspunkt unserer *Decameron*-Lektüre und als einleuchtender Beleg für unsere syntaktisch-poetologische These *Novelle* ≙ *Konzessivität*[53].

Besonders auffällig in der Häufigkeit und der formalen Variation der in der Novelle V 9 eingesetzten konzessiven Satzmuster sind die insgesamt acht Konstruktionen mit komplexen Satzgefügen, deren Nebensätze mit weitgehend typischen Morphemen (bis auf das temporal-konzessive *mentre che* in Satz 31) gekennzeichnet sind. Schauen wir uns diese Ausdrucksmittel noch einmal etwas näher an, indem wir zunächst eine Liste in der Reihenfolge ihres Vorkommens erstellen:

come che (13)
che che (14)
come che (23)
con tutto che (26)
come che (28)
mentre che (31)
come che (38)
quantunque (44).

Ebenso bemerkenswert wie die einmalige Verwendung eines Teils der Subjunktionen ist die viermalige Wiederholung von *come che*. Sehen wir uns die Inhalte aller hier genannten Satzgefüge an, stellen wir fest, daß zwei der durch einmaliges Vorkommen herausgehobenen Morpheme, nämlich *con tutto che* (26) und *quantunque* (44), an zwei besonders wichtigen Stellen des Textes stehen:
– in der langen »zentralen« Periode, in der geschildert wird, wie Federigo sich zum Falkenopfer entscheidet (Satz 26);

---

[53] Statt eines Gleichheitszeichens wird hier und im folgenden das Symbol ≙ verwendet. Es soll ausdrücken, daß zwischen den beiden zusammengestellten Termen eine *Entsprechung in struktureller Hinsicht* vorliegt.

- in einem der Schlußsätze, die das glückliche Ende beschreiben, nämlich Satz 44, wo das Einverständnis der Brüder mit Giovannas Entscheidung mitgeteilt wird.

Nehmen wir nun nur die »zentrale« *con tutto che*-Periode und betrachten dabei die Verteilung der anderen Konzessivsätze in bezug auf diese Stelle, so bemerken wir, daß sich die vier *come che*-Fälle zu je zwei Beispielen um den *con tutto che*-Satz herum gruppieren. Diese Beobachtung zur proportionalen Anordnung der konzessiven Subjunktionen ist ein Indiz für die von Boccaccio befolgte Technik strenger syntaktischer Durchgestaltung seiner Prosa, deren eigentliche Dimension wir allerdings erst nach vertiefter Einsicht in seine Arbeitsweise erkennen werden.

4.2.2. Der syntaktische Ausdruck der Kausalität

Der eben exemplifizierte Befund, der Reichtum an konzessiver Syntax in der Falkennovelle, hat seine Folgen: Ein Text, der als Ganzes und in so vielen seiner Teile mittels textueller Konstitution und entsprechend geeigneter Satzkonstruktionen das Denkschema *Wider Erwarten nicht ($p \to q$), sondern ($p \to NEG\text{-}q$)* realisiert, also die Erfahrung unvermuteter Ereignisse so häufig zum Ausdruck bringt, muß zwangsläufig, um das Unerhörte nicht der Unglaubwürdigkeit preiszugeben, begründen und motivieren, d.h. er muß ständig auf die für das Raisonnement typischen implikativen Satzstrukturen zurückgreifen.[54] In welch hohem Maße die spezifische narrative Struktur der Novelle und die entsprechende abstrakte Struktur der Syntax dieser literarischen Textsorte die Verwendung implikativer Relationen bedingt, um dem erzählten Ereignis trotz seines überraschenden Eintretens durch kausal-finale Stringenz Plausibilität zu verleihen, soll beispielhaft die folgende schematische Übersicht über die den Gedanken der Kausalität ausdrückenden grammatischen Konstruktionen der Falkennovelle zeigen (wobei zu befürchten ist, daß uns die eine oder andere syntaktische Relation, aus der sich die implikative Beziehung mehr oder weniger eindeutig oder nuancenhaft herauslesen läßt, noch entgangen sein mag)[55]:

I. Präpositionalphrasen
   3 x *per* (1); *per* (3); *per* (14); *per* (15); *per* (21); *per* (23); *per* (26); 3 x *per* (28); *per* (35); 2 x *per* (36).

II. Hypotaktische Verbindungen
   1) Nebensätze verschiedenen Grades in kausaler Beziehung: zwei *gerundi* (19).

---

[54] Vgl. R. Blanché, *Le raisonnement*, Paris 1973, besonders Kap. 5.
[55] Die Orthographie folgt der oben, Kap. 3, abgedruckten Originalversion.

2) Nebensatz-Hauptsatz-Gefüge
   a) Infinite Konstruktionen:
      absolutes Adjektiv (3); zwei *gerundi* (4); zwei *gerundi* (5); zwei *gerundi* (7); drei *gerundi* (8); *participio passato* (10); *senza* + Infinitiv (13); *per* + Infinitiv (14); *gerundio* (19); *ad* + Infinitiv (21); *gerundio* (24); absolutes Adjektiv (26); sechs *gerundi* (26); *participio passato* (26); absolutes Adjektiv (26); *gerundio* (27); drei *gerundi* (28); zwei *gerundi* (29); *gerundio* (31); drei *gerundi* (32); zwei *gerundi* (34); *per* + Infinitiv (34); zwei *part. pass.* (35); *gerundio* (37); *part. pass.* (38); *per* + Infinitiv (38); zwei *gerundi* (44); *gerundio* (45); absolutes Adjektiv (45).
   b) Nebensatz mit spezifischer Subjunktion
      A. Konditionalität: *se* (9); *se* (11); 2 x *se* (23); 2 x *se* (28); *quando* (39); *se* (39).
      B. Kausalität i.e.S.: *percio che* (18); *poi che* (25); *percio che* (28); *percio che* (29).
      C. Konsekutivität: *si – che* (12); *tanto – che* (14); *tanto – che* (23); *tanto – che* (28); *si – che* (28); *si – che* (31); *si – che* (32).
      D. Finalität: *accio che* (2); *accio che* (28).
   c) Kausaler Fragesatz: *per che* (31).
   d) Andere Nebensätze mit implikativer Bedeutung: *si come* (2); *si come* (4); *come* (8); *quando* (39); Relativsatz (26); Relativsatz (27); zwei Relativsätze (28).

III. Parataktische Verbindungen
   1) Satzwertige Satzreihung
      a) mit spezifischen Konnektiven (Konjunktionen und zusammengesetzte Ausdrücke)
         per che (8); *di che* (9); *per che* (12); *per che* (26); *et pero* (26); *et percio* (28); *di che* (31); *per che* (31); *per che* (32);
      b) mit polyfunktionaler Konjunktion
         et (4); *che* (9); *che* (15).
   2) Satzgrenzenüberschreitende Satzreihung
      adunque (IV/1); *adunque* (4); *per che* (5); *adunque* (8); *di che* (16); *laonde* (27).

4.2.3. Verflechtung der syntaktischen Hauptlinien

Mit den in den beiden Listen verzeichneten grammatischen Mitteln sind freilich noch nicht alle vom Autor ausgenutzten expressiven Möglichkeiten im gedanklichen Bereich der Implikation behandelt. Neben den aufgeführten Formen der konzessiven und kausalen Satzverknüpfung setzt Boccaccio noch lexikalische Mittel ein, z.B. *maravigliarsi* (Satz 19 und 28) als Reaktion auf ein unerwartetes Ereignis und *et e ragione* (Satz 28) als explizite Kennzeichnung eines motivierenden Tatbestands.

Eine nähere Untersuchung der konkreten Anwendung der in den beiden Listen registrierten Ausdrucksmittel führt zu einem weiteren Befund: Die beiden syntaktischen Relationen können in einem ihrer primären semantischen Bestimmung entgegenlaufenden Kontext eingesetzt werden. So ist z.B. einer der wichtigen Schlußsätze, Satz 43, in dem Giovanna ihren Brüdern die Begründung für ihre Entscheidung darlegt, in die Form einer aus mehreren konzessiven Relationen (*ma*, relatives *che*) bestehenden Satzverbindung gekleidet:

> Fratelli miei/ io so bene che cosi e come voi dite✓ ma io voglio avanti huomo che abbia bisogno di riccheça/ che riccheça che abbia bisogno duomo.[56]

Zur Verdeutlichung der syntaktischen Interpretation möge eine deutsche Paraphrase dienen:

> Brüder, *zwar* weiß ich wohl, daß es sich so verhält wie ihr sagt, *aber* ich ziehe einen Mann, der (= *obwohl* er) des Reichtums entbehrt, dem Reichtum vor, der des Mannes entbehrt.

In diesem Zitat und anhand ähnlicher Beispiele beobachten wir also eine Vereinigung und Verschmelzung der beiden Typen implikativer Satzrelationen, die sicherlich maßgeblich zur dichterischen Qualität des novellistischen Textes – zur Dichtheit des Gewebes der zusammengeordneten Gedankengänge – beiträgt.

Als herausragendes Beispiel in dieser Hinsicht mag noch der inhaltlich »zentrale« Satz 26 angeführt werden, in dem der Autor das irrational-konzessive Ereignis schlechthin, den Tod des Falken, mitteilt:

> Egli con tutto che la sua poverta fosse strema non sera ancor tanto adveduto quanto bisogno gli facea/ che egli avesse fuor dordine spese le sue richeçe/ ma questa mattina niuna cosa trovandosi di che potere honorar la donna per amor della quale egli gia infiniti huomini honorati avea/ il fe ravedere✓ et oltre modo angoscioso seco stesso maledicendo la sua fortuna come huomo che fuor di se fosse hor qua et hor la trascorrendo ne denari ne pegno trovandosi/ essendo lora tarda et il disidero grande di pure honorar dalcuna cosa la gentil donna et non volendo non che altrui ma il lavorator suo stesso richiedere/ gli corse ad gli occhi il suo buon falcone il quale nella sua saletta vide sopra la stangha✓ per che non avendo ad che altro ricorrere presolo et trovatolo grasso penso lui esser degna vivanda di cotal donna/ et pero sença piu pensare tiratogli il collo ad una sua fanticella il fe prestamente pelato et acconcio mettere in uno schedone/ et arrostir diligentemente/ et messa la tavola con tovaglie bianchissime delle quali alcuna ancora avea con lieto viso ritorno alla donna nel suo giardino/ et il desinare che per lui far si potea/ disse essere apparecchiato.

Die lange Periode beginnt mit einer konzessiven Protasis (*con tutto che*), aus der heraus sich der ganze folgende Sachverhalt entwickelt, um in der Tötung

---

[56] Vgl. oben, 3.1., Satz 43.

des edlen Jagdtieres zu kulminieren. Innerhalb dieses konzessiven Rahmens, also zwischen dem grammatischen Signal *con tutto che* und dem Falkentod als Ereignis, steht nun eine der für Boccaccios Stil typischen, unendlich scheinenden Satzkonstruktionen. Aus einer Kette impliziter Formen (vor allem *gerundi*) mit kausaler Bedeutung bestehend, dient der Satz 26 ebenso der motivierenden Vorbereitung wie dem spannungssteigernden Hinauszögern des am Schluß mitgeteilten Ereignisses. Nach dem syntaktisch so eindringlich vorbereiteten Gipfelpunkt ist das in der folgenden syntaktischen Einheit (Satz 27) am Anfang erwähnte Falkenmahl bereits als Teil einer nun beginnenden neuen Sequenz der Handlung anzusehen. Diese Deutung wird im übrigen durch die Tatsache bestätigt, daß die fragliche Periode an ihrem Ende, also in der informativ wichtigsten Position der Mitteilung, bereits den anschließend folgenden Dialog zwischen Giovanna und Federigo einleitet.

Die ergänzenden Beobachtungen zu der in den einzelnen Sätzen des Textes der Falkennovelle realisierten Verbindung und Verquickung konzessiver und kausaler Relationen führen zu folgender Erkenntnis: Nicht einzelne Typen von Satzverknüpfungen, wie Konzessivgefüge oder Kausalrelationen, erfassen die Gestalt des Textes in seiner komplexen Ganzheit, sondern der Satz schlechthin, d. h. die im Text durch entsprechende delimitatorische Signale abgegrenzte syntaktische Einheit, ist dazu bestimmt, sprachliches Gefäß für beide in Boccaccios Dichtkunst konkurrierenden und sich vereinigenden Denkinhalte zu sein:

– für die Mitteilung des unerhörten, des konzessiven Ereignisses ebenso wie
– für die sprachliche Gestaltung der kausal-final abgesicherten Glaubwürdigkeit der Begebenheit.

Aufgrund dieser Ergebnisse ist unsere syntaktisch-poetologische Formel *Novelle* ≙ *Konzessivität* in dem Sinne zu ergänzen, daß das unerhörte Ereignis als konzessive syntaktische Relation – genau wie der grammatische Konzessivsatz selbst – die Existenz eines unbekannten und zunächst ungenannt bleibenden Kausalzusammenhangs präsupponiert, der in der Formel $p \rightarrow NEG\text{-}q$ für die unerwartete Negierung von q in dem zugrundeliegenden Konditionalverhältnis $p \rightarrow q$ verantwortlich ist. Mit anderen Worten, wie für die konzessive Verknüpfung in der Syntax ist für die Novelle konstituierend

a) die Negierung eines erwartbaren, von der Normalität der Erfahrung her begründeten Konditional-/Kausalverhältnisses und
b) das unerwartete Auftauchen eines singulären, individuellen, von der Norm abweichenden Kausalzusammenhangs.

Wenn wir also eine Novelle Boccaccios unserem syntaktischen Ansatz gemäß mit einem konzessiven Adverbialsatz in eins setzen, so dürfen wir dabei nicht übersehen, daß zwar die konzessive Relation den Hauptstrang der novellistischen Handlung darstellt, daß aber innerhalb des konzessiv verknüpften Anfangs und Endes der Erzählung im Verlauf des Textes die in der konzessiven Relation präsupponierte Existenz einer ausnahmsweise wirksam gewordenen Kausalität expliziert wird. Werden nun beide wesentlichen Elemente der Textkonstruktion berücksichtigt, nämlich die konzessive Gesamtanlage und die innewohnende Relation singulärer Kausalität, erhalten wir ein syntaktisches Modell, das die narrative Struktur der novellistischen Erzählung noch getreuer abbildet. Durch diese ergänzenden Beobachtungen zur konzessiven und kausalen Syntax der Falkennovelle wird unser Ansatz im folgenden Sinne bestätigt und präzisiert: Die makrosyntaktische Struktur der Novelle Boccaccios läßt sich als Expansion einer komplexen Satzkonstruktion begreifen.

Unsere weitere Untersuchung muß sich also der Frage widmen, welche Rolle der Satz schlechthin – und nicht einzelne semantische Typen von Sätzen, wie Konzessivsatz und Kausalsatz – in der poetischen Verfertigung des novellistischen Textes spielt.

datum und *novum*: die Novelle als Satz

Um das aufgeworfene Problem – die *Funktion des Satzes* in der sprachlichen Gestalt der Novelle generell sowie im besonderen in der Konstitution der Prosatexte Boccaccios – mit linguistisch adäquaten Begriffen anzugehen, greifen wir auf eine Methode zurück, die sich eigens *Funktionale Satzanalyse* oder *Lehre von der Funktionalen Satzperspektive* (= *FSP*)[1] nennt.

5.1. Konzessivsatz – Satz – Novelle

Kernbegriffe der von der Prager Schule initiierten Methode der funktionalen Betrachtung des Satzes sind die nach dem Vorbild der traditionellen syntaktischen Begriffe *Subjekt* und *Prädikat* entwickelten, funktionell verstandenen Konzepte *Thema* und *Rhema*. Mit diesen Termini werden die in jeder menschlichen Äußerung enthaltenen, kommunikativ unterschiedlich wichtigen Teile der Mitteilungsbasis und des Mitteilungszentrums bezeichnet. Mitteilungsbasis und Mitteilungszentrum fallen in der Regel, aber nicht immer, mit der Opposition *datum* vs *novum* zusammen. Aus diesem Grunde versucht man, die Thema-Rhema-Gliederung außer mit den Konzepten *gegeben/neu* noch mit den Kategorien *+/– bekannt, +/– wichtig(er), wenig/viel Information* und (was im Hinblick auf den komplexen Satz konzessiven oder kausalen Inhalts interessant ist) mit dem Gegensatz *+/– erwartet* zu präzisieren. Neben den Anstrengungen, die der Definition des Begriffspaares gewidmet sind, haben sich die Vertreter der Funktionalen Satzanalyse noch besonders darum bemüht, den ursprünglich nur satzbezogenen Ansatz auch auf die Textebene

---

[1] Für die folgende Zusammenfassung wurden insbesondere konsultiert: P. Sgall, »Zur Stellung der Thema-Rhema-Gliederung in der Sprachbeschreibung«, in F. Daneš (Hg.), *Papers on Functional Sentence Perspective*, Den Haag/Paris 1974, 54–74; F. Daneš u.a., »Zur Terminologie«, in ebd., 216–222; Ch. N. Li (Hg.), *Subject and Topic*, New York/San Francisco/London 1975; P. Blumenthal, *La syntaxe du message. Application au français moderne*, Tübingen 1980; L. Lutz, *Zum Thema »Thema«. Einführung in die Thema-Rhema-Theorie*, Hamburg 1981; U. Wandruszka, »Subjekt und Mitteilungszentrum«, in *Romanistisches Jahrbuch* 35 (1984) 14–35; Ch. Lehmann, *Der Relativsatz*, Tübingen 1984, speziell: »Relativsatz und funktionelle Satzperspektive«, 345–363; H.-W. Eroms, *Funktionale Satzperspektive*, Tübingen 1986. Wie die beiden letzten Titel zeigen, sind in der deutschsprachigen Linguistik als Bezeichnung beide Varianten des Adjektivs (*funktional* und *funktionell*) geläufig.

auszuweiten. Außerdem ist man zu der Erkenntnis gelangt, daß an die Stelle der anfänglich angenommenen Zweigliedrigkeit der Thema-Rhema-Opposition nun ein skalar gegliedertes Kontinuum mit Elementen unterschiedlich starker Thematizität und verschieden hoher Rhematizität zu setzen ist. Nach dieser Vorstellung verleiht der jeweilige funktionale Status eines syntaktischen Segments diesem einen bestimmten – aus der skalar differenzierten Abstufung der unterschiedlichen *datum-novum*-Komplexe im Satz resultierenden – Grad an kommunikativer Dynamik, den sogenannten *CD*-Grad (= *communicative dynamism*).

Die einschlägigen Untersuchungen zur Funktionalen Satzperspektive haben gezeigt, daß sich die Verteilung von *datum-novum*-Einheiten auf verschiedenen Ebenen der »Zusammenordnung« bedeutungstragender Einheiten vollzieht: im Syntagma (z. B. Substantiv + Attribut mit unterschiedlichem CD-Grad), im Kernsatz, im komplexen Satz, in der Periode und ebenso in der Verknüpfung der Sätze zum Text. Dem Faktum der immer weitere Teile eines syntaktischen Gefüges ergreifenden *datum-novum*-Profilierung tragen nun in der Forschung erste, allerdings noch divergierende Ansätze Rechnung, die die einzelnen auf einer Skala abgrenzbaren *datum-novum*-Einheiten mit eigenen Termini versehen und so in bezug auf die verschiedenen Ebenen nicht mehr undifferenziert generell von Thema/Rhema sprechen. Mit anderen Worten, man versucht seit einiger Zeit, verschiedene, zum Teil noch konkurrierende, bisweilen mit den Begriffen *Thema/Rhema* identifizierte oder davon unterschiedene Terminologien – wie z.B. *psychologisches Subjekt/psychologisches Prädikat, thème/propos, topic/comment, Peripherie/Kern, Hintergrund/Vordergrund, Exposition/Eventum, Mitteilungsbasis/Mitteilungszentrum, presupposition/focus* – für ganz bestimmte *datum-novum*-Verbindungen zu reservieren. Im Sinne dieser noch im Fluß befindlichen Forschungen ließe sich z. B. folgende Abgrenzung vornehmen:
1) Die Begriffe *Thema-Rhema* könnten in ihrer Verwendung auf die Beschreibung der kommunikativen Gliederung des Kernsatzes mit seiner Subjekt-Prädikat-Struktur eingeschränkt werden.
2) Adverbiale Bestimmungen und ähnliche nominale Ergänzungen zur Prädikation ließen sich mit dem Begriffspaar *thematisches Determinatum* vs *rhematisches Determinans* (z.B. Hans kauft das Buch // *nächste Woche*) unterscheiden[2].
3) Für komplexe – aus Protasis und Apodosis bestehende – Sätze (z.B. einen Konditionalsatz) böten sich zur Charakterisierung der somit noch weiter expandierten kommunikativen Bestandteile die Begriffe (thematischer)

---

[2] Vgl. Blumenthal 1980, § 1.2.1. u. ö. (*déterminé thématique/déterminant rhématique*).

Hintergrund vs (rhematischer) *Vordergrund*[3] oder *Exposition* vs *Eventum*[4] an.

4) Für Sätze, die mit einer explizit eingeführten Mitteilungsbasis beginnen (etwa: *Was x angeht, A propos x* u.ä.), könnte man die so entstehenden zwei Teile mit den Begriffen *topic* vs *comment* belegen.[5]

Für noch größere Expansionen des Satzes wird eine Typisierung schwieriger, und eine begriffliche Festlegung würde dabei von geringem praktischen Nutzen sein.[6]

Für unsere syntaktisch-poetologische Rahmenthese *Novelle ≙ Konzessivität* liefern uns die gerade gegebenen Erläuterungen zu Methode und Kernbegriffen der Funktionalen Satzperspektive einige wertvolle weitere Erkenntnisse. Nach der vorgeschlagenen Hierarchie kommunikativer Einheiten setzt sich ein konzessives Satzgefüge – wie andere Typen des Adverbialsatzes – aus einem thematischen Segment (*Exposition, Hintergrund*) und einem rhematischen Segment (*Eventum, Vordergrund*) zusammen. Darüber hinaus besitzt der Konzessivsatz in seiner Zusammenordnung von Exposition und Eventum eine besondere Qualität, die ihn von allen anderen *datum-novum*-Fügungen derselben Ebene (z.B. Konditionalsatz, Temporalsatz usw.) unterscheidet. Um die poetische Dimension der konzessiven Syntax weiter auszuleuchten, gilt es nun, dieses spezifische kommunikative Merkmal auf den Begriff zu bringen.

Zunächst ist festzuhalten, daß das wechselseitige Verhältnis der diversen thematischen und rhematischen Elemente zueinander prinzipiell, quer durch die hierarchisch abgrenzbaren Ebenen, durch eine gleichbleibende Beziehung gekennzeichnet ist. Dieses konstante Merkmal ist ein bestimmtes Spannungsverhältnis: eine Erwartung, die dadurch ausgelöst wird, daß das thematische Element, d. h. ein Stück Information mit geringem Mitteilungswert, die Vollendung der Botschaft in einem rhematischen Element, d. h. einem Stück Text mit einem hohen Grad an kommunikativer Potenz, erheischt. Diese Beobachtung wurde in bezug auf die innere Spannung in komplexen Sätzen schon in der klassischen Rhetorik zutreffend beschrieben:

---

[3] Vgl. Blumenthal 1980, § 1.3. (*premier plan/arrière plan*).

[4] Vgl. Lehmann 1984, 347. Die Begriffe *Exposition* und *Eventum* werden vom Verfasser als rein syntaktologische Termini verwendet, um den funktionalen Gegensatz zwischen einer satzeinleitenden »Situationskulisse« raum-zeitlich-individueller Art (z.B. Protasis eines Konditionalgefüges oder eines Konzessivgefüges) und der Prädikation im Hauptsatz (Apodosis), in der eine weitere funktionale Gliederung stattfindet, zu bezeichnen. Es versteht sich, daß die von Lehmann 1984 (z. T. in Anlehnung an die frühere Forschung) vorgeschlagenen Ausdrücke *Exposition* und *Eventum* in bezug auf unsere aus der abstrakten Struktur des Konzessivsatzes entwickelte Poetik der Novelle von großer evokativer Kraft sind.

[5] Vgl. W. L. Chafe, »Givenness, contrastiveness, definiteness, subjects and topics«, in Li 1976, 25–55.

[6] Wohl aus diesem Grunde hat sich Eroms 1986 dazu entschieden, Themata und Rhemata mit Hilfe von Indizes zu differenzieren.

> Die Periode [...] besteht in der Vereinigung mehrerer Gedanken (*res*) in einem Satz derart, daß auf einen spannungsschaffenden (*pendens oratio*) Bestandteil (*protasis*) ein spannungslösender (*sententiae clausula*) Bestandteil (*apodosis*) folgt.[7]

Und von der Gabelentz formulierte noch allgemeiner:

> Das Gehörte verhält sich zu dem weiter Erwarteten, wie ein Subjekt zu seinem Prädicate.[8]

Wie in jedem Satz und Satzgefüge, oder allgemeiner: wie in jeder Verbindung von »Gehörtem« (= *datum* = thematisches Element) mit »dem weiter Erwarteten« (= *novum* = rhematisches Element), so besteht auch im Konzessivsatz zwischen thematischer Protasis (= Hintergrund, Exposition) und rhematischer Apodosis (Vordergrund, Eventum) ein solches allgemeines Verhältnis der »Spannung«, der »Erwartung«. Im Gegensatz aber zu jeder beliebigen anderen Verknüpfung thematischer und rhematischer Elemente ist das Spannungsverhältnis zwischen Exposition und Eventum in der konzessiven Relation von ganz und gar eigener Art. Um diese spezifische Besonderheit zu erfassen, verbinden wir die eben gegebenen Erläuterungen zur Thema-Rhema-Struktur und zum allgemeinen zwischen thematischen und rhematischen Elementen bestehenden Verhältnis der Erwartung mit der oben entwickelten Definition der Konzessivität als negierter Implikation. Mit Hilfe der Formeln $(p \rightarrow q)$ als Symbolisierung eines präsupponierten Konditionalsatzes und $(p \rightarrow NEG\text{-}q)$ als Wiedergabe der abstrakten Struktur der assertierten Konzessivrelation fällt es nicht schwer, in der konzessiven Satzverknüpfung eine syntaktische Struktur zu erkennen, die in einer ganz gezielten, die innere Dynamik üblicher Thema-Rhema-Gliederung transzendierenden Weise auf das rhematische Element hin ausgerichtet ist. Das Rhema als informativer Kern der Apodosis eines Konzessivsatzes stellt nicht nur ein *novum* im Sinne genereller *datum-novum*-Gliederung menschlicher Rede dar, ist also nicht nur die spannungslösende rhematische Erfüllung der durch die thematischen Elemente ausgelösten Erwartung, sondern es erweist sich als ein *novum* im eigentlichen Sinne des Wortes: In der konzessiven Relation führt ein bestimmtes *datum* zu einem n i c h t implizierten, unvorhersehbaren, unerwarteten *novum*. Aufgrund der negierten Implikation werden hier alle vom *datum* ausgehenden Mutmaßungen durchkreuzt und alle Präsuppositionen Lügen gestraft. Im Konzessivsatz ist das *novum* also ein in seinem Novitätscharakter gesteigertes Rhema, eine wirkliche Neuigkeit, eine Botschaft des Unerwarteten, der unverhoffte Zufall, die von den Prämissen her nicht zugelassene Konklusion, kurz: das unerhörte, nie gesehene Ereignis, die *novella* im etymologischen, archetypischen Sinne,

---

[7] H. Lausberg, *Elemente der literarischen Rhetorik*, München ³1963, § 452.
[8] G. von der Gabelentz, *Die Sprachwissenschaft, ihre Aufgaben, Methoden und bisherigen Ergebnisse*, ²1901 (Nachdruck Tübingen 1969, 369). Vgl. auch Blumenthal 1980, 10.

eine Nachricht also, die aufmerken läßt und deshalb Veranlassung gibt zum Berichten und Erzählen.[9]

In der konzessiven Verknüpfung zweier Informationssegmente kommt mithin eine der Grundfunktionen menschlicher Sprache, nämlich »Neues« mitzuteilen, in potenzierter, pointierter, sublimierter Weise zur Erfüllung. Das bedeutet: Die stereotype alltägliche Erkundigung nach neuen Nachrichten – die Frage *Quid novi?* – wird, wenn sie in Boccaccios Sinne mit einem *bel parlare* beantwortet wird, zum Literatur hervorbringenden Sprechakt.

Im Lichte dieser auf die soziale Dimension von Sprache hin beleuchteten Bestimmung des Konzessivsatzes bestätigt sich also hier zunächst wieder unsere Ausgangshypothese: Die konzessive Relation in der Syntax ist prototypisches Muster der literarischen Gattung *Novelle*. Beiden – der konzessiven Verknüpfung und der Novelle – ist gemeinsam, daß sie das »Neue« auf eine ganz und gar parallele Weise wirksam mitteilen: mit Hilfe der durchkreuzten Erwartung, durch Entlarvung irriger Präsuppositionen als Mittel und Ziel ihres jeweiligen – syntaktischen und poetischen – Vollzugs.

Die Erörterungen aus der Sicht der Funktionalen Satzperspektive haben gezeigt, daß unsere syntaktisch-poetologische Identifizierung eines bestimmten Typs adverbialer Satzverknüpfung mit der literarischen Textsorte *Novelle* nicht nur in der Übereinstimmung der zugrundeliegenden abstrakten Strukturen ihrer Syntagmatik begründet ist, sondern daß wir ebenso eine parallele Anlage in der funktionalen Gliederung und in der kommunikativen Dynamik der konstitutiven Teile innerhalb des jeweiligen Ganzen feststellen können. Dieses gemeinsame Modell besteht in der Abfolge *Exposition* → *Eventum*, die sich in zweifacher Weise realisiert: als satzsyntaktisch-grammatisches Muster und als textsyntaktisch-literarische Form.

Das syntagmatische und das funktionale Schema des konzessiven Adverbialsatzes entsprechen somit beide auf ihre Art dem abstrakten Verhältnis und der inneren Spannung zwischen Vorgeschichte und Lösung des in der novellistischen Erzählung entwickelten Konflikts. Auf der anderen Seite haben wir gesehen, daß die kommunikative Dynamik des konzessiven Satzgefüges die grundlegende Thema-Rhema-Gliederung des Kernsatzes in expandierter Form wiederholt. Es stellt sich also die Frage, ob und inwieweit es auch zwischen den beiden hier vorliegenden Extrempunkten, nämlich dem Satz generell und dem Novellentext, nicht nur im Hinblick auf die Thema-Rhema-Gliederung, sondern auch in bezug auf die syntaktische Struktur eine Parallele gibt. Oder direkter gefragt: Läßt sich das Schema der (negierten) Implikation auch auf der Ebene des morphosyntaktischen Standardsatzes, also z.B. im Verhältnis von Subjekt und Prädikat, wiederfinden?

---

[9] Vgl. Malmede 1966, der die gesamte am Goetheschen Begriff der unerhörten Begebenheit orientierte Novellentheorie ausführlich beschreibt und schließlich zu der Definition *Novelle* = »eine zum Aufmerken veranlassende Begebenheit« (ebd., 154) gelangt. Vgl. unten, Kap. 9, Anm. 17.

Um die in dieser Frage enthaltenen konkreten Probleme zu verdeutlichen, betrachten wir zwei Sätze, die als Spruch im Milieu des Journalismus gängig sind. Der fragliche Merksatz lautet, daß nicht *Hund beißt Mann* die lesenswerte Nachricht sei, sondern *Mann beißt Hund*. Anhand dieser beiden Beispiele einer einfachen Subjekt-Prädikat-Struktur läßt sich anschaulich der Gegensatz von implikativer und negiert-implikativer Beziehung zwischen den Konstituenten einer Prädikation erläutern.

Der Kernsatz *Hund beißt Mann* stellt, wenn wir ihn einmal isoliert betrachten, eine Mitteilung dar, in der das Prädikat, das zugleich den rhematischen Kern enthält, zum Universum der dem Subjekt (hier = Thema) zuzuordnenden, vorhersehbaren Prädikate gehört. In diesem Fall ist das Thema-Rhema-Profil normal ausgeprägt.[10]

Der Kernsatz *Mann beißt Hund* hingegen ist eine Subjekt-Prädikat-Verbindung, in der das Prädikat (*Hund beißen*) nicht dem Universum der erwartbaren Prädikate zum Subjekt *Mann* angehört. Das kommunikative Profil gewinnt durch diese zwischen den Konstituenten bestehende Beziehung negierter Implikation eine sehr starke Akzentuierung.

Die beiden Mitteilungen *Hund beißt Mann* und *Mann beißt Hund* unterscheiden sich also vorrangig durch ihr unterschiedliches Kommunikationsprofil. Zwar ist beiden Sätzen die prinzipielle Thema-Rhema-Gliederung gemeinsam, aber im ersten Fall liegt eine übliche Differenzierung der kommunikativen Dynamik der beiden Segmente vor, während sich der zweite Fall durch eine extreme kommunikative Profilierung der Konstituenten des Satzes kennzeichnet.

Mit diesen Beobachtungen zu der auch im Bereich des Standardsatzes nachweisbaren Präsenz des Schemas der (negierten) Implikation haben wir nun einen lückenlosen Überblick über die Haupttypen der syntaktischen Realisierung des konzessiven Gedankens. Die Relation der negierten Implikation kann sich einstellen:
1) im Kernsatz im Verhältnis zwischen Subjekt und Prädikat;
2) im hypotaktischen Adverbialsatz im Verhältnis von Protasis und Apodosis;
3) zwischen zwei verknüpften Sätzen einer satz- oder textwertigen Parataxe[11];
4) in einem Text, der im Inhalt das Schema *Prämisse → unerwartete Lösung* (= *Exposition → konzessives Eventum*) verwirklicht.

Diesen hier abgegrenzten Typen ist eine Grundstruktur gemeinsam, die wir aus dem Kernsatz ablesen und verallgemeinern können. In allen Fällen

---

[10] Es muß unbedingt darauf hingewiesen werden, daß im Falle einer Zusammenstellung der beiden Sätze die Probleme der Thema-Rhema-Gliederung viel komplexer sind als in der hier zum Zwecke der Veranschaulichung vorgenommenen isolierten Betrachtung der beiden Sätze.

[11] Vgl. oben, in Punkt 4.5, die Beispiele zur satzwertigen und satzgrenzenüberschreitenden konzessiven Satzreihung.

liegt eine zweistellige Relation aus *Argument* + *Prädikat* vor, in der die beiden Bestandteile zueinander im Verhältnis der negierten Implikation stehen.

Die Reduktion aller Möglichkeiten konzessiver Verbindungen auf die generelle Argument-Prädikat-Struktur unterstreicht nun aber wieder die vorrangige Bedeutung, die der satzförmigen Realisierung des Ausdrucks der Konzessivität zukommt. Die beiden Extrempunkte unserer Hierarchie sind also nicht *Konzessivsatz* und *Text*, sondern der Satz generell und der Text, auch wenn wir alle Ebenen unter der für die konzessive Verknüpfung in paradigmatischer Weise gültigen abstrakten Struktur der negierten Implikation gesehen haben. Zwar haben wir in unseren Befunden zu Boccaccios Prosa insbesondere den hypotaktischen Konzessivsatz als prägendes, weil besonders häufig vorkommendes und formal vielgestaltiges Satzmuster identifiziert[12]; und außerdem haben wir den aus Protasis (= Exposition) und Apodosis (= Eventum) bestehenden konzessiven Adverbialsatz als den in Satzform realisierten Prototyp des aus Sätzen zusammengesetzten (Novellen-)Textes definiert; jedoch unter bestimmten Bedingungen ist, wie wir gesehen haben, das abstrakte Schema der negierten Implikation – und damit ebenfalls eine entsprechende eidetische Beziehung – auch zwischen verschiedenen Realisierungsformen des Satzes und dem novellistischen Text nachweisbar.

Diese Beobachtungen zu der im Konzept der negierten Implikation begründeten Konvergenz von Satz und Text in der novellistischen Prosa lassen vermuten, daß aus einer noch umfassenderen Vergleichbarkeit der beiden sprachlichen Größen ein abbildhaftes Verhältnis zwischen dem textsyntaktischen Modell einer Novelle und dem Satz im allgemeinen erwächst. Diese Übereinstimmung ergibt sich aus der parallelen Anlage der jeweiligen kommunikativen Profile. Die diversen – auf verschiedenen Ebenen der Satzbildung angesiedelten – kommunikativen Zweiergruppen aus thematischen und rhematischen Segmenten entsprechen nämlich allesamt einem in seiner poetischen Verwertbarkeit unmittelbar einsichtigen gedanklichen Schema: Einer Spannung weckenden Informationsbasis (Thema, »Argument«) folgt das mit einer mehr oder weniger »neuen« Lösung aufwartende Mitteilungszentrum (Rhema, »Prädikat«). Genau wie das spezifische Satzmuster der konzessiven Verknüpfung, das die für jeden Akt sprachlicher Information grundlegende Thema-Rhema-Gliederung in gezielt auf die Mitteilung einer unerwarteten Nachricht zugespitzter Weise realisiert, gibt auch der Satz generell, insofern er in der Regel die Verknüpfung eines *datum* (Thema) mit einem *novum* (Rhema) darstellt, das eidetische Muster einer Gattung ab, für die die poetisch entsprechende Einheit aus *Thesis* und *Lysis*, d.h. die Verbindung von bestimmten Voraussetzungen mit einem unerwarteten Ende (»novella«), konstitutiv ist. In diesem Lichte ist es möglich, unsere

---

[12] Vgl. Vf., *Negierte Implikation im Italienischen*.

satzlinguistische Definition (*Konzessiv-*) *Satz* ≙ *Novelle* auf ein noch abstrakteres Niveau zu heben: In funktionaler Hinsicht ist die Novelle nicht mehr und nicht weniger als die dichterische Transposition des in der syntaktischen Form des Satzes exemplarisch realisierten und als habituelle Struktur grammatikalisierten Grundmusters sprachlicher Kommunikation überhaupt: die pragmatische Einheit von *datum* und *novum*. Was *Satz* und *Novelle* gemeinsam haben, ist mithin ihre zentrale Funktion selbst: Beide sind dazu bestimmt, in archetypischer Weise – rein sprachlich jener und poetisch diese – »Neues« mitzuteilen. Was dem Satz das Rhema ist, das ist der Novelle die »novella«.

Lesen wir zum Abschluß dieses syntaktisch-narrativischen Vergleichs eine frühe Prager Beschreibung des kommunikativen Profils sprachlicher Äußerungen, und wir werden dabei noch einmal sehen, wie sich die Analyse der semantisch-kommunikativ-intonatorischen Struktur des Satzes *mutatis mutandis* in eine allgemeine Poetik des novellistischen Erzählens übernehmen läßt:

> La matière sémantique de l'énoncé se répartit de telle façon que le »thème« (ou »sujet psychologique«) se place sous la courbe montante [de l'intonation]. Ainsi l'attention de l'auditeur est éveillée et le »problème« posé. Ensuite vient le »propos« (ou »prédicat psychologique«), accompagné d'une intonation descendante: il représente la solution-réponse. La structure grammaticale de l'énoncé cherche à s'y conformer.[13]

Und, so könnten wir anfügen, die »structure textuelle« einer Novelle folgt in ihrem kommunikativen Profil genau der gleichen Lineatur. Der literarische Text der Novelle kennzeichnet sich also in pragmatischer Hinsicht durch die Tatsache, daß in dieser Textsorte die funktionale Bestimmung der sprachlichen Einheit *Satz* zu ihrer vollen Entfaltung kommt.[14]

Die gattungstheoretische Frage *Was ist eine Novelle?* können wir nunmehr abschließend mit folgender linguistisch-semiotischer Definition[15] beantworten:

Die Novelle als literarische Textsorte ist ein komplexes sprachliches Zeichen, das in der sprachlichen Einheit des Satzes seinen syntaktischen Baustein und sein textsyntaktisches Modell besitzt. Das tertium comparationis *der beiden Ebenen ist die kommunikative Thema-Rhema-Gliederung.*

---

[13] Diese Beschreibung stammt von Karčevski 1937, 61f. (vgl. unten, 6.4., Anm. 41).
[14] Zur Deutung von Dichtung als Entfaltung der »Funktionalität der Sprache« vgl. E. Coseriu, »Thesen zum Thema ›Sprache und Dichtung‹«, in W.-D. Stempel (Hg.), *Beiträge zur Textlinguistik*, München 1971, 183–188 (hier: 185).
[15] Zur Auffassung von Gattungen als komplexen sprachlichen Zeichen vgl. die grundsätzlichen Erörterungen von W. Raible: »Was sind Gattungen? – Eine Antwort aus semiotischer und textlinguistischer Sicht«, in *Poetica* 12 (1980) 320–349.

5.2. Die Falkennovelle als Satz

Wie in der Novelle überhaupt ist auch in der Falkennovelle die Einheit des Satzes zugleich Element und Modell des Textes. Wenden wir nun auf die Expansion und die Verknüpfung der satzsyntaktischen Einheiten zum Text den im vorangehenden Abschnitt erläuterten Ansatz der Funktionalen Satzperspektive an, so erkennen wir, daß der aus Sätzen bestehende novellistische Text auf mehreren Ebenen der internen Entfaltung immer wieder einen spezifischen dynamischen Aufbau besitzt: die Gliederung in zwei kommunikativ unterschiedlich wichtige Teile, in ein thematisches und ein rhematisches Element.

In diesem Sinne können wir innerhalb der Novelle als ganzer zunächst zwei unterschiedlich große Hauptsegmente abgrenzen, nämlich:

A. eine explizit eingeführte Mitteilungsbasis: »Was ... angeht« (= *topic* = Vorgeschichte);
B. die eigentliche Mitteilung mit dem Mitteilungszentrum (= *comment* = Geschichte = »unerhörte Begebenheit«).

Der Hauptteil B seinerseits ist, wie wir in den vorangehenden Abschnitten gesehen haben, auf die Struktur eines komplexen Satzes zurückführbar, der sich aus zwei ineinander verschachtelten Satzgefügen zusammensetzt: einem Konzessivsatz und einem Kausalsatz.

Dieses satzsyntaktische Strukturschema läßt sich, unter Verwendung des Inhalts der Falkennovelle, in folgende objektsprachliche Fassung bringen:

> Was die Liebe des Florentiner Edelmannes Federigo degli Alberighi zu Donna Giovanna angeht, so müßt ihr wissen: *Obwohl* Federigo trotz Einsatz seines ganzen Vermögens lange Zeit vergeblich um Giovanna geworben hat, heiratet die Dame ihn am Ende doch, *weil* sie das Opfer seiner letzten Habe, die Tötung des Falken, als Zeichen seiner außergewöhnlichen Seelengröße erkennt.

Im Hauptteil bildet die *obwohl*-Protasis den thematischen Hintergrund des Satzes und der Novelle, und die Apodosis mit dem folgenden *weil*-Satz stellt den rhematischen Vordergrund des die ganze Novelle zusammenfassenden Satzgefüges dar. Die im rhematischen Vordergrund stehende Mitteilung läßt sich ihrerseits nach dem funktionalen Prinzip der unterschiedlichen kommunikativen Dynamik in zwei Teile aufgliedern: Der Hauptsatz mit der Nachricht der Meinungsänderung Giovannas ist thematisches Determinatum, zu dem der Kausalsatz, der die psychologische Motivierung ihrer Entscheidung für Federigo enthält, als rhematisches Determinans fungiert.

So präsentiert sich also die Novelle als eine komplexe Satzperiode, die aus mehreren Ebenen von *datum-novum*-Verbindungen besteht, deren Zusammenordnung mit folgendem Schema noch einmal im Überblick dargestellt sei[16]:

---

[16] In der folgenden Skizze markiert der kräftig durchgezogene Strich die Scheidelinie zwischen thematischem Element (jeweils links) und rhematischem Element (jeweils rechts).

MITTEILUNGSBASIS	MITTEILUNG(SZENTRUM)
Hintergrund	Vordergrund
Thematisches Determinatum	Rhematisches Determinans

Der kommunikative Effekt dieser *datum-novum*-Verbindungen liegt darin, daß am Schluß, in rhematischer Position, eine unerhörte Neuigkeit als Mitteilungszentrum steht, welche die aufgrund der Vorgeschichte (= Mitteilungsbasis) geweckten Erwartungen durchkreuzt: Diesem Ziel dient die für die Novelle typische konzessive makrosyntaktische Struktur, und genau dies leistet jene Satzverknüpfung, die das gedankliche Schema des unerhörten Ereignisses mit Hilfe der ihr zugrunde liegenden syntaktischen Relation getreu abbildet und so den inneren, kommunikativen Aufbau der *novella* in grammatischer Form sichtbar macht.

Die künstlerische Arbeitsweise des Autors ist aber – wie wir oben bereits bei der Analyse einzelner ausgewählter Sätze gesehen haben – bei dem für die Immanenz des einzelnen Novellentextes zwar grundlegenden, auf die Dauer aber zu simplen Verfahren, nämlich der einfachen Parallelisierung der syntaktischen Struktur des Konzessivsatzes und der narrativen Struktur der Novelle, nicht stehengeblieben. Als besondere Raffinesse hat er sich eine paradoxe Vertauschung der genuinen Funktionen der beiden im makrosyntaktischen Gefüge des Textes ineinander verschachtelten Strukturen der Konzessivität und der Kausalität ausgedacht. Die konzessive Relation, indem sie die in der Vorgeschichte des novellistischen Ereignisses gesetzten Voraussetzungen (kein Erfolg des Liebeswerbens unseres Helden) mit dem (zumindest für Federigo) unerwarteten Ende (Heirat mit Giovanna) verknüpft, bildet zwar den durchgehenden Hauptstrang der novellistischen Handlung; doch diese konzessive Struktur erweist sich (zumindest für den Leser) nur in isolierter Hinsicht als wirklich negierte Implikation, da das unvermutete Ende unter dem Signum des Themas des V. Tages eigentlich ein durchaus vorhersehbares *lieto fine* darstellt. Indem somit die konzessive Natur der nicht mehr in jeder Hinsicht überraschenden Wende im höheren, makrosyntaktischen Gefüge des Tagesthemas aufgehoben ist, rückt im Text der Falkennovelle als wirklich »neue« Nachricht ganz die persönliche Motivierung, die Begründung der konzessiven Entscheidung der Donna Giovanna in den Vordergrund des Interesses. Und das bedeutet: Nicht das Faktum der glücklichen Vereinigung der beiden Helden, sondern die Kausalstruktur, die sich im Dialog Giovannas mit ihren Brüdern artikuliert, steht in funktionaler Hinsicht in der Position des textuellen Rhemas, der Information mit dem höchsten Mitteilungswert. Giovannas psychologisch fundiertes Argument, sie wolle Federigo und keinen anderen heiraten –

a) zwar auch *obwohl* er völlig verarmt sei, aber
b) besonders *weil* sie ihn als richtigen Mann mit edelmütigem Charakter erkannt habe –,

ist eine Begründung, die – zumindest für den Leser – das eigentliche *novum* in der novellistischen »Mitteilung« darstellt. Von hier aus läßt sich die Wendepunktfunktion des Falkentodes besonders gut erkennen: Das Falkenopfer, konzessives Ereignis *par excellence*, das anscheinend einen letzten endgültigen Grund gegen Federigo liefert, ist in Wirklichkeit der auslösende Faktor der zum positiven Ende führenden Kausalrelation, die als Handlungsmotivation für Giovannas Entscheidung dient.

Die mithin zugleich antithetischen und sich schließlich harmonisch versöhnenden konzessiven und kausalen Hauptlinien der Handlung sollen mit folgendem Schema noch einmal veranschaulicht werden:

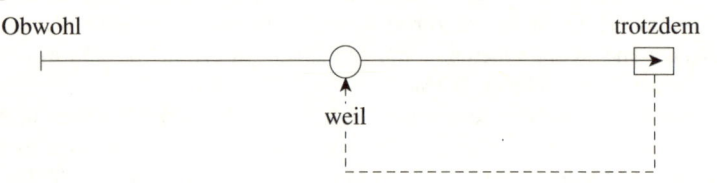

Obwohl   trotzdem

weil

Mit den beiden Pfeilrichtungen seien die gegenläufigen Beziehungen der konzessiven und der kausalen Textstrukturen veranschaulicht. Die *obwohl*-Relation stellt die konzessive Gesamtanlage der *unerhörten Begebenheit* dar, wobei sich jedoch deren textimmanente Konzessivität im Rahmen des Tagesthemas auflöst. Die *weil*-Struktur ihrerseits erfährt in Boccaccios Text ebenfalls eine besondere Anwendung. In umgekehrter Richtung zum normalen, »natürlichen« Verlauf einer faktischen Grund-Folge-Beziehung wird hier – allerdings genau wie bei dem in der Syntax in der Regel postponierten *weil*-Satz – die Begründung erst *a posteriori* geliefert; die Wirkung des Falkenopfers enthüllt sich uns in Giovannas Überzeugung von Federigos Seelengröße und endgültig erst in der Begründung ihrer Entscheidung zugunsten des verarmten Edelmannes.

Wir fassen diese Beobachtungen zur Verflechtung der konzessiven und der kausalen Handlungslinien zusammen: In der Novelle V 9 des *Decameron* produziert die explizite konzessive Struktur das unerwartete Ende gemäß den gattungsspezifischen Bedingungen der Textkonstitution; die novellistische Konzessivität des Textes indes, d.h. die Durchkreuzung der nicht durch makrosyntaktische Entscheidungen bereits erfüllten Erwartungen, erwächst im eigentlichen Sinne erst aus einer im vorhinein nicht bekannten und deshalb unvermuteten Kausalität und Finalität des Geschehens. Mit anderen Worten, das wirklich Konzessive ist hier das Kausale, das hinter dem unerhörten, singulären Ereignis stehende Motiv.

Der Versuch, eine so vollkommene literarische Leistung wie die Falkennovelle mit Hilfe einer einzigen Satzperiode in ihrem innersten Kern erfassen zu wollen, ließe sich nun vielleicht als *acte gratuit* des der Abstraktion und dem Schematismus huldigenden Linguisten abtun, wäre da nicht der Autor selbst, der uns das Vorbild für genau dieses sprachwissenschaftlich fundierte Verfahren liefert. Bekanntlich hat Boccaccio jeder Novelle eine *Rubrica* vorangestellt: ein aus einem einzigen Satz bestehendes Stück Text, mit dem er jede Novelle vorab resümiert und auf ihre wesentlichen Handlungsstränge reduziert.

So lautet die in Satzform gekleidete Umschreibung der Falkennovelle mit den Worten des Autors folgendermaßen:

> Federigo degli alberighi ama *et* no*n* e amato/ *et in* cortesia spendendo si consuma *et* rima*n*gli un sol falcone/ il quale no*n* avendo altro da ad mangiare alla sua donna venutagli ad casa⸴ la qual cio sappiendo mutata danimo il prende per marito *et* fallo ricco.

Der einzige Unterschied zwischen den beiden Reduktionen – der unsrigen und der des Autors – liegt darin, daß uns Boccaccio mit dem *Argomento* der *Rubrica* eine satzwertige Satzreihung bietet, die eine Explizierung der logischen Bezüge der verknüpften Prädikationen zueinander möglichst vermeidet (vgl. die insgesamt vier *et*-Syndesen und die zwei relativischen Anschlüsse), während unser Resümee gerade darin besteht, bereits in der Syntax und Semantik eines komplexen Satzgefüges diejenigen abstrakten Strukturen zwischen den einzelnen Handlungssequenzen explizit hervortreten zu lassen, deren ausführliche Darstellung der Autor seinerseits dem eigentlichen Text vorbehält.

Von diesem Unterschied abgesehen können wir festhalten, daß unser satzlinguistischer Ansatz zur Definition und Interpretation der Novelle in der von Boccaccio geübten Praxis der *Argomenti* eine unmittelbare Parallele findet. Nach dieser ermutigenden Absegnung unserer Methode durch den Autor selbst scheint uns die Zeit reif, die Frage zu stellen, ob Boccaccio mit der sprachlichen Einheit des Satzes mehr im Sinn hatte als deren strukturelle Identifizierung mit der Makrosyntax seiner literarischen Textsorte.

Zur Behandlung dieses Problems schauen wir uns nun die Sätze des Textes der Falkennovelle in der im *Codex Hamilton 90* enthaltenen Originalfassung an, und zwar insbesondere die Abgrenzung der Sätze, ihre Anzahl und ihre Anordnung.

6. Der Satz als Einheit: Problem des Satzes und Corpus der Sätze in Boccaccios Originalmanuskript

6.1. Delimitation und Definition der sprachlichen Einheit »Satz«

6.1.1. Segmentierung des Textes im Autograph

Das im *Codex Hamilton 90* vorliegende Manuskript des *Decameron*, dessen Fertigstellung auf das Jahr 1370 datiert wird, ist von der Forschung eindeutig als Handschrift des Autors identifiziert worden.[1]

Wenn man bedenkt, daß Boccaccio in den letzten Jahren seines Lebens (er starb bekanntlich 1375) eine rege Tätigkeit als Kopist eigener Schriften und fremder Werke (Dante, Petrarca) entwickelte, wenn man ferner nicht übersieht, daß er sich in jener Zeit zu mehreren politischen Missionen auf Reisen befand, daß er im übrigen von Geldnot bedrückt und schon von Krankheit gezeichnet war, kann man sich schwer vorstellen, daß er – 1370 – eine Gesamtabschrift seines Hauptwerks anfertigte, ohne sie mit jener Sorgfalt durchzuführen, wie sie auch aus seiner Sicht einer für die Nachwelt bestimmten Originalversion aus eigener Hand zuzukommen hätte. Jedenfalls ist kaum anzunehmen, daß er neben dem im *Codex Hamilton 90* vorliegenden Manuskript noch genügend Zeit für andere, in entscheidenden Punkten der Disposition und der konkreten Gestaltung des Buches divergierende Abschriften gefunden haben könnte, die zudem allesamt, ohne eine Spur zu hinterlassen, verlorengegangen wären. Es kann also, trotz aller von der Forschung festgestellten Unzulänglichkeiten und Flüchtigkeiten[2], mit großer Sicherheit angenommen werden, daß uns im Manuskript des *Codex Hamilton 90* das Dokument des letzten künstlerischen Willens des Autors vorliegt.

Wegen der kalligraphischen, mit kleinen Zeichnungen versehenen Ausarbeitung qualifiziert Branca den Autograph am Ende seiner detaillierten Beschreibung als

> ... una bella copia [...] di quel codice di servizio che certamente il Boccaccio teneva presso di sé e sul quale, secondo le sue abitudini più note, aveva continuato e continuava a lavorare e a variare sia pure occasionalmente.[3]

---

[1] Zu den kodikologisch-biographischen Fragen vgl. A. Petrucci, »A proposito del Ms. Berlinese Hamiltoniano 90 (Nota descrittiva)«, in *Modern Language Notes* 85 (1970) 1–12; V. Branca, *Giovanni Boccaccio. Profilo biografico*, in *Tutte le opere di Giovanni Boccaccio*, Mailand 1967, I, 160ff. – Weitere Literatur bei Branca 1976, XVIIff.

[2] Vgl. Branca 1976, XXXIff. und XLIIIff.

[3] Vgl. Branca 1976, LI.

In dieser »schönen« – d.h. mit sichtbarem Aufwand und zumindest in der formalen, äußeren Gestaltung des Manuskripts mit Liebe zum Detail angefertigten – Abschrift[4] stammt von Boccaccios Hand der gesamte durchlaufende Text einschließlich der rot geschriebenen *Argomenti* oder *Rubriche*, die sich ohne jeden Absatz in die Zeilen einfügen. Lediglich die Ausmalung der großen Initialen am Beginn einer jeden Novelle und die Ausfertigung der farbigen – abwechselnd rot und türkis geschriebenen – kleineren Initialen im Text der Rahmengeschichte und am Anfang des ersten Wortes der eigentlichen Erzählung hat der Autor wohl einem Maler übertragen (seine diesbezüglichen Anweisungen sind z.T. am Rand noch lesbar).

Formen und Farben der graphischen Gestaltung des Manuskripts lassen selbst beim kodikologisch ungeübten Leser auf Anhieb die Vermutung aufkommen, daß hinter den vom Autor eingesetzten materiellen Mitteln die Absicht steht, den Text des gesamten Buches nach inhaltlich-kompositorischen und syntaktisch-textlinguistischen Kriterien zu gliedern. Als erstes lassen sich folgende eindeutige Zuordnungen von Form und Funktion vornehmen und als durchgehend zwischen und in den Texten des *Decameron* beachtete Prinzipien graphischer Delimitation formulieren (vgl. dazu oben, Kap. 3, die Originalfassung der Falkennovelle):

1) Die rote Färbung der *Rubrica* als ganzer signalisiert die Einteilung des gesamten Opus in seine 100 Teile.
2) Ergänzend zu diesem ersten Element ist der Anfang einer jeden Novelle durch die ausgemalte Initiale und den als farbige Majuskel gemalten zweiten Buchstaben des ersten Wortes markiert (vgl. Einheit II in der obigen Kopie der Falkennovelle: *ERa gia di parlar* ...). Das hiermit beginnende und sich bis zur nächsten farbig gemalten Initiale erstreckende Stück Text enthält in der Regel den üblichen kurzen Kommentar des Autors zum Ende der vorangegangenen Novelle, dem sich meist der Hinweis anschließt, daß nun die Königin/der König des jeweiligen Tages dem nächsten Erzähler das Wort erteilt (im Fall der V 9 ist es die Königin selbst, die nun erzählt).
3) Den Beginn der danach folgenden wörtlichen Rede des Erzählers markieren die beiden als farbige Initialen gemalten ersten Buchstaben des ersten Wortes (Einheit III in der Novelle V 9: *AD me omai* ...). Innerhalb der unter 1. und 2. abgegrenzten Textstücke können normale, nicht rot oder türkis ausgemalte Majuskeln erscheinen; z.B. verzeichnen wir in V 9 am Ende

---

[4] Vielleicht ist die somit notwendige Konzentration, die Boccaccio beim Abschreiben seines Werkes den von ihm gewählten Prinzipien der äußeren Form widmen mußte, ein Grund für die Irrtümer und Mängel, die sich in das Originalmanuskript eingeschlichen haben. Diese Vermutung wird sich weiter unten noch mehr erhärten, wenn wir auf der anderen Seite sehen, daß Boccaccio anscheinend mit peinlicher Genauigkeit auf die Setzung der Majuskeln – auf ihre Anzahl und Disposition – geachtet hat.

der Einheit III einen relativischen Anschluß, der durch Majuskel im Relativpronomen *La qual* vom vorhergehenden Ko-Text abgegrenzt wird und somit als eigenständige syntaktische Einheit zu werten ist.
4) Die danach folgende und zugleich letzte rote bzw. türkisfarbene Markierung des Textes signalisiert den Übergang von der metanarrativen Einleitung des textimmanenten Erzählers zur eigentlichen Novelle (im Text V 9: *DOvete adunque sapere*).

Aus diesen Abgrenzungen geht hervor, daß Farbe und Form der *Rubriche* und der Initialen folgende Funktionen erfüllen:
– Markierung der Textgrenzen der 100 Novellen;
– Sprecherwechsel im Rahmentext;
– Übergang von einer Textebene (Rahmen) zur anderen (Erzählung).

Gemeinsam ist den drei Maßnahmen der Delimitation der Gebrauch der Farbigkeit und die Verwendung der Majuskel in Initialenform.

Außer diesen stark hervorgehobenen Mitteln der Textgliederung finden sich im Originalmanuskript noch weitere graphische Zeichen der Segmentierung, nämlich:
– interpunktorische Zeichen und
– normale Majuskeln, die im Gegensatz zu den oben besprochenen größeren Initialen entweder gar nicht farbig gestaltet oder bisweilen leicht gelb koloriert sind.[5]

Im Zusammenhang mit der bei den Initialen zu beobachtenden textgliedernden Funktion der graphischen Gestaltung des Textes ergibt sich nun die Frage, ob und wie in ähnlicher Weise Interpunktion und Majuskel zur weiteren Unterteilung des Textes und zur Abgrenzung entsprechender Segmente eingesetzt werden. Oder direkter gefragt: Dienen beide Mittel oder eins von beiden zur Markierung syntaktischer Einheiten, die man als Absätze, Sätze oder Teile von Sätzen definieren könnte?

Das von Boccaccio verwendete Inventar interpunktorischer Zeichen umfaßt insgesamt sieben Grapheme.[6] Form und Funktion dieser Zeichen entsprechen nur teilweise unseren heutigen Interpunktionssymbolen und -regeln. So kann nach den beiden Zeichen / und ⸴, deren Verwendung in den meisten Fällen dem Gebrauch des Kommas im heutigen Italienisch ähnelt, durchaus auch eine längere Pause vorkommen, während umgekehrt die mit einem Punkt markierte Segmentierung manchmal von so wenigen anderen – syntaktisch-semantischen – Mitteln der Delimitation begleitet ist, daß in solchen Fällen die Annahme einer Satzgrenze nicht in Betracht kommen kann. Im

---

[5] Für die »molte maiuscole toccate di giallo nel corso del testo« vermag Branca 1976, XXIII, keine »regole per noi evidenti« zu entdecken. Man kann in der Tat den Eindruck gewinnen, daß hier in der formalen Gestaltung des Manuskripts ein bestimmter Arbeitsgang abgebrochen oder aus anderen Gründen unfertig geblieben ist.

[6] Vgl. die ausführliche Beschreibung bei Branca 1976, CXXVIff.

übrigen ist aus der Geschichte der Orthograpie ja bekannt, daß sich der Punkt erst vom 16. Jh. an generell als Symbol zur Kennzeichnung des Satzendes durchsetzt. Auf der anderen Seite kommt es nicht selten vor, daß Boccaccio vor einem mit Majuskel markierten Satzanfang überhaupt keines seiner interpunktorischen Zeichen setzt, um so das Ende des vorhergehenden Satzes anzuzeigen. In diesem Fall übernimmt die Majuskel allein die Funktion, die Grenze zwischen zwei Sätzen zu symbolisieren.

Diese Beobachtungen lassen wohl nur den einen Schluß zu, daß Boccaccio für die Verwendung seiner Interpunktionszeichen keine strengen Regeln befolgt. Nach diesem negativen Befund für das Interpunktionssystem verbleibt nun noch die Untersuchung des Gebrauchs der Großbuchstaben. Ausgehend von der oben erläuterten textsegmentierenden Funktion der farbigen Initialen und im Anschluß an die Feststellung, daß im *Codex Hamilton 90* die normalen Großbuchstaben allein – auch ohne jede interpunktorische Markierung eines vorausgehenden Satzendes – den Anfang eines neuen Satzes anzeigen können, ergibt sich in der Tat die Frage, ob Boccaccio wenigstens bei der Setzung der Majuskeln eine präzise, bestimmten Regeln folgende syntaktische Segmentierung seiner Texte im Blick hatte und – wenn ja – welches linguistische Konzept hinter solchen, als Bausteine der Texte anzusehenden, syntaktischen Einheiten gestanden haben mag.

Um dieses für die syntaktische Heuristik unserer Interpretation zentrale Problem einer Lösung zuzuführen, müssen wir etwas weiter ausholen und folgende kodikologischen und linguistischen Vorfragen behandeln:
– Seit wann wird in der Geschichte der abendländischen Schrift den Majuskeln die generalisierte Funktion übertragen, Satzgrenzen zu signalisieren?
– Wie sind die von Boccaccio mittels der Majuskelsetzung delimitierten syntaktischen Einheiten im Lichte der Bemühungen der Linguistik um die Definition des Satzes zu beurteilen?

6.1.2   Die Majuskel als Mittel der Textgliederung

Am Anfang der abendländischen Schriftentwicklung[7] standen als Buch- und Gebrauchsschrift die römische *Capitalis quadrata* und die *Capitalis rustica*, zwei Varianten also der reinen »Majuskel«-Schrift. Dabei ist allerdings zu beachten, daß zum fraglichen Zeitpunkt von *Majuskel* eigentlich gar nicht die

---

[7] Vgl. dazu folgende Literatur: H. Delitsch, *Geschichte der abendländischen Schreibschriftformen*, Leipzig 1928; H. Degering, *Die Schrift. Atlas der Schriftformen des Abendlandes vom Altertum bis zum Ausgang des 18. Jahrhunderts*, 3. Aufl. Tübingen 1952; R. Benz/U. Schleicher, *Kleine Geschichte der Schrift*, Heidelberg 1956; H. Sturm, *Unsere Schrift. Einführung in die Entwicklung ihrer Stilformen*, Neustadt a.d. Aisch 1961; H.W. Lange, *Schriftfibel. Geschichte der abendländischen Schrift von den Anfängen bis zur Gegenwart*, 3. Aufl. Wiesbaden o.J.

Rede sein kann, da es noch keine korrespondierende Minuskel gab. Die Erfindung der Minuskel steht erst am Ende einer längeren Entwicklung der Schrift. Die wichtigsten Stadien dieses Prozesses sind die modifizierten Kapitalschriftsysteme, die sich in der Spätantike und im Mittelalter herausbilden: die Unziale und die römische Kursivschrift (4. bis 8. Jh.) sowie die Halbunziale (6. bis 9. Jh.). Als komplettes graphisches System liegt die erste Kleinbuchstabenschrift in der sog. Karolingischen Minuskel (8. bis 11. Jh.) vor.

Erst mit der von diesem Augenblick an bestehenden Konkurrenz zweier in Form und Größe der Buchstaben verschiedener Schriftsysteme ist grundsätzlich die Möglichkeit gegeben, Minuskel und Majuskel innerhalb eines einzigen Schriftsystems miteinander zu verbinden und funktionell zu unterscheiden. Ansätze zu einer größenmäßigen Differenzierung der Buchstaben innerhalb der einzelnen Schriftsysteme sind allerdings bereits früher nachweisbar. Als sich im Laufe der ersten Jahrhunderte christlicher Zeitrechnung die Schrift im oben angedeuteten Sinne zu verändern begann und dabei auch manches unleserlich wurde, wuchs zugleich immer mehr das Bedürfnis, das Geschriebene ästhetisch gefälliger und dem Leser zugänglicher zu machen. Geeignetere Schreibmaterialien, wie das Pergament, kamen diesem Wunsch entgegen. Die glatte Oberfläche des Pergaments und der Gebrauch der Rohrfeder ließen ein ganz neues Verhältnis zur Schrift entstehen, so daß man um das 4. Jahrhundert herum begann, einzelne Buchstaben gegenüber anderen zu betonen, farbig hervorzuheben und auszuschmücken.

Das Bedürfnis, die Anfangsbuchstaben der Sätze größer zu schreiben als den Text, nahm im Laufe der folgenden Jahrhunderte immer mehr zu und wurde offenbar – vom 9. Jahrhundert an – besonders stark von den Verwendern der Minuskelschrift empfunden. Sie versuchten, dem Wunsch nach textgliedernder, syntaktisch motivierter Differenzierung der Schrift auf verschiedene Weise nachzukommen: mit schlanken Kapitalen, vergrößerten Minuskeln und mit Hilfe von Unzialbuchstaben.

> Öfter erscheint im 10. und 11. Jahrhundert die alte Capitalis nicht nur als einzelne Initiale, wie sie sich immer behauptet hatte, *sondern bei Satzanfängen im Text, meist in der Form der Unziale.*[8]

Neben der Entstehung der Kleinbuchstabenschrift läßt sich für das Aufkommen der satzdelimitierenden Funktion der Majuskeln ein zweiter Grund nennen: Es gab noch kein einheitliches System der Interpunktion.

Die regelmäßige funktionale Verwendung der Großbuchstaben bildet nun ihrerseits die Grundlage für die Entstehung des Doppelalphabets, wie sie dann vor allem in der nächsten Phase der Schriftgeschichte, in der frühgotischen Schrift (12. bis 13. Jahrhundert), zu beobachten ist. In der gotisch geprägten Ästhetik des Schreibens verloren – der Kunst der Zeit entsprechend – die Buchstaben die gerundete Lineatur. Die Schreibweise kennzeichnet sich nun

---

[8] Benz/Schleicher 1956, 28 (Kursivierung von mir).

durch spitze Linien und Brechungen. Die Veränderung der Formen und der Wandel des Geschmacks waren offenbar so durchgreifend, daß im 12. Jahrhundert neben der Minuskel ein korrespondierendes Großbuchstabenalphabet geschaffen wurde:

> Auch die Initialen, soweit sie für Eigennamen und Satzanfänge im Text verwendet werden, sind gebrochen und haben die ›Großbuchstaben‹ der Unziale und Kapitale ins ›Gotische‹ gewandelt. Nur die gemalten Initialen zeigen noch die ältere Form.[9]

In Italien geht die Schriftentwicklung vom 13. Jahrhundert an z.T. eigene Wege. Die dortigen Schreiber halten an der eher gerundeten Form der italienischen Gotik fest. Aber die neu entwickelte funktionale Differenzierung von Minuskeln und Majuskeln hat sich auch in Italien, wie überall in Europa, fest etabliert.[10]

So bietet sich – zusammenfassend – die Geschichte der abendländischen Schrift als eine Entwicklung dar, die mit der reinen Kapitalen-Schrift beginnt, welche sich in diverse Formen abwandelt. Die Erfindung der Minuskelschrift eröffnet danach die Möglichkeit, der Majuskel spezifische Funktionen in der Textgestaltung, mit dem Ziel der Verschönerung des Textbildes und der größeren Lesbarkeit des Textes, zuzuordnen. Diese Verwendung der Majuskel früherer Schriftsysteme überzeugt Schreiber und Leser offenbar so sehr, daß schließlich die Ausbildung eines parallel zum Minuskelsystem bestehenden homorganen Majuskelsystems als sinnvoll erachtet wird.

Entscheidende Anstöße in diesem Jahrhunderte währenden Prozeß gingen vor allem immer wieder von dem Bedürfnis aus, mit Hilfe der Majuskeln Satzgrenzen zu kennzeichnen.

Diese Funktion der Großbuchstaben hat sich also – und das ist das wichtigste Ergebnis unseres kurzen schrifthistorischen Exkurses, das uns in bezug auf Boccaccios Verwendung von Majuskeln in seinem Originalmanuskript besonders interessiert – spätestens in der Endphase der karolingischen Minuskel und endgültig dann in der gotischen Schrift generell durchgesetzt, d.h. in einem für die Herausbildung eines festen Usus ausreichenden zeitlichen Abstand vor dem Trecento.

6.1.3. Problematische Fälle von Majuskelsetzung

In den schrifthistorischen Untersuchungen zum Entstehen der satzdelimitierenden Funktion der Majuskelsetzung wird stillschweigend unterstellt, daß es eine wissenschaftlich begründete *comunis opinio* zum Problem der Definition des Satzes gebe. In Wirklichkeit aber gehört die Einheit des Satzes – ähnlich wie die umstrittene Frage der Bestimmbarkeit des Wortes – zu den zentralen

---

[9] Vgl. Benz/Schleicher 1956, 38.
[10] Vgl. Delitsch 1928, 160.

Problemen der Sprachwissenschaft, über die das Streitgespräch nicht abreißen will.

Aus diesem Sachverhalt ergeben sich für uns zwei Fragen:
– Mit welchen Merkmalen präsentieren sich die syntaktischen Einheiten, in die unser mittelalterlicher Autor seine Texte einteilt?
– Lassen sich diese Einheiten im Sinne der heutigen linguistischen Forschung als Sätze qualifizieren?

Die im Kapitel 3 zitierte Originalversion der Falkennovelle läßt ohne langes Hinsehen erkennen, daß die mittels Majuskelsetzung voneinander abgegrenzten Segmente des Textes von ihrer Ausdehnung her sehr unterschiedlich sind. Auf der einen Seite stehen lange, komplexe Satzgefüge, die sich mit ihren vielen parataktisch und hypotaktisch verbundenen infiniten Nebensätzen sowie mit ihren finiten Adverbial-, Relativ- und Kompletivsätzen unterschiedlichen Grades manchmal über 20 Zeilen und mehr hinziehen, während es auf der anderen Seite Segmente gibt, die kaum mehr als eine Zeile einnehmen (so z.B., im oben zitierten Text der Falkennovelle, die Einheit Nr. 15 und vor allem manche Einleitungen zur wörtlichen Rede).

Zu diesem Befund quantitativer Diskrepanzen kommen – was gravierender ist – einige qualitative Inkohärenzen hinzu: Boccaccios Verfahren der Segmentierung bietet sich vor allem bei der direkten Rede als uneinheitlich dar. Einmal kennzeichnet er beide Ebenen – den einleitenden Satz und die wörtliche Rede selbst – mit Majuskeln, ein andermal ist das Segment mit dem Verbum dicendi nicht-abgegrenzter Bestandteil einer vorhergehenden Satzreihung, und ein drittes Mal scheint Boccaccio die wörtliche Rede ganz als Komplement des übergeordneten Einleitungsverbs anzusehen, indem er nämlich bisweilen – ohne erkennbare Regel – die Delimitation mittels Majuskelsetzung unterläßt. Wenn man sich aber einmal von der Meinung löst, unser heutiger Usus der orthographisch-interpunktorischen Behandlung der wörtlichen Rede sei die einzig sinnvolle und linguistisch begründbare Lösung, kann man Boccaccios schwankenden Gebrauch durchaus verstehen. Die aus *Verbum dicendi + wörtlicher Rede* bestehende syntaktische Einheit läßt sich nämlich in der Tat in zweifacher Hinsicht beurteilen:
– als eine einzige syntaktische Einheit, in der die wörtliche Rede Komplement (Zweitaktant) zum Verbum dicendi als dem Hauptknoten des ganzen Satzes ist;
– als zwei syntaktische Einheiten, von denen die eine aus dem ganzen gerade genannten Satz gebildet wird, während die wörtliche Rede auf ihrer eigenen Ebene noch einmal als vollständige Prädikation abzugrenzen ist.

Die uneinheitliche Behandlung der wörtlichen Rede können wir also Boccaccio nicht nur nicht vorhalten, sondern es ließe sich in positiver Wendung der beobachteten Fakten sogar der Schluß ziehen, daß seine unterschiedliche Majuskelsetzung durchaus ein Spiegel der in linguistischer Hinsicht verschiedenen Delimitierbarkeit der Bestandteile einer wörtlichen Rede sein kann. Im übrigen sind mißverständliche Interpretationen von orthographisch-interpunktorisch nicht eindeutig markierten Sätzen wie *Er antwortete mir: »Gern!«* vs *Er antwortete mir gern* eher selten, da in solchen Fällen meist der geschriebene Kontext desambiguierend wirkt.

Irritierender als die besprochenen Schwankungen des Majuskelgebrauchs bei der wörtlichen Rede sind dagegen auf den ersten Blick einige andere eigenwillige Entscheidungen Boccaccios. So kommt es bisweilen vor, daß er zwei lange, asyndetisch nebeneinander stehende Perioden nicht durch Majuskelsetzung als zwei separate Einheiten kennzeichnet. Ein entsprechendes Beispiel liegt uns im Segment 1 der Falkennovelle vor, in welchem wir nach heutigem Verständnis vor dem etwa auf der Hälfte beginnenden, mit *era usato di dire* eingeleiteten »Satz« eine Satzgrenze annehmen würden. Allerdings hat Boccaccio hier immerhin einen Punkt gesetzt (ohne jedoch das folgende Wort mit Majuskel zu schreiben), d.h. er hat zweifellos eine Pause angenommen. Da nun das folgende Prädikat *era usato di dire* als Erstaktanten das Subjekt des vorangehenden Satzes voraussetzt, kann es sein, daß Boccaccio hier nur eine kleinere Pause, etwa dem heutigen Strichpunkt entsprechend, hat markieren wollen; manche moderne Herausgeber (z.B. Rossi) haben sich hier in der Tat – wohl zu Recht – für einen Strichpunkt entschieden. Dieser Deutung kommt noch ein die Textkonstitution betreffendes Argument entgegen: Nach der Erwähnung des textimmanenten Erzählers Coppo di Borghese wird dem Autor daran gelegen gewesen sein, den metanarrativen Vorspann der Erzählung nicht allzusehr auszudehnen und so schnell wie möglich zur Exposition der eigentlichen Erzählung zu kommen, zur Vorstellung des Protagonisten Federigo degli Alberighi.

Ähnlich wie hier am Beispiel des Textes V 9 lassen sich noch andere Entscheidungen Boccaccios für und gegen einen bestimmten Majuskelgebrauch mit einem Fragezeichen versehen. Bei der konkreten linguistischen Diskussion der Fälle spürt man aber sehr bald, daß man an die Beurteilung der von Boccaccio mittels Majuskelsetzung markierten Segmente seiner Texte unversehens gewisse ungeschriebene Kriterien und Usancen heutiger Textgestaltung anlegt und dabei sogar allzu leicht individuelle Vorlieben und Abneigungen einfließen läßt. Das eigentliche Problem indes, das hinter diesen Divergenzen und schwankenden Beurteilungen steckt, ist die Frage der Definition des Satzes selbst.

Die Bestimmung des *Satzes* als eines der konstituierenden Elemente menschlicher Sprache ist – ähnlich wie die umstrittene Frage des *Wortes* – ein derart kontroverses Problem der Sprachwissenschaft, daß unter diesem Begriff sogar unterschiedliche sprachliche Entitäten verstanden werden. Um zu einer linguistisch begründeten Bewertung der von Boccaccio bei der syntaktischen Gliederung seiner Texte beachteten Grundsätze zu gelangen, ist es deshalb erforderlich, die seiner Art der Textsegmentierung zugrunde liegende Vorstellung vom Satze herauszufinden. Zu diesem Zweck wollen wir den

Versuch unternehmen, die Größen seiner syntaktischen Einheiten an den wichtigsten Definitionen, die die Sprachwissenschaft für den Satz erarbeitet hat, zu messen.

6.1.4. Definition des Satzes

Aus der einschlägigen grammatikalisch-philosophischen Literatur seit der Antike und aus der neueren sprachwissenschaftlichen Forschung sind zusammen mehrere hundert Versuche einer Definition des Satzes bekannt.[11] Die jeweiligen methodischen Ansätze und die entsprechenden Ergebnisse der definitorischen Bemühungen haben in einigen ausschließlich dem Problem des Satzes gewidmeten systematischen[12] und forschungsgeschichtlichen[13] Studien eine ausführliche Würdigung erfahren. In Anlehnung an die in diesen Untersuchungen erarbeiteten Fakten und Theoreme lassen sich die diversen Bestimmungen und Formulierungen, die bisher mit dem Ziel einer Definition des Satzes vorgeschlagen worden sind, auf eine systematisch geordnete Kasuistik einiger weniger grundlegender Positionen zurückführen. Und in dieser Übersicht suchen wir nun diejenige Konzeption des Satzes, die Boccaccios syntaktischen Einheiten entsprechen könnte.

Die Definitionen des Satzes können zunächst allesamt zwei Gruppen zugeordnet werden, wobei als Kriterium der jeweiligen Zuteilung die prinzipielle Art des angewandten methodischen Zugriffs gilt. Bei jeder einzelnen Definition handelt es sich nämlich entweder um eine strikt grammatikalisch-sprachwissenschaftliche Bestimmung, oder aber es werden von anderen Wissenschaften zentrale begriffliche Instrumente herangezogen, um das Wesen des Satzes zu erfassen.

So herrscht von der Stoa über die Scholastik bis ins 19. Jahrhundert hinein weitgehend eine logizistische – speziell eine an die logische Lehre vom Urteil angelehnte – Satzauffassung. Daneben gibt es aber auch bereits eine Tradition regelrecht syntaktischer Analyse des Satzes, die von Dionysios Thrax (ca. 100 v.Chr.) und Apollonios Dyskolos (ca. 140 n.Chr.) herkommt und beson-

---

[11] J. Ries (s.u.) stellt im Anhang zu seiner 1931 erschienenen Studie *Was ist ein Satz?* insgesamt 140 Definitionen zusammen. E. Lerch (s.u.) zählt 1938 über 200 Bestimmungen des Satzes; und M. Dessaintes, *Eléments de linguistique descriptive*, 1966, rechnet danach sogar mit »jusqu'à près de 300 définitions« (zitiert bei Bonnard 1976, 4255).

[12] Außer einer langen Liste kleinerer oder größerer Aufsätze sind namentlich folgende monographische Studien zum Thema erschienen: J. Ries, *Was ist ein Satz?*, Prag 1931; H. Hiorth, *Zur formalen Charakterisierung des Satzes*, 's-Gravenhage 1962; B. L. Müller, *Der Satz. Definition und sprachtheoretischer Status*, Tübingen 1985 (= Müller 1985a).

[13] Forschungsgeschichtliche Überblicke über die Satzdefinition liefern: E. Seidel, *Geschichte und Kritik der wichtigsten Satzdefinitionen*, Jena 1935; B. L. Müller, »Geschichte der Satzdefinition. Ein kritischer Abriß«, in *Zeitschrift für germanistische Linguistik* 13 (1985) 18–42 (= Müller 1985b).

ders über die spätlateinischen Grammatiker Donat (ca. 400 n.Chr.) und Priscian (512–560) auch dem Mittelalter bekannt wird.[14]

Renaissance und Aufklärung ihrerseits bleiben freilich weitgehend der logizistischen Satzdefinition verpflichtet. Erst mit der Neubegründung der Sprachwissenschaft im 19. Jahrhundert vollzieht sich eine Loslösung von der Philosophie und damit von dem Primat der Logik gegenüber der Grammatik. Neue Anstöße zur Definition des Satzes kommen in der Folgezeit aber zunächst nicht von der vorherrschenden Lehre der positivistischen Sprachwissenschaft historisch-vergleichender und junggrammatischer Observanz, sondern erst die um 1860 einsetzende psychologische Sprachbetrachtung widmet sich dem Problem des Satzes mit originellen Ansätzen. Die bekanntesten Formulierungen stammen von H. Paul (1880 usw.), der den Satz als sprachlichen Ausdruck für die *Verbindung mehrerer Vorstellungen* definierte, während H. Wundt (1900/1904) umgekehrt – das Synthetische dieser Definition ins Analytische wendend – im Satz den Ausdruck für die *Gliederung einer Gesamtvorstellung in ihre Bestandteile* sah.[15]

Die in den ersten Jahrzehnten des 20. Jahrhunderts sich vollziehende methodische Neuorientierung der Sprachwissenschaft führt auch in der Syntax zur konzentrierten Besinnung auf das rein Sprachliche in der Sprache und somit zu einer Eliminierung nicht genuin linguistischer Betrachtungsweisen aus der Sprachanalyse. Diese Besinnung der Sprachwissenschaft auf sich selbst findet in den Satzdefinitionen in entsprechenden Abgrenzungen ihren Widerhall, so etwa in der vielbeachteten Definition von A. Meillet (1903), deren einleitende Bemerkungen uns hier besonders interessieren:

> *A un point de vue purement linguistique, et abstraction faite de toute considération de logique et de psychologie*, la phrase peut être définie: un ensemble d'articulations liées entre elles par certains rapports grammaticaux et qui, ne dépendant grammaticalement d'aucun autre ensemble, se suffisent à elles-mêmes.[16]

Die »rein linguistischen« Bemühungen um die Bestimmung des Satzes, wie sie die sprachwissenschaftliche Forschung dieses Jahrhunderts namentlich seit Saussure und vor allem im Anschluß an Bühler angestrengt hat, haben zu einer stattlichen Anzahl verschieden konzipierter und unterschiedlich überzeugender Definitionen geführt. Ein systematischer Überblick über diese grundsätzlich möglichen Perspektiven der linguistischen Behandlung des *Satz*-Problems läßt sich mit folgender Einteilung erzielen:
1) sprachtheoretische (systemlinguistische) Abgrenzung;
2) zeichentheoretische (signemlinguistische) Abgrenzung;
3) funktionale (kommunikationstheoretische) Definition;

---

[14] Vgl. Seidel 1935, 7ff.
[15] Vgl. Müller 1985b, 19.
[16] A. Meillet, *Introduction à l'étude comparative des langues indoeuropéennes*, Paris 1903, 326. Gegen Meillets Definition als ganzer ist kritisch einzuwenden, daß sie nicht allein für den *Satz* gilt, sondern auch für die Einheit *Text*.

4) satzimmanente (satzlinguistische) Definition;
5) satzgrenzenüberschreitende (textlinguistische) Definition des Satzes.

Aus den grundlegenden Begriffen der Saussure'schen Sprachtheorie (1.) – speziell aus der *langue-parole*-Dichotomie – ergibt sich beim Genfer Linguisten selbst und im Anschluß an seine Lösung der Satzproblematik in der Folgezeit immer wieder die Frage, ob der Satz nur – wie Saussure meinte – eine Einheit der *parole* sei oder ob diese syntaktische Größe sowohl der Ebene der Aktualisierung als auch der Ebene der Strukturierung (also der *langue*) angehöre. Saussures Ansichten zu dieser Frage finden sich in verschiedenen strukturalistischen Schulen wieder, z.B. bei Gardiner 1932:

> The sentence is the *unit of speech* and the word ist the unit of language.[17]

Im Gegensatz zu der von Saussure beeinflußten systemlinguistischen Zuordnung des Satzes zur *parole* kommt speziell von Bühler her die Auffassung, daß der Satz auch auf der Ebene der *langue* anzusetzen sei, d.h. daß er nicht minder als das Wort ebenfalls als »Sprachgebilde« angesehen werden müsse. Entsprechend inspirierte Differenzierungen des Satzes spiegeln sich in der Folgezeit in dichotomischen Begriffspaaren wie *System-Satz* vs *Text-Satz* (J. Lyons), *Satzbauplan* vs *Satz* (L. Weisgerber), *Satz im Sprachsystem* vs *Satz in der Sprachverwendung* (B.L. Müller)[18] wider.

Nach diesen aus allgemein sprachtheoretischen Erkenntnissen der neueren Linguistik gewonnenen Einsichten in das Wesen des Satzes läßt sich nun (2.) eine weitere Reihe von Satzdefinitionen abgrenzen, die sich dadurch kennzeichnen, daß in ihnen primär eine zeichentheoretisch (signemlinguistisch) orientierte Bestimmung der syntaktischen Größe versucht wird. Dabei schälen sich im Grunde drei Positionen heraus. Entweder wird der Satz als größte grammatische Einheit gesehen, wie z.B. bei Bloomfield 1926:

> A sentence is a construction which, in the given utterance, *is not part of any larger construction*.[19]

Oder der Satz wird – aus einer entgegengesetzten Sicht – als »kleinste« Konstituente der Sinngefüge verstanden:

> Satz ist *das kleinste* im Zusammenhang der Rede oder in der Sprechsituation für sich *sinnvoll selbständige Stück* sprachlichen *Denkens*, genauer: sprachlich-gedanklicher Stellungnahme.[20]

---

[17] A.H. Gardiner, *The Theory of Speech and Language*, Oxford 1932, 181 (Kursivierung von mir). Zu Saussures Vorstellung vom Satz und deren historischer Wirkung vgl. Müller 1985b, 20ff.).

[18] Vgl. Müller 1985a und Müller 1985b.

[19] L. Bloomfield, »A set of postulates for the science of language«, in *Language* 2 (1926) 153. Ähnlich lautet die Definition in *Language*, New York 1933, 170: »... each sentence is an independent linguistic form, not included by virtue of any grammatical construction in any larger linguistic form.«

[20] E. Winkler, *Grundlegung der Stilistik*, Bielefeld und Leipzig 1929, 22 (Kursivierung von mir).

Oder der Satz wird schließlich als ein in einer hierarchischen Reihe sprachlicher Zeichen zu lokalisierendes Signem gemäß dem ihm zukommenden »Signemrang« bestimmt, so namentlich von K. Heger, der innerhalb seines aus 17 Einheiten bestehenden Aktantenmodells der Einheit *Satz* den Rang 7 zuweist und dieses Signem definiert als Summe der »durch Assertion des spezifischen Satzbegriffs gebundene(n) Signeme der Ränge R 1 bis R 6«[21], d. h. als Summe aller Zeichen vom Monem (R 1) bis zum infiniten Verbalsyntagma (R 6) + Assertion.

Eine weitere Serie von Satzdefinitionen läßt sich (3.) unter dem Stichwort *Funktion* zusammenstellen, d.h. es wird hier aus kommunikations- oder sprechakttheoretischer Sicht versucht, das Wesen des Satzes von seiner Leistung her zu begreifen. Der junge Bühler legt bereits 1920 eine solche vom Zweck des Satzes her entwickelte Konzeption vor:

> Sätze sind die *einfachen selbständigen, in sich abgeschlossenen Leistungseinheiten* oder kurz die Sinneinheiten der Rede.[22]

In der im wesentlichen von der Prager Schule geprägten funktionalistischen Auffassung von der Sprache wird in Bühlers Sinne der Satz definiert als »Redeeinheit, die ihren Inhalt im Hinblick auf sein Verhältnis zur Wirklichkeit zum Ausdruck bringt« (J. Ries 1931[23]), oder als kommunikative Einheit, die sich aus *thème* = Thema = Mitteilungsbasis und *propos* = Rhema = Mitteilungszentrum (Bally 1932/[4]1965[24]) zusammensetzt, oder kurz und generell als »tool of communication« (V. Mathesius 1961[25]). Auch neuere sprechakttheoretisch inspirierte Definitionsversuche bestehen im eigentlichen darin, dem Wesen des Satzes von seiner Leistung her auf die Spur zu kommen, z. B. in dieser Formulierung, die sich in B. L. Müllers vor kurzem erschienener Monographie zum Problem des Satzes findet:

> Der Satz ist ein Zeichen, dessen *signifiant* durch seine komplexe Struktur genau einen illokutiven Anspruch vollständig signalisiert.[26]

Eine vierte Gruppe rein linguistischer Satzdefinitionen entsteht aus dem Versuch, eine adäquate Bestimmung dieser Einheit aus deren morphosyntaktischen und semantischen Merkmalen oder aus den intonatorischen Gesetzen der Satzbildung zu gewinnen. Man kann alle diesbezüglichen definitorischen Bemühungen, die im Grunde bei Platon mit seinem aus *ónoma* + *rhēma*

---

[21] K. Heger, *Monem, Wort und Satz*, Tübingen 1971, 227.
[22] K. Bühler, »Kritische Musterung der neueren Theorien des Satzes«, in *Indogermanisches Jahrbuch* 6 (1920) 1–20 (Zitat auf S. 18; Kursivierung von mir).
[23] Ries 1931, 99.
[24] Ch. Bally, *Linguistique générale et linguistique française*, [1]1932, Bern [4]1965, 35ff.
[25] V. Mathesius, *A functional analysis of present day English on a general linguistic basis*, [1]1961, Den Haag/Paris 1975, 79.
[26] Müller 1985a, 190 (Kursivierung von mir).

gebildeten Satz ihren Anfang nehmen, als streng »satzlinguistische« Definitionen bezeichnen.

Die Argumentationsbasis der einschlägigen Arbeiten ist nun entweder segmentaler Art (= morphosyntaktische und semantische Definitionen), oder die Satztheorie stützt sich auf suprasegmentale Gegebenheiten (= intonatorische Definitionen).

Die morphosyntaktischen Analysen des Satzes kommen allesamt im Grunde zu zwei Typen von Ergebnissen: Entweder sehen sie im Satz eine als *Konstituenz* bezeichnete Struktur, die aus den zwei (drei) Gliedern *Subjekt* + *Prädikat* (und *Objektiv* als dem Ganzen) besteht, so immer wieder in der gesamten Tradition von Platon bis Chomsky (bei dem die Termini *Subjekt* und *Prädikat* bekanntlich in den formelhaften Abkürzungen *NP* = *Nominalphrase* + *VP* = *Verbalphrase* erscheinen); oder aber es wird im Satz ein oberster Knoten einer *Dependenz* genannten hierarchischen Struktur identifiziert, das Verb, in dem die »Seele des Satzes«[27] oder sein »konstituierender Faktor«[28] gesehen wird, woraus Definitionen folgen, nach denen der Satz ganz auf die »finite Ausprägung des verbalen Syntagmas«[29] reduziert wird.

Neben diesen morphosyntaktischen Analysen gibt es im satzlinguistischen Rahmen noch den Versuch, das Problem der Definition mit (satz-)semantischen Argumenten anzugehen. In den einschlägigen Lösungsvorschlägen ist in wechselnder Formulierung irgendwie immer von der »Vollständigkeit der Aussage«, von der »Geschlossenheit des Gedankenschritts«, vom »Sinnganzen« o.ä. die Rede.

Alle hier genannten – auf segmentaler Ebene argumentierenden – Anschauungen der satzlinguistischen Analyse lassen Fragen offen. Bei der morphosyntaktischen Betrachtung sind es einmal die subjektlosen Sätze, die Schwierigkeiten bereiten, ein andermal bleibt die Beurteilung der verblosen Äußerungen unbefriedigend. Desgleichen ist es der satzsemantischen Analyse bislang nicht gelungen, eine operable Definition für das, was »Vollständigkeit einer Aussage« genannt wird, vorzulegen.

Außer den genannten satzlinguistischen Ansätzen sind nun noch diejenigen Versuche einer Satzdefinition zu würdigen, die auf suprasegmentaler Ebene argumentieren. Von mehreren Forschern stammt der mehr oder weniger konsequente Versuch, den Satz allein aus seiner typischen Stimmführung heraus zu bestimmen. Die erste intonatorische Definition des Satzes findet sich in einer entsprechend überschriebenen Studie von E. Lerch (»Vom Wesen des Satzes und von der Bedeutung der Stimmführung für die Satzdefinition«) aus dem Jahre 1938:

---

[27] F. Strohmeyer, *Französische Grammatik*, 1916, 176 (zit. bei Ries 1931, 222).
[28] W. Raible, *Satz und Text. Untersuchungen zu vier romanischen Sprachen*, Tübingen 1972, 6.
[29] *Duden-Grammatik*, Mannheim 1973 (Punkt 1161).

Der Satz ist eine sinnvolle sprachliche *Äußerung, die durch die Stimmführung als abgeschlossen gekennzeichnet ist.*[30]

Die moderne Intonationsforschung mit ihren technischen Hilfsmitteln wird den Beweis antreten, daß die Lerchsche Definition – abgesehen von der im Adjektiv *sinnvoll* noch einmal durchbrechenden satzsemantischen Konzeption – bereits weitgehend den heutigen Arbeits- und Erkenntnismöglichkeiten entspricht. Auf der Grundlage einer sorgfältigen apparativen Analyse der intonatorischen Schemata von Sätzen im Französischen hat P. Wunderli folgende Definition des Satzes vorgeschlagen:

> Der Satz ist ein Komplex von segmentalen sprachlichen Einheiten unterschiedlichen Ranges, der ein und nur ein *Phrasem* enthält.[31]

Kriterium für die Abgrenzung der Phraseme ist die meßbare terminale Kontur. Die intonatorische Privilegierung der finalen Einheit beruht darauf, daß diese im Normalfall das Mitteilungszentrum (das Segment mit dem höchsten Grad an Rhematizität) des weder in seiner Länge noch in seiner morphosyntaktischen Struktur näher bestimmten Satzes enthält.[32] Nach dieser intonatorisch begründeten Satzdefinition wäre also ein in der *parole* realisierter Satz dasjenige Segment sprachlicher Äußerung, welches der Sprecher mit einem der im System der *langue* zur Verfügung gestellten *Phrasem*-Schemata (im Französischen gibt es – nach Wunderli – deren sechs) versieht und so von entsprechenden anderen Ko-Text-Einheiten abgrenzt.

Wenn man die erörterten Satzdefinitionen auf ihre Vergleichbarkeit hin durchmustert, bekommt man unweigerlich den Eindruck, daß hier allem Anschein nach nicht immer von ein und derselben sprachlichen Einheit die Rede ist. Kurz, der Begriff des Satzes scheint mißverständlich zu sein. Diese Problematik ist besonders in einigen neueren textlinguistisch inspirierten Beiträgen (5.) mit Ergebnissen behandelt worden, die sich für unsere stilistische Frage nach der Einheit und Delimitierbarkeit des Satzes in Boccaccios Prosasprache als aufschlußreich erweisen werden.

Die für die Definition des Satzes wichtige Frage der Abgrenzung von Text und Satz (*Text* vs *Sentence*) ist der Titel einer von J.S. Petöfi herausgegebenen dreibändigen Sammelpublikation.[33] In den insgesamt 62 Aufsätzen kommen aber überwiegend allgemeine Probleme der Textlinguistik zur Sprache, während die spezifischere Frage der Abgrenzung des Satzes vom Text – und damit die Definition des Satzes – nur in ganz wenigen Beiträgen ausführlich behan-

---

[30] E. Lerch, in *Archiv für die gesamte Psychologie* 100 (1938) 133–194 (Zitat auf S. 196; Kursivierung von mir).

[31] P. Wunderli, »Satz, Paragraph, Text – und die Intonation«, in J. S. Petöfi (Hg), *Text vs Sentence. First Part*, Hamburg 1979, 319–341 (Zitat auf S. 330).

[32] Vgl. außerdem P. Wunderli (u.a.), *Französische Intonationsforschung*, Tübingen 1978 (Kap. 4.4.: Thème und Propos, 277ff.).

[33] J. S. Petöfi (Hg.), *Text vs Sentence. Basic questions of text linguistics*, 2 Bde. Hamburg 1979; J. S. Petöfi (Hg.), *Text vs Sentence Continued*, Hamburg 1982.

delt wird. Neben dem oben schon zitierten Aufsatz von P. Wunderli – und seiner intonatorischen Definition des Satzes – sind für unser kodikologisch-stilistisches Problem der Delimitation der Sätze in Boccaccios Prosa besonders die Ausführungen von H. Glinz (»Text – Satz – Proposition. Intentionale Einheiten und grammatische Einheiten«) von aufklärender Wirkung.[34]

Nach einer einleitenden Definition des Textes (»das sprachliche Gebilde überhaupt«) wirft Glinz das Problem auf, das am Ende unseres oben gegebenen Überblicks über die grundlegenden Positionen der Satzdefinition steht: die Mehrdeutigkeit des Terminus *Satz*. Was im Deutschen undifferenziert mit einem Wort belegt wird, unterscheiden andere Sprachen, z.B. das Französische und Englische, mit verschiedenen Ausdrücken: *phrase* vs *proposition*, *sentence* vs *clause*. Entsprechend schlägt Glinz eine Unterscheidung in *Satz^A* und *Satz^B* vor, die er folgendermaßen abgrenzt:

> 1) *Satz^A* = dasjenige Teilstück eines geschriebenen Textes, das durch Punkt, Fragezeichen oder Ausrufezeichen abgeschlossen ist und *nach dem mit Großbuchstaben weitergefahren wird.*[35]
> 2) *Satz^B* = dasjenige Stück Text (gleichgültig ob gesprochen oder geschrieben), das *eine bestimmte grammatische Strukturierung* aufweist, eine solche, bei der ein *Verb* vorhanden ist, daneben ein *Subjekt* und ggf. weitere Satzglieder.[36]

Glinz unterscheidet also mit den Termini *Satz^A* und *Satz^B* das, was in früheren Definitionen nicht explizit geschieden war, nämlich
– den Satz als stilistisch-intonatorisch-interpunktorische Einheit gegenüber
– dem Satz als grammatisch-struktureller Einheit.
In Anlehnung an den französischen Sprachgebrauch empfiehlt Glinz die Einführung des Terminus *Proposition* für den Satz im zweiten Sinne.

Danach versucht Glinz, die Unterscheidung von *Satz* und *Proposition* im Verhältnis der beiden Einheiten zum *Text* zu vertiefen: Jeder Text bestehe, so Glinz, einerseits aus Propositionen, oder besser: aus einer Folge von Propositionen, die den grammatischen, genauer: morphosyntaktischen Aufbau des Textes ausmachten. Von dieser propositionalen Konstitution des Textes, die von den Satzzeichen und auch weitgehend von der Stimmführung unabhängig sei, müsse andererseits eine inhaltliche, die Intention des Textes betreffende Strukturierung unterschieden werden:

> In geschriebenen Texten wird nun allermeistens – in erster Linie als Lesehilfe – durch das Setzen von Punkt/Ausrufezeichen/Fragezeichen und nachfolgender Großschreibung *eine zusätzliche Gliederung* vorgenommen. Sie ist *nicht* durch den Aufbau aus Propositionen determiniert (nur insofern von dieser beeinflußt, als man normalerweise nicht innerhalb einer Proposition einen Punkt setzt), sondern beruht in erster Linie auf dem *Stilwillen* (und dem »Verständlichkeits-Willen«) des Schreibenden. Man kann daher einen Text, bei gleichem Wortbestand und gleichem Gesamtinhalt, recht verschieden in Sätze einteilen. Beispiele:

---

[34] Glinz 1979, 43–48.
[35] Glinz 1979, 44 (Kursivierung von mir).
[36] Glinz 1979, 44 (Kursivierung hier von Glinz).

So ist das eben. Der eine gewinnt. Der andere verliert. Das war immer so. Da kann man nichts machen. (5 Sätze, jeweils aus *einer* Proposition bestehend)	So ist das eben, der eine gewinnt, der andere verliert; das war immer so – da kann man nichts machen. (Nur *1* Satz, aus insgesamt 5 Propositionen bestehend)
So ist das eben: der eine gewinnt, der andere verliert. Das war immer so, da kann man nichts machen. (*2* Sätze, der erste aus 3, der zweite aus 2 Propositionen bestehend)	So ist das eben. Der eine gewinnt, der andere verliert. Das war immer so. Da kann man nichts machen. (*4* Sätze, der zweite aus 2 Propositionen, die drei anderen aus je einer Proposition bestehend)[37]

Einen ähnlichen Vorschlag zur terminologischen Aufgliederung des Satzbegriffs in die Hyponyme *Satz* (= *phrase*) und *Proposition* hat H. Bonnard 1976 in zwei seiner für den *Grand Larousse de la langue française* verfaßten »Grammatik-und-Linguistik«-Artikel ausführlich begründet: *La phrase* und *La proposition*.[38]

Wie Glinz geht auch Bonnard von einem konkreten Textstück aus. Die bei der Analyse der Satzsyntax dieses Auszugs angestellte Beobachtung, daß die durch Punkt (Fragezeichen, Ausrufezeichen) und Majuskelsetzung delimitierten Einheiten zum einen Teil eine oder mehrere verbo-nominale Konstruktionen (= Standardsatz, *proposition*) enthalten, zum anderen aber nur aus nominalen, adjektivischen o.ä. Wortgruppen bestehen, führt Bonnard zu der Schlußfolgerung, daß man entgegen der »erreur commune [...] de confondre phrase et proposition« diese beiden Größen zu unterscheiden habe. Die
- *proposition* sei als *fait de langue, unité syntaxique* (*ou syntagmatique*), die
- *phrase* dagegen als *fait de discours, unité sémantique, unité de modalité, unité de communication* zu definieren.

Jede *phrase*, auch diejenige, die kein Prädikat enthalte, sei zwar – morphosyntaktisch gesehen – an eine *proposition* angelehnt, jedoch könne die *phrase* nur in dem Maße als grammatische Einheit aufgefaßt werden,

> ... où la proposition lui donne sa chair; mais elle [= la phrase] n'est pas une unité »supérieure à la proposition«: elle est, en tant qu'unité, d'un autre ordre.[39]

Das Wesen dieser eigenständigen Größe *phrase* liege in ihrer Funktion, Gliederungseinheit der je und je verschiedenen kommunikativen Segmentierung des Textes zu sein. Für die semantisch-kommunikativ-stilistische Gestaltung eines Textes erweist sich mithin die *phrase* als

> ... unité protéiforme de discours qui reçut au XVIe s. la marque du point, au XIXe le nom de phrase, et dont la formulation déborde le ressort du linguiste.[40]

---

[37] Glinz 1979, 45–46.
[38] H. Bonnard, »La phrase«, »La proposition«, in *Grand Larousse de la langue française*, Paris 1971ff., Bd. IV, 1976, 4255–4259 bzw. 4692–4699.
[39] Bonnard 1976, 4256.
[40] Bonnard 1976, 4259.

Ansätze zu der prägnanten Abgrenzung von *Satz^A* (= *phrase*) und *Satz^B* (= *proposition*) finden sich auch schon in der älteren Literatur zur Satz-Problematik, so namentlich in einem in der *Festschrift van Ginneken* (1937) erschienenen, »Phrase et proposition« überschriebenen Beitrag von S. Karčevski[41] und vorher (1935) noch in folgendem Zitat aus E. Seidels *Geschichte und Kritik der wichtigsten Satzdefinitionen*:

> Wenn man jemanden fragt, so erfragt man nach der grammatischen Definition des Satzes
>
> ein Wort bei: *Wie gefällt's dir?* Antwort: *gut.*
> ein Glied einer Aussage bei: *Wie gehst du?* Antwort: *durch die Stadt.*
> einen Nebensatz bei: *Wie war das möglich?* Antwort: *weil ich schlief.*
> einen zweigliedrigen Satz bei: *Wie ist das Wetter?* Antwort: *es regnet.*
>
> *Für die psychologische Definition sind alle vier Antworten Sätze.* Sie wird der Parallelität aller vier Gesprächssituationen gerecht, in denen ganz knappe, aber doch klare Antworten gegeben werden.[42]

Aus den hier zuletzt besprochenen Studien zur Satzproblematik können wir nun im Hinblick auf die durch Majuskelsetzung gekennzeichneten Satz-Einheiten in Boccaccios Prosa folgende definitorische Beschreibung des Satzes (*Satz^A* = *phrase*) gewinnen: Der *Satz^A* (= *phrase*) ist ein durch geeignete Mittel der Delimitation (Intonation/Interpunktion + *Großbuchstaben*) abgegrenztes, vom individuellen Stilwillen bestimmtes Stück sprachlicher Kommunikation. Einheiten dieser Art bilden – allein und in Kombination miteinander[43] – die inhaltlichen (nicht aber die grammatischen) Bausteine des Textes, indem sie dessen Gesamtaussage in die kommunikativ herausgehobenen Teilinformationen gliedern. Die Informationszentren der einzelnen Sätze – d.h. die Segmente, die innerhalb der so abgegrenzten intentionalen *phrase*-Einheiten den höchsten Rhematizitätsgrad besitzen und intonatorisch in der Regel Träger der den Satz abschließenden Kontur sind – stellen die Hauptschritte in der inhaltlichen, thematischen Entfaltung des Textes dar.

Die in diesem Sinne verstandenen Sätze bestehen also aus mehr oder weniger komplexen Thema-Rhema-Verbindungen, wobei sie in jedem Fall ein absolutes *novum*, ein Rhema mit der größten kommunikativen Dynamik enthalten, nach welchem der Satz sein an der terminalen Stimmführung erkennbares, im Schriftbild anhand entsprechender graphischer Zeichen identifizierbares Ende findet. Die Anreihung der Rhemata (»*nova*«) führt – in ihrer Disposition und Summe – schließlich zur inhaltlichen Konstitution des Textes

---

[41] S. Karčevski, »Phrase et proposition«, in *Mélanges van Ginneken*, Paris 1937, 59–66.

[42] Seidel 1935, 31 (Kursivierung von mir). Seidel 1935 scheint Bonnard 1976 entgangen zu sein, und weder Seidel 1935 noch Karčevski 1937 noch Bonnard 1976 werden von Glinz 1979 zitiert.

[43] Zur Abgrenzung von *Satz im Text, Satz als Text* und *Text als Satz* vgl. P. Hartmann, in Petöfi 1982, 112–126 (speziell 118f.).

(im Falle Boccaccios zur Bildung eines dichterischen Textes, der *novella* heißt).

Der Satz im Sinne von *phrase* sowie jeder sprachliche Text (und in einem ganz spezifischen Sinne die Textsorte *Novelle*[44]) haben die gemeinsame – wiewohl graduell verschiedene – Aufgabe, »Neues« mitzuteilen. In dieser kommunikativen, intentionalen Sicht ist der Satz – um mit Bonnard zu sprechen – *unité protéiforme* des Textes.

Angesichts der großen Diversität der in Boccaccios Prosasprache durch das Mittel der Majuskelsetzung abgegrenzten syntaktischen Einheiten ist nur die kommunikativ-stilistische Definition des Satzes als *phrase* (unter gleichzeitiger Abgrenzung dieser Größe von der morphosyntaktischen Einheit der *proposition*) geeignet, Perspektiven für eine weitere Untersuchung der poetischen Funktion der entsprechenden Gliederung des Textes in Sätze zu eröffnen. Für Boccaccios Praxis der Satzdelimitation bieten sich folgende zwei konträre Hypothesen an:
– Die Einteilung seiner Texte in syntaktische Einheiten entspringt einem intuitiven, d.h. einem nicht von spezifischen ästhetischen Intentionen her durchdachten Sprachgebrauch.
– Sie ist im Gegenteil sichtbarer Ausdruck eines bewußten Stilwillens, also wesentlicher Bestandteil der dichterischen Aussage.

Sollte die zweite Vermutung zutreffen, können wir weiter fragen: Welche ästhetische Absicht hat der Autor des *Decameron* mit der Setzung der Majuskeln und der entsprechenden Strukturierung seiner Novellentexte verwirklichen und dem Leser kundtun wollen?

Diese Frage soll nun exemplarisch anhand der Falkennovelle erörtert werden. Als Grundlage unserer Argumentation wird uns eine abgekürzte Fassung des Corpus aller Sätze der Novelle V 9 dienlich sein.

6.2. Das Corpus der satzsyntaktischen Einheiten

Wenn wir nun – gemäß den in den vorangehenden Abschnitten erläuterten kodikologisch-schrifthistorischen und stilistisch-linguistischen Voraussetzungen – die in Boccaccios einzigem überlieferten Autograph des *Decameron* mittels Majuskelsetzung abgegrenzten Segmente als Sätze (= *phrases*) im Sinne von *unités protéiformes* des vollständigen Textes auffassen, können wir die 45 Satzanfänge der Falkennovelle zu folgendem einheitlichen Corpus der Sätze zusammenstellen. Die mit den *Incipit* symbolisierte satzmäßige Segmentierung des Textes läßt sich anhand des in Kapitel 3 gebotenen vollständigen Zitats der Originalversion – speziell mit Hilfe der zusätzlich am Rande vorgenommenen Numerierung – überprüfen.

---

[44] Vgl. oben, Kapitel 5.

Hier nun das Corpus aller 45 Sätze der Falkennovelle – die Grundlage unserer weiteren Argumentation:

1	DOvete adunque sapere che coppo	....
2	Il quale si come il piu de	....
3	Ma ella non meno honesta che	....
4	Spendendo adunque federigo oltre	....
5	Per che amando piu che mai ne	....
6	Quivi quando poteva uccellando/	....
7	Hora advenne un di che essendo	....
8	Rimasa adunque vedova monna	....
9	Et cosi stando la cosa advenne	....
10	Il giovanetto udite molte volte	....
11	Madre mia se voi fate che io	....
12	La donna udendo questo alquanto	....
13	Et in cosi facto pensiero	....
14	Ultimamente tanto la vinse lamor	....
15	Figliuol mio confortati et pensa	....
16	Di che il fanciullo lieto il di	....
17	La donna la mattina seguente	....
18	Egli percio che non era tempo ne	....
19	Il quale udendo che monna	....
20	La quale vedendol venire/ con	....
21	Bene stea federigo⸌ et seguito⸌	....
22	Alla qual federigo humilmente	....
23	Madonna niun damno mi ricorda	....
24	Et cosi decto vergogniosamente	....
25	Madonna poi che altri non ce	....
26	Egli con tutto che la sua poverta	....
27	Laonde la donna con la sua	....
28	Federigo ricordandoti tu della	....
29	Federigo udendo cio chella donna	....
30	Il qual pianto la donna prima	....
31	Madonna poscia che a dio piacque	....
32	Come io udi che voi la vostra	....
33	Et questo decto/ le penne e piedi	....
34	La qual cosa la donna vedendo et	....
35	Poi rimasa fuori della sperança	....
36	Il quale o per malinconia che il	....
37	La quale poi che piena di lagrime	....
38	La quale come che voluto non	....
39	Io volentieri quando vi piacesse	....
40	Alla quale i fratelli faccendosi	....
41	Sciocca che e cio che tu di?	....
42	A quali ella rispose	....
43	Fratelli miei/ io so bene che	....
44	Li fratelli udendo lanimo di lei	....
45	Il quale cosi facta donna et cui	....

7. Der Satz als Maß: Metrik der Prosa

7.1. Verteilung der Sätze

Die auf der Grundlage der satzdelimitierenden Funktion der Majuskelsetzung identifizierten 45 syntaktischen Einheiten des Textes der Falkennovelle lassen sich nun gemäß dem im zweiten Kapitel anhand eindeutiger raum-zeitlicher und personenbezogener Angaben erstellten Gliederungsschema des Handlungsverlaufs zu Blöcken von Sätzen gruppieren.[1]

A. Vorgeschichte

Die Mitteilungsbasis der Novelle, die von den beiden stereotypen Formeln *DOvete adunque sapere* und *Hora advenne che* eingegrenzt wird, umfaßt im Originalmanuskript die ersten sechs Sätze:

    1   DOvete adu*n*que sapere che coppo ....
    2   Il quale si come il piu de ....
    3   Ma ella no*n* meno honesta che ....
    4   Spendendo adu*n*que federigo oltre ....
    5   Per che amando piu che mai ne ....
    6   Quivi qua*n*do poteva uccellando/ ....

B. Geschichte

B.I. Federigos Falke und Giovannas Sohn
Der erste Akt des Hauptteils, in dem im wesentlichen von Giovannas Sohn, von dessen Begeisterung für den Falken und von der rätselhaften Erkrankung des Knaben die Rede ist, umfaßt insgesamt 10 Sätze (Satz 7 bis 16).

Innerhalb dieses Handlungsblocks könnte man noch die ersten zwei Sätze (Einheiten 7 und 8), die beide relativ geschlossene inhaltliche Sequenzen darstellen, jede für sich als separate Einheit von den restlichen acht Sätzen (9 bis 16) abgrenzen: In Satz 7 wird der Tod des ersten Ehemannes der Donna Giovanna mitgeteilt, und in Satz 8 (in dem wir ebenfalls die Verbform *advenne che* verzeichnen) erfahren wir, daß sich die nunmehr verwitwete Edeldame mit ihrem Sohn auf ihr Landgut bei Campi – also in die Nähe des Helden – zurückzieht. Und eigentlich erst mit dem Satz 9 *Et cosi stando la cosa advenne* (*advenne* zum dritten Mal in Abfolge) beginnt die Begegnung

---

[1] Zu dem den folgenden Ausführungen zugrunde gelegten Gliederungsschema vgl. oben, Kapitel 2 (insbesondere 2.2.).

des Knaben mit Federigo und dessen Falken. Der erste Block aus 10 Sätzen läßt sich also in Gruppen von 1:1:8 Einheiten oder – wenn man allein die Nachricht vom Tode des Ehemannes als isolierbare Sequenz ansieht und Giovannas Aufbruch nach Campi bereits ganz zur folgenden Begegnung ihres Sohnes mit Federigo rechnen will – in Gruppen von 1:9 Einheiten einteilen:

7	Hora advenne un di che essendo	....
8	Rimasa adunque vedova monna	....
9	Et cosi stando la cosa advenne	....
10	Il giovanetto udite molte volte	....
11	Madre mia se voi fate che io	....
12	La donna udendo questo alquanto	....
13	Et in cosi facto pensiero	....
14	Ultimamente tanto la vinse lamor	....
15	Figliuol mio confortati et pensa	....
16	Di che il fanciullo lieto il di	....

B.II. Giovannas Besuch in Federigos Haus

Der zentrale Akt des Hauptteils umfaßt insgesamt 19 Sätze (Satz 17 bis 35):

17	La donna la mattina seguente	....
18	Egli percio che non era tempo ne	....
19	Il quale udendo che monna	....
20	La quale vedendol venire/ con	....
21	Bene stea federigo' et seguito'	....
22	Alla qual federigo humilmente	....
23	Madonna niun damno mi ricorda	....
24	Et cosi decto vergogniosamente	....
25	Madonna poi che altri non ce	....
26	Egli con tutto che la sua poverta	....
27	Laonde la donna con la sua	....
28	Federigo ricordandoti tu della	....
29	Federigo udendo cio chella donna	....
30	Il qual pianto la donna prima	....
31	Madonna poscia che a dio piacque	....
32	Come io udi che voi la vostra	....
33	Et questo decto/ le penne e piedi	....
34	La qual cosa la donna vedendo et	....
35	Poi rimasa fuori della sperança	....

Legen wir die inhaltlich begründete Aufteilung dieser Handlungseinheit in die Sequenzen

1) vor dem Falkentod
2) Falkentod
3) nach dem Falkentod

zugrunde, ergibt sich folgende dieser inhaltlichen Gliederung entsprechende Distribution der 19 Sätze:

B.II.1., d.h. die Szene in Federigos Haus bis zur Falkentodszene, umfaßt neun Sätze (Satz 17 bis 25):

17	La donna la mattina segue*n*te ....
18	Egli p*er*cio che no*n* era tempo ne ....
19	Il quale udendo che mo*n*na ....
20	La quale vedendol venire/ co*n*..........
21	Bene stea federigo⸍ *et* seguito⸍ ....
22	Alla qual federigo humilmente ....
23	Madonna niun damno mi ricorda ....
24	Et cosi decto vergogniosamente ....
25	Madonna poi che altri non ce ....

B.II.2., d.h. die Szene, in der Federigo allein in der Küche ist, wo er schließlich den Falken tötet, weil er in seiner Not keine andere »würdige Speise« für die verehrte Donna findet; dieses Bild wird von einer einzigen langen Periode gebildet (Satz 26):

26	Egli co*n* tutto che la sua poverta.........

B.II.3., d.h. die Szene nach dem Falkentod, in der sich im Anschluß an das nur kurz erwähnte gemeinsame Mittagsmahl im Gespräch zwischen Federigo und Giovanna der fatale Irrtum des zur Unzeit gebrachten Opfers aufklärt, setzt sich ebenfalls wieder aus neun Sätzen zusammen (Satz 27 bis 35):

27	Laonde la donna co*n* la sua ....
28	Federigo ricordandoti tu della ....
29	Federigo udendo cio chella do*n*na ....
30	Il qual pianto la donna prima...........
31	Madonna poscia che a dio piacque ......
32	Come io udi che voi la vostra ....
33	Et questo decto/ le penne e piedi.........
34	La qual cosa la donna vedendo *et* ....
35	Poi rimasa fuori della sperança ....

Innerhalb der beiden größeren Szenen, die die lange – die Mitteilung des Falkentods enthaltende – Periode umrahmen, steht jeweils ein Dialog zwischen Federigo und Giovanna.

Der zentrale Handlungsblock des Hauptteils, der Besuch der Dame bei Federigo, endet mit der in Satz 35 gegebenen Bemerkung, Giovanna sei unverrichteterdinge wieder zu ihrem erkrankten Sohn nach Hause zurückgekehrt.

B.III. Giovannas Wiederverheiratung

Der dritte Akt des Hauptteils, dessen Anfang mittels einer temporalen Adverbialbestimmung (*non trapassar molti giorni*) eindeutig vom vorhergehenden Mittelteil abgesetzt ist, beginnt zunächst mit einem kurzen, fast lakonischen Hinweis auf den alsbald erfolgten Tod des Jungen (Satz 36). Danach drängen Giovannas Brüder ihre Schwester zu einer erneuten Heirat. Es folgt der Dialog zwischen Giovanna und ihren Brüdern über ihre Wahl: Sie möchte Federigo heiraten, ihn allein, trotz seiner Armut (Satz 37 bis 43). Der Text endet mit zwei Sätzen, in denen uns die Vermählung bekanntgegeben (Satz 44) und das glückliche Ende der Liebesgeschichte bestätigt wird (Satz

45). Genau wie im ersten Tableau des Hauptteils zählen wir also auch hier im dritten Block wieder 10 Segmente. Und parallel zu einer möglichen Gruppierung der 10 syntaktischen Einheiten des ersten Bildes in 1:1:8 oder 1 zu 9 Sätzen, beobachten wir im dritten Akt eine Distribution in 8:1:1 oder – wenn man nur den Schlußsatz mit dem Ausblick in die Zukunft als isolierbare Sequenz sehen will – in 9 zu 1 Einheiten:

```
36   Il quale o per malinconia che il..........
37   La quale poi che piena di lagrime........
38   La quale come che voluto non............
39   Io volentieri quando vi piacesse .........
40   Alla quale i fratelli faccendosi...........
41   Sciocca che e cio che tu di?.............
42   A quali ella rispose ....................
43   Fratelli miei/ io so bene che.............
44   Li fratelli udendo lanimo di lei ..........
45   Il quale cosi facta donna et cui ..........
```

7.2. Ordnung der Sätze

Die aufgrund der inhaltlichen Gliederung der Handlung vorgenommene Verteilung der 45 syntaktischen Segmente der Falkennovelle läßt sich in einer Synopse zusammenfassen (vgl. das Schema auf Seite 95).

In diesem nach den objektiven Phasen des Handlungsverlaufs geordneten Überblick über das aus 45 Einheiten bestehende satzsyntaktische Corpus der Novelle V 9 verrät die Disposition der zitierten Satzanfänge eine arithmetische Ordnung, die mit folgender tabellarischer Aufzählung der einzelnen Punkte der Gliederung und der jeweiligen Anzahl der Sätze verdeutlicht werden kann:

Punkte der Gliederung			Anzahl der Sätze		
A			6		
B	I		1 9	} 10	} 19
	II	1	9		
		2	1		1
		3	9		
	III		9 1	} 10	} 19
Summe			45		39

Das Ergebnis läßt sich in verkürzter Form mit folgenden Zahlenreihen wiedergeben:

A	1		DOvete adunque sapere che coppo . . . .
	2		Il quale si come il piu de . . . .
	3		Ma ella non meno honesta che . . . .
	4		Spendendo adunque federigo oltre . . . .
	5		Per che amando piu che mai ne . . . .
	6		Quivi quando poteva uccellando/ . . . . .
B	I	7	Hora advenne un di che essendo . . . . . .
		8	Rimasa adunque vedova monna . . . . . .
		9	Et cosi stando la cosa advenne . . . .
		10	Il giovanetto udite molte volte. . . . .
		11	Madre mia se voi fate che io . . . .
		12	La donna udendo questo alquanto . . . . .
		13	Et in cosi facto pensiero . . . .
		14	Ultimamente tanto la vinse lamor . . . . .
		15	Figliuol mio confortati et pensa. . . . . . .
		16	Di che il fanciullo lieto il di . . . .
	II 1	17	La donna la mattina seguente . . . .
		18	Egli percio che non era tempo ne . . . . .
		19	Il quale udendo che monna . . . .
		20	La quale vedendol venire/ con. . . . .
		21	Bene stea federigo/ et seguito/ . . . .
		22	Alla qual federigo humilmente . . . .
		23	Madonna niun damno mi ricorda . . . . .
		24	Et cosi decto vergogniosamente . . . . . .
		25	Madonna poi che altri non ce . . . .
	2	26	Egli con tutto che la sua poverta . . . . . .
	3	27	Laonde la donna con la sua . . . .
		28	Federigo ricordandoti tu della . . . .
		29	Federigo udendo cio chella donna. . . . .
		30	Il qual pianto la donna prima. . . . .
		31	Madonna poscia che a dio piacque . . . .
		32	Come io udi che voi la vostra . . . .
		33	Et questo decto/ le penne e piedi. . . . . .
		34	La qual cosa la donna vedendo et . . . . .
		35	Poi rimasa fuori della sperança . . . .
	III	36	Il quale o per malinconia che il. . . . . . .
		37	La quale poi che piena di lagrime . . . . .
		38	La quale come che voluto non. . . . .
		39	Io volentieri quando vi piacesse . . . . . .
		40	Alla quale i fratelli faccendosi. . . . .
		41	Sciocca che e cio che tu di?. . . . .
		42	A quali ella rispose . . . .
		43	Fratelli miei/ io so bene che. . . . .
		44	Li fratelli udendo lanimo di lei . . . .
		45	Il quale cosi facta donna et cui . . . .

$$6 + (1 + 9 + 9 + 1 + 9 + 9 + 1)$$
$$6 + (10 + 9 + 1 + 9 + 10)$$
$$6 + (19 + 1 + 19).$$

Diese Zahlenreihen, die wir als Rekonstruktion des numerischen Codes des syntaktisch-poetischen Aufbaus der Falkennovelle ansehen, stellen eine Zusammenfassung der Befunde unserer Analyse dar. Sie zeigen an, daß das Corpus der Sätze des Textes V 9 in Übereinstimmung mit der inhaltlichen Gliederung der Handlung nach zahlenästhetischen Prinzipien angeordnet ist. Der *ordo*, von dem der Kompositionsplan bestimmt ist, folgt einem in der gesamten abendländischen Kunst und Kunsttheorie von Pythagoras über Vitruv, Augustinus und Boethius bis zum Hohen Mittelalter als Garanten besonderer ästhetischer Perfektion geschätzten Prinzip: dem Gesetz der *aequalitas numerosa*.[2]

Angelpunkt der syntaktisch begründeten und numerisch realisierten, d.h. aus der Gleichsetzung von Satz und Zahl entstandenen *harmonia* ist die syntaktische Einheit Nr. 26 der Novelle, die den vielbesprochenen Wendepunkt der Geschichte enthält, den Falkentod.

Dieses Ergebnis unserer Analyse, das für eine genauere Einsicht in die künstlerische Arbeitsweise Boccaccios ebenso von Belang ist wie für die Revision der gattungstheoretischen Diskussion über die Novelle, verlangt eine besondere Würdigung.

---

[2] Vgl. unten, 8.2.1.

8. Satz und Zahl: syntaktisch-numerischer Bauplan

8.1. Arithmetik des Falkentodes

Indem wir das nach inhaltlichen Kriterien erarbeitete Schema des Handlungsgerüstes mit dem syntaktisch-numerischen Corpus der Falkennovelle kollationiert haben, hat sich uns ein aus der Idee des Satzes als Baustein des Textes geborener zahlenästhetischer Kompositionsplan erschlossen. In diesem nach dem Prinzip *Satz* ≙ *Zahl* entworfenen Grundriß nimmt die lange Periode, in der Boccaccio in einem komplexen konzessiv-kausalen Satzgefüge den Tod des Falken mitteilt, eine »zentrale« Stellung ein, genauer: die Position einer exakt berechneten Mitte.

Untersuchen wir nun, in Umkehrung unserer Blickrichtung, von diesem Punkte aus die Disposition aller anderen Sätze, d.h. ihre Stellung in bezug auf die Mitte, so gewinnen wir weitere Einblicke in die syntaktisch-numerische Poetik Boccaccios, speziell in Techniken der Realisierung des Gesetzes der *aequalitas numerosa*. Die konsequente künstlerische Anwendung dieses tektonischen Prinzips besteht nämlich nicht allein in der symmetrischen Aufteilung eines Ganzen in zwei um einen Mittelpunkt stehende Teile, sondern die Elemente, aus denen die Teile zusammengesetzt sind, d. h. in unserem Fall die einzelnen satzsyntaktischen Einheiten des Textes, sind spiegelbildlich angeordnet: Je zwei Sätze mit korrespondierenden Inhalten sind jeweils in gleichen Abständen vor bzw. nach dem Wendepunkt als Angelpunkt lokalisiert. Dies bedeutet, daß der Autor zur Poetisierung seiner Prosadichtung die Syntagmatik des Textes mit einem System von paradigmatischen Strukturen durchwirkt hat. Da die Ordnung dieser wechselseitigen Bezüge offenbar ganz von dem Ereignis des Falkentodes her konzipiert ist, wollen wir sie auch von dieser zentralen Szene her in ihren Einzelheiten erschließen.

8.1.1. Der Falke im Wendepunkt

Die syntaktisch-numerische Kompositionstechnik Boccaccios läßt sich – wie wir gesehen haben – nur dann in der beobachteten arithmetischen Exaktheit rekonstruieren, wenn man beachtet, daß die Vorgeschichte der Handlung im zahlenästhetischen Bauplan der Novelle eine ausgegliederte, für die Proportionen des Textes um den Mittelpunkt herum nicht mitzuzählende Sonderstellung hat. Mit anderen Worten, die streng berechnete, »harmonische« Distribution der Sätze beginnt – nach der in der Anzahl ihrer syntaktischen Segmente disponiblen Vorgeschichte – erst mit der den Hauptteil der Novelle einleitenden Formel *Hora advenne che* (oder – in anderen Texten des *Decameron* – mit anderen ähnlichen sprachlichen Signalen). Die Initialfunktion, die der formelhafte Ausdruck für die Arithmetik der syntaktischen Textkonstitution besitzt, entspricht mithin genau der inhaltlichen Aufgabe der fraglichen syntaktischen Einheit. Hier hebt die Erzählung der *unerhörten Begebenheit* im eigentlichen Sinne an, und genau hier – in Satz 7 – beginnt die Zählung der 39 Einheiten des Hauptteils des syntaktisch-numerischen Corpus, der durch den Satz 26 – die Mitteilung des Falkenopfers – in zwei Hälften geschieden wird und so das zahlenästhetische Schema der *aequalitas numerosa* mit den konkreten Globalwerten $19 + 1 + 19 = 39$ verwirklicht.

Das Falkenopfer ist – wie die Literaturkritik im vorigen Jahrhundert hellsichtig durchschaut hat – der Schnittpunkt der dominanten Handlungsstränge der Falkennovelle. Genau an dieser Stelle vollzieht sich die »Wendung der Geschichte«, hier ist »dieser Punkt, von welchem aus sie unerwartet völlig umkehrt, und doch natürlich, dem Charakter und den Umständen angemessen, die Folge entwickelt«.[1] In diesen Beobachtungen Tiecks (aus dem dritten Jahrzehnt des vorigen Jahrhunderts) sind die zwei syntaktischen Hauptlinien der Novelle, nämlich die textuelle Entfaltung der Ideen des *Unerwarteten* (= Konzessivität) und der *Folgerichtigkeit* (= Kausalität), treffend auf den Begriff gebracht. Tiecks kurze, prägnante Charakterisierung der Novelle vom »zentralen« Bestandteil des Wendepunkts aus stellt einen Forschungsstand dar, über den die Literaturwissenschaft bis heute nur im Detail, nicht jedoch im wesentlichen hinausgelangt ist. Unsere Kenntnisse von der poetischen Funktion des Wendepunkts in den Novellen Boccaccios lassen sich dagegen mit Hilfe des syntaktisch-numerischen Verfahrens erheblich erweitern und in bezug auf die vom Autor angewandte kompositorische Technik mit folgenden Feststellungen substantiieren:

1) Das Falkenopfer ist der Schnittpunkt zweier syntaktischer Makrostrukturen der Novelle: einer konzessiven und einer gegenläufigen kausalen Linie im Handlungsverlauf. Die beiden textsyntaktischen Kompositionsstränge spiegeln sich in entsprechenden grammatischen Konstruktionen der einzelnen Sätze des Textes wider.[2]

2) Das Falkenopfer steht in demjenigen der 45 gezählten Sätze des Textes, der – vorausgesetzt man läßt die Vorgeschichte mit ihren 6 syntaktischen Einheiten beiseite – exakt den numerischen Mittelpunkt des 39 Sätze umfassenden Hauptteils der Novelle bildet.

---

[1] Vgl. L. Tieck, *Schriften*, Bd. 11, Berlin 1829, Vorbericht zur dritten Lieferung, S. LXXIV–XC. Zitiert nach Kunz 1973, 53.
[2] Vgl. Kap. 4, speziell 4.2.

Die Aufteilung des Corpus der 39 Sätze in zwei um den Wendepunkt herum gruppierte Teile 19 + 1 + 19 läßt sich gemäß den in unserer inhaltlichen Analyse erarbeiteten Phasen des Geschehens weiter differenzieren, und zwar folgendermaßen:

a) Legen wir die Einteilung des objektiven Ereignisverlaufs in fünf Bilder zugrunde, erhalten wir die numerische Verteilung
$$10 + 9 + 1 + 9 + 10.$$

b) Wie wir oben im einzelnen ausgeführt haben, lassen sich insbesondere die erste syntaktische Einheit des Hauptteils (= Satz 7, in dem der Tod des Ehemannes der Giovanna mitgeteilt wird) und der letzte Satz der Novelle (= Satz 45, der eine Art Resümee darstellt und mit dem Ausblick auf das glückliche Leben und das Lebensende des Helden die Novelle beschließt) als eigene Handlungselemente jeweils aus dem ersten und dem letzten der fünf Tableaus der Erzählung ausgliedern. Nach diesem Gesichtspunkt wäre der numerische Code der Falkennovelle in folgender Weise zu schreiben:
$$1 + 9 + 9 + 1 + 9 + 9 + 1.$$

c) Eine weitere Möglichkeit, den numerischen Hauptschlüssel 19:1:19 zu deuten, besteht darin, das aus einer einzigen syntaktisch-numerischen Einheit bestehende Tableau in der Mitte des Textes – also den Satz, der das Falkenopfer mitteilt – auch numerisch als Schnittpunkt aufzufassen, in dem sich die unmittelbar benachbarten Teile überlappen. In diesem Fall können wir diese Einheit einmal zur vorhergehenden und ein andermal zur nachfolgenden Szene zählen, so daß der Hauptteil eigentlich 2 bzw. 4 gleiche Blöcke zu je 20 bzw. 10 Satzeinheiten aufweist:

$$\overbrace{19 + 1}^{20} + 19$$
$$\underbrace{}_{20}$$

oder

$$10 + \overbrace{9 + 1}^{10} + 9 + 10$$
$$\underbrace{}_{10}$$

Wie auch immer wir die Aufteilung der Zahlenreihe vornehmen, das wichtigste Ergebnis unserer Analyse bleibt davon unberührt: die Anordnung der Sätze nach dem Grundsatz der *aequalitas numerosa*.

8.1.2. Axialsymmetrie

Die syntaktisch-zahlenästhetische Kompositionstechnik des mittelalterlichen Autors, so erstaunlich die numerologische Durchgestaltung eines Prosatextes für sich schon ist, bleibt nun nicht allein auf solche äußeren arithmetischen Gleichklänge beschränkt. Die in den eben erläuterten Proportionsverhältnissen deutlich werdende Harmonie ist mehr als nur formale Technik, sie ist zugleich Abbild und Hypostasierung einer entsprechend geordneten Abfolge und inneren Beziehung der inhaltlichen Sequenzen zueinander, und zwar in einem viel raffinierteren System von Bezügen, als es ein allein am Verlauf der Handlung orientiertes Schema der inhaltlichen Gliederung zu erkennen erlaubt.[3] Betrachten wir nämlich vom Falkentod als absolutem Mittelpunkt des Hauptteils aus die jeweils im gleichen Abstand von dieser Sichtmarke stehenden Paare von Sätzen, stellen wir bald fest, daß Boccaccio offenbar in einer ganzen Reihe von Sätzen und Satzgruppen einzelne Segmente des Inhalts nach den Prinzipien *Opposition* oder *Ähnlichkeit* spiegelbildlich angeordnet hat. Diese Beobachtung läßt es angeraten erscheinen, jeden in einem bestimmten Abstand vom Mittelpunkt plazierten Satz *vor* dem Falkentod mit der entsprechenden syntaktischen Einheit, die in dem *nach* dem Falkentod folgenden Teil des Textes numerisch gegenübersteht, inhaltlich und sprachlich zu vergleichen. Als Ergebnis dieser paarweise durchgeführten Konfrontierung aller Sätze können in den einzelnen in bezug zum Wendepunkt hin angeordneten Segmenten des Textes die im folgenden aufgelisteten Korrespondenzen offengelegt werden. Wenn innerhalb eines einzigen Satzpaares mehr als ein Ensemble einander entsprechender Elemente vorliegt, werden die festgestellten Bezüge mit *a, b, c* usw. gekennzeichnet.

Abstand 19 – Satzpaar 7:45
Satz 7: a) Federigos Verarmung durch Verschwendung (Resümee der Vorgeschichte).
b) Erkrankung des sehr reichen Ehemannes (*ricchissimo*) der Giovanna.
c) Tod des Ehemannes (*morissi*).
Satz 45: a) Federigo ist nunmehr ein besserer Verwalter seines Vermögens.
b) Federigo: *ricchissimo*.
c) Ausblick auf Federigos Lebensende (*terminò gli anni suoi*).

Abstand 18 – Satzpaar 8:44
Satz 8: a) Giovanna als Witwe.
b) Erste Annäherung in Gestalt des Sohnes.
c) Der Junge wünscht Federigos Falken (= Nehmen).
Satz 44: a) Giovanna ist wieder verheiratet.
b) Die Annäherung vollendet sich in der Heirat.
c) Die Brüder geben Federigo die Schwester zur Frau (= Geben).

Abstände 17 bis 11 (jeweils 7 Einheiten)
Sätze 9–15: Dialog Giovanna – Sohn.
Sätze 43–37: Dialog Giovanna – Brüder.

Abstand 17 – Satzpaar 9:43
Satz 9: Erkrankung des Jungen. Beginn des Dialogs Giovanna – Sohn.
Fragen der Mutter an den Sohn.
Satz 43: Antwort der Giovanna an die Brüder.
Ende des Dialogs Giovanna – Brüder.

---

[3] Vgl. oben, Kap. 2.

	Abstand 16 – Satzpaar 10:42
Satz 10:	Sohn antwortet der Mutter.
Satz 42:	Giovanna antwortet den Brüdern.

	Abstand 15 – Satzpaar 11:41
Satz 11:	Bitte des Sohnes: Federigos Falke (= dessen letzter Besitz), um gesund werden zu können.
Satz 41:	Vorhaltung der Brüder: Warum den besitzlosen Federigo (*lui che non ha cosa del mondo*) heiraten?

	Abstand 14 – Satzpaar 12:40
Satz 12:	Giovannas Nachdenklichkeit.
Satz 40:	Gedankenloser Spott (*beffe*) der Brüder.

	Abstand 13 – Satzpaar 13:39
Satz 13:	Giovannas Zögern und Schweigen gegenüber dem Sohn.
Satz 39:	Giovannas dezidierte Antwort an die Brüder.

	Abstand 12 – Satzpaar 14:38
Satz 14:	Giovannas Meinungsänderung zugunsten des Sohnes.
Satz 38:	Giovannas Meinungsänderung zugunsten Federigos.

	Abstand 11 – Satzpaar 15:37
Satz 15:	Trost für den Sohn und Giovannas Versprechen, wegen des Falken zu Federigo zu gehen.
Satz 37:	Trauer der alleingebliebenen Frau und Mutter; die Brüder drängen zu einer neuen Heirat.

	Abstand 10 – Satzpaar 16:36
Satz 16:	Freude des Sohnes und vorübergehende Besserung seines Gesundheitszustandes.
Satz 36:	Melancholie des Sohnes und Verschlimmerung der Krankheit: Tod; Trauer der Mutter.

	Abstand 9 – Satzpaar 17:35
Satz 17:	Am nächsten Morgen: hoffnungsvoller Aufbruch Giovannas mit einer Begleiterin; Beginn des Besuchs in Federigos Haus.
Satz 35:	Ende des Besuchs: verzweifelt kehrt Giovanna zu ihrem Sohn zurück.

	Abstand 8 – Satzpaar 18:34
Satz 18:	Vor der Begegnung: Federigo bei der Gartenarbeit.
Satz 34:	Ende der Begegnung: Giovannas innerer Kommentar zu Federigos Falkenopfer.

	Abstand 7 – Satzpaar 19:33
Satz 19:	Giovanna an der Tür: Anzeichen eines unverhofften Glücks für Federigo.
Satz 33:	Die Reste des Falken: äußeres Zeichen der anscheinend verlorenen Illusion.

	Abstände 6 bis 0
Sätze 20–25:	Dialog Giovanna – Federigo vor dem Falkenopfer.
Sätze 27–32:	Dialog Giovanna – Federigo nach dem Falkenopfer.

	Abstand 6 – Satzpaar 20:32
Satz 20:	Beginn des Dialogs mit einer vornehm-freundlichen Begrüßung.
Satz 32:	Ende des Dialogs mit Offenbarung des fatalen Irrtums.

	Abstand 5 – Satzpaar 21:31
Satz 21:	Giovanna will Federigo für seine früheren »Verluste« entschädigen: ihr Vorschlag, gemeinsam zu Mittag zu speisen.
Satz 31:	Federigo vergleicht sein vergangenes »widriges Geschick« mit dem jetzigen Schicksalsschlag.
	Abstand 4 – Satzpaar 22:30
Satz 22:	Federigo antwortet bescheiden.
Satz 30:	Giovanna hält sich zurück, und Federigo spricht.
	Abstand 3 – Satzpaar 23:29
Satz 23:	Ungeachtet der früheren Begebenheiten ist Federigo glücklich über ihren Besuch.
Satz 29:	Voll Verzweiflung weint Federigo über den fatalen Irrtum.
	Abstand 2 – Satzpaar 24:28
Satz 24:	Federigo führt Giovanna beschämt ins Landhaus.
Satz 28:	Giovanna überwindet alle Zurückhaltung und offenbart den eigentlichen Grund ihres Besuchs.
	Abstand 1 – Satzpaar 25:27
Satz 25:	Federigo läßt Giovanna und ihre Begleiterin in Gesellschaft seiner Pächtersfrau zurück und entfernt sich, um den Tisch (*tavola*) zu bereiten; Ende des Dialogs vor dem Falkentod.
Satz 27:	Alle gehen zu Tisch (*tavola*), essen den Falken, und die Tafel (*tavola*) wird aufgehoben; Beginn des Dialogs nach dem Falkentod.
	Mittelpunkt
Satz 26:	In seiner Not, der Donna keine geeignete Mahlzeit bieten zu können, tötet Federigo seinen Falken und läßt ihn als Braten zubereiten.

Die paarweise durchgeführte Gegenüberstellung aller den Text des Hauptteils der Falkennovelle bildenden Sätze (= Einheiten 7 bis 45) hat folgendes wichtige Ergebnis erbracht: Der Inhalt eines jeden Satzes, der in einem bestimmten zahlenmäßigen Abstand zum Wendepunkt steht, bildet mit dem entsprechenden Satz auf der anderen Seite des Wendepunkts ein Paar korrelierender Terme, in dem die jeweiligen Informationen durch oppositive Relationen oder durch Bezüge der Übereinstimmung gekennzeichnet sind. Diese inhaltlich-syntaktisch-numerischen Korrespondenzen zwischen den Aussagen einzelner Sätze schaffen ein System aus paradigmatischen Strukturen in der Syntagmatik des poetischen Prosatextes. Die präzise berechnete Lokalisierung dieser Strukturen beweist, daß der Text der Falkennovelle nicht nur in seiner Gesamtheit, sondern auch in seinen satzsyntaktischen Elementen von dem zahlenästhetischen Gesetz der *aequalitas numerosa* durchwaltet ist. Dank dieser konsequenten Anwendung des höchsten Prinzips numerischer Proportionalität verwirklicht der Text als Ganzes und mit all seinen spiegelbildlich zueinander geordneten Paaren aus satzsyntaktischen Bausteinen eine axialsymmetrisch konzipierte Anlage.

8.1.3. Syntaktisch-numerischer Bauplan

Die in der Synopse über die einzelnen Satzpaare nachgewiesenen Korrespondenzen sollen abschließend – zur Illustration der von Boccaccio angewandten Technik – in einer zeichnerischen Darstellung der entdeckten Bezüge zusammengefaßt werden (vgl. S. 104). Dieses Schema können wir als skizzenartige Wiedergabe der durch unsere Analyse rekonstruierten Komposition der Falkennovelle ansehen, als eine Annäherung also an den vom Autor *a priori* entworfenen syntaktisch-numerischen Bauplan der Erzählung V 9 des *Decameron*.

Der schematische Überblick über das der Oberflächenstruktur des Textes der Falkennovelle zugrunde liegende Geflecht aus tiefenstrukturellen Beziehungen bestätigt die inhaltliche Wendepunktfunktion und die Rolle des syntaktisch-numerischen Angelpunktes, die dem Satz 26, der Falkenopferszene, in der axialsymmetrischen Komposition des Textes zukommt. Mit diesem Ergebnis dürfte erwiesen sein, daß der Wendepunkt nicht nur poetologisch notwendiger Bestandteil der Falkennovelle ist, sondern daß der Autor Boccaccio die sprachlich-literarische »Kom-position« seines Prosatextes in vollem Wissen und mit ganzer Absicht von eben diesem Wende- und Mittelpunkt aus entworfen, präzise berechnet und – seinen syntaktisch-numerischen Vorgaben entsprechend – durchgeführt hat.

8.1.4. Numerologische Bezüge

Aus rein praktischen Gründen wurden im Schema auf Seite 104 gerade Linien verwendet und entsprechend eine rechteckige Figur gezeichnet. Die Paare von Sätzen mit korrespondierenden Inhalten, die jeweils in gleichen Abständen zum Mittelpunkt einander spiegelbildlich gegenüberstehen, können in ihrer Gesamtheit aber auch als ein System aus konzentrischen Kreisen gedacht werden, etwa nach diesem Modell:

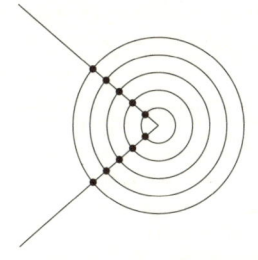

Da einige der auf diesen Kreislinien liegenden Inhalte sekundäre "Wendepunkte" der Handlung bilden, stellen sie besonders markante Kreise dar. Es lassen sich drei solcherart hervorgehobene Kreise nennen:
1) Die Sätze 7 und 45 bilden den äußersten Kreis, der das novellistische Hauptgeschehen umfaßt; sein Radius, d.h. der Abstand von Satz 7 bzw. 45

1–6	A. VORGESCHICHTE
	Federigo wirbt um die Huld der Donna Giovanna und verschwendet ihr zuliebe seine ganze Habe. Völlig verarmt zieht er sich mit seinem Falken auf sein kleines Landgut bei Campi zurück.

7–45	B. GESCHICHTE
	(Sequenzen der Handlung in spiegelbildlicher Anordnung komplementärer Inhalte)

7	a) Federigos Verarmung durch Verschwendung (zusammenfassender Rückverweis auf die Vorgeschichte)
	b) Erkrankung des sehr reichen Ehemanns der Giovanna
	c) Tod des Ehemanns

8	a) Giovanna als Witwe
	b) Erste Annäherung in Gestalt des Sohnes
	c) Der Junge wünscht Federigos Falken (= Nehmen)

9–15 DIALOG GIOVANNA–SOHN

9	Erkrankung des Jungen. Beginn des Dialogs: Fragen der Mutter
10	Sohn antwortet
11	Bitte des Sohnes: Federigos Falke (= letzter Besitz)
12	Giovannas Nachdenklichkeit
13	Giovannas Zögern und Schweigen gegenüber dem Sohn
14	Giovannas Meinungsänderung zugunsten des Sohnes
15	Trost für den Sohn und G.'s Versprechen, persönlich zu F. zu gehen
16	Freude des Sohnes und vorübergehende Besserung seines Gesundheitszustands
17	Hoffnungsvoller Aufbruch zu F.'s Haus: Beginn des Besuchs
18	Vor der Begegnung: Federigo bei der Gartenarbeit
19	Giovanna an der Tür: Anzeichen eines unverhofften Glücks für Federigo

20–25 DIALOG VOR DEM FALKENOPFER

20	Beginn des Dialogs: Begrüßung
21	Giovanna will Federigo für seine früheren *danni* entschädigen
22	F. antwortet bescheiden
23	F. äußert sich über sein Glück
24	Beschämt führt F. die Donna ins Haus
25	F. entfernt sich, um die *tavola* zu bereiten

26	**FALKENTOD**

27	Alle gehen zur *tavola*, essen den Falken, und die *tavola* wird aufgehoben
28	G. überwindet ihre Zurückhaltung und offenbart ihr Ansinnen
29	F. weint über seinen fatalen Irrtum
30	Giovanna schweigt, Federigo spricht
31	F. vergleicht die frühere *fortuna contraria* mit dem jetzigen Schicksalsschlag
32	Ende des Dialogs: Federigo offenbart seinen Irrtum

27–32 DIALOG NACH DEM FALKENOPFER

33	Die Reste des Falken: äußeres Zeichen der anscheinend verlorenen Illusion
34	Ende der Begegnung: G.'s innerer Kommentar zu F.'s Opfer
35	Ende des Besuchs: verzweifelt kehrt G. zu ihrem Sohn heim
36	Melancholie des Sohnes und Verschlimmerung der Krankheit: Tod, Trauer der Mutter
37	Nach der Trauerzeit drängen die Brüder Giovanna zu einer neuen Heirat
38	Giovannas Meinungsäußerung zugunsten Federigos
39	Giovannas dezidierte Antwort an die Brüder
40	Gedankenloser Spott (*beffe*) der Brüder
41	Vorhaltung der Brüder: Warum den besitzlosen Federigo heiraten?
42	Giovanna antwortet den Brüdern
43	Giovannas Antwort. Ende des Dialogs Giovanna–Brüder

37–43 DIALOG GIOVANNA–BRÜDER

44	c) Die Brüder geben Federigo die Schwester zur Frau (= Geben)
	b) Die Annäherung vollendet sich in der Heirat
	a) Ende der Witwenschaft

45	c) Ausblick auf Federigos Lebensende (*terminò gli anni suoi*)
	b) Federigo: *ricchissimo*
	a) Federigo ist nunmehr ein besserer Verwalter seines Vermögens

bis zu dem in der Mitte stehenden Satz Nr. 26 (inklusive), beträgt jeweils 19 + 1 = 20 syntaktische Einheiten.

2) Ein weiterer markanter Kreis wird beschrieben von den Sätzen, in denen Anfang und Ende des Besuchs der Dame mitgeteilt wird: 17 und 35; hier ergibt die Entfernung bis zum Satz 26 (inklusive) einen Radius von 9 + 1 = 10 Einheiten.

3) Die innerste Figur im System der konzentrischen Kreise wird begrenzt durch den Anfang des ersten Dialogs zwischen Federigo und Giovanna und dem Ende des nach dem Falkentod geführten Gespräches; die Abstände der einschlägigen Sätze 20 und 32 zum Satz 26 (inklusive) betragen jeweils 6 + 1 = 7 Einheiten.

Die aufgrund ihrer inhaltlichen Bedeutung besonders herausgehobenen Kreise sind also diejenigen Figuren, deren Radien unter Einschluß der im Mittelpunkt stehenden Einheit 20 – 10 – 7 betragen. Es liegt auf der Hand, daß der Autor hier mit denselben Zahlenverhältnissen operiert hat, die dem *deca*-Prinzip des Zyklus (hier die Zehner *20* und *10*) und der numerischen Aufteilung der *10* werkimmanenten Erzähler in *7 giovani donne* und 3 junge Männer entsprechen. Die Zahl 7 als Ordnungsfaktor erscheint darüber hinaus noch an einer anderen Stelle des syntaktisch-numerischen Bauplans: Die beiden Dialoge zwischen Giovanna und ihrem Sohn (9–15) bzw. Giovanna und ihren Brüdern (37–43) umfassen ebenfalls jeweils 7 Sätze.

Die Zahl 7 ist ein numerisches Instrument, das sich wohl aufgrund seiner von der gesamten Tradition der Zahlenästhetik bestätigten Hauptbedeutung – *7 = Wahrheit, Rationalität, Ordnung* – einer besonderen Beliebtheit in der numerologischen Kompositionstechnik des Mittelalters erfreut. In Petrarcas *Canzoniere* z.B., um hier das Werk eines Zeitgenossen und Freundes unseres Novellenautors anzuführen, hat die Zahl *7* eine beherrschende Stellung in der gesamten zahlenästhetisch-mathematischen Anlage des lyrischen *aedificium*.[4] Ebenso ist die Zahl *7* eine der beiden Schlüsselzahlen (die andere ist *22*) in der originären graphischen Repräsentation des um 1230 in Sizilien erfundenen Sonetts, dessen Verse die frühen italienischen Dichter in 7 Doppel-Endecasillabi (= 7 Zeilen zu je 22 Silben) gruppierten, wobei die Verbindung der Zahlen 22 und 7 eine mathematische Deutung dieser Gedichtform als dichterische Transposition der Figur des Kreises erlaubt: $\frac{22}{7}$ = 3,14286 (das ist eine der beiden von Archimedes berechneten Näherungen für π).[5]

---

[4] Vgl. Pötters 1987 (speziell Abschnitt 4.9.: »Significato del numero 7 nell'estetica delle *Rime*«).

[5] Vgl. Pötters 1983 und Pötters 1987 (Kap. 3).

8.2. Ästhetik des "ragionare"

8.2.1. *Aequalitas numerosa*

Die einzelnen zahlenästhetischen Instrumente und Techniken, deren präzise und konsequente Verwendung in dem hier rekonstruierten Bauplan einer syntaktisch-numerischen Konstruktion der Falkennovelle sichtbar wird, zeigen, daß nicht nur Versautoren, wie Dante und Petrarca, sondern auch der Novellenerzähler und Prosadichter Boccaccio in der antik-mittelalterlichen Tradition pythagoreisch-augustinischer Kunsttheorie steht.[6] Insbesondere das als Sonderfall der Symmetrie angesehene Gesetz der *aequalitas numerosa* gilt als das in allen Künsten zur Erzielung von *harmonia* geeignetste Kompositionsprinzip. Für diesen Lehrsatz der damaligen Ästhetik gibt es namentlich bei Augustinus zahlreiche Erläuterungen und Bestimmungen:

»In allen Künsten ist es die Übereinstimmung, die das Gefallen hervorruft. ... Die Übereinstimmung aber dringt auf Gleichheit und Einheit« [Augustinus]. – Wo Gleichheit ist, ist auch *aequalitas numerosa* [Augustinus]. Der vollkommene *consensus* der Glieder verwirklicht sich einzig in der Proportion 1:1 [vgl. Augustinus: »Ubi autem aequalitas aut similitudo, ibi numerositas; nihil est quippe tam aequale aut simile quam unum et unum.«]. Wo sie zahlhaft erscheint, bedeutet »die höchste Gleichheit der Teile ein Maximum an Einheit« [Rief, *Ordobegriff*]. Mit ihrer in sich geschlossenen Gleichmäßigkeit und Beständigkeit wird die *aequalitas* von Augustinus fast zur metaphysischen Qualität erhoben.[7]

Im Anschluß an Augustinus' zahlenästhetische Kunsttheorie formuliert besonders Boethius in seiner ganz mathematisch konzipierten Proportionenlehre

---

[6] Zur Numerologie in der Dichtung Dantes vgl. besonders M. Hardt, *Die Zahl in der Divina Commedia*, Frankfurt 1973; E. Loos, »Zur Zahlenkomposition und Zahlensymbolik in Dantes Commedia«, in *Romanische Forschungen* 86 (1974) 437–444; ders., *Der logische Aufbau der »Commedia« und die Ordo-Vorstellung Dantes*, Wiesbaden 1984. Zu Petrarca vgl. Pötters 1987.

[7] Dieses Zitat stammt aus dem über Theorie und Geschichte der mittelalterlichen Zahlenästhetik bestens informierenden Einleitungsteil zu dem grundlegenden Buch *Ordo als Form. Strukturstudien zur Zahlenkomposition bei Otfrid von Weißenburg und in karolingischer Literatur*, Tübingen 1969, von W. Haubrichs. Zum Zitat und zu den genauen bibliographischen Nachweisen, speziell zu den Augustinus-Stellen, vgl. ebd., S. 39f. Zur Technik der mit Hilfe der *aequalitas numerosa* verwirklichten Zentralkomposition in einer anderen altdeutschen Dichtung vgl. die umfassende Studie von J. Rathofer, *Der Heliand. Theologischer Sinn als tektonische Form*, Köln/Graz 1962. Wenn man die bei Rathofer, Haubrichs, Hardt, Loos u.a. dargestellten Ergebnisse numerologischer Forschungen mit unseren – Petrarca und Boccaccio betreffenden – Befunden vergleicht, kann man nicht umhin, in der für jene Epoche offenbar generell gültigen künstlerischen Arbeitsweise bei zeitlich und geistig sehr weit auseinanderliegenden Dichtern, wie z. B. beim Verfasser des *Heliand* gegenüber dem Autor des *Decameron*, weitgehende Übereinstimmung in der ästhetischen Konzeption und in der poetischen Praxis festzustellen. Was hier am Werke ist, das kann man mit Johannes Rathofer (Köln) die »internationale literarische Bauhütte des Mittelalters« nennen (persönlicher Hinweis).

jene arithmetischen Gesetze, die der mittelalterliche Künstler bei seinem ausgeprägten Sinn für Maß und Zahl als unverrückbare Grundsätze seiner Arbeit ansieht: *symmetria* generell und speziell die *aequalitas numerosa* als *principium proportionum*.[8]

Außer Augustinus (354–430) und Boethius (480–524) ist – zeitlich und räumlich näher bei den italienischen Autoren des Trecento liegend – noch Bonaventura (geb. in Bagnorea/Toscana: 1221–1274) als theoretischer Zeuge des ganz und gar vom zahlenmäßigen *ordo* bestimmten Kunstverständnisses der Zeit anzuführen.[9]

All diesen mittelalterlichen Theoretikern der Zahlenästhetik gilt das Prinzip der *aequalitas numerosa* als bester Garant der *harmonia*, d.h. die Zentralkomposition ist für sie die vollendete Realisierung der formalen Ordnung eines Kunstwerkes. Die metaphysische Dimension dieser Kunstanschauung liegt in der Überzeugung des menschlichen Künstler-Architekten begründet, mit der strengen Beachtung eines numerischen *ordo* die Baugesetze des vom höchsten »Architekten« und »Geometer« nach »Maß, Zahl und Gewicht« (*Lib. Sap.* 11,21) geordneten »Kosmos« nachahmen zu können.[10]

Wenn man nun die enge Freundschaft zwischen den Zeitgenossen und Dichterkollegen Petrarca und Boccaccio[11] berücksichtigt, wenn man ferner

---

[8] Vgl. Haubrichs 1969, 40. Vgl. ebd., S. 38, einen wichtigen Hinweis zur Bedeutung von *symmetria* im Mittelalter: In der von Vitruv her kommenden Proportionenlehre in der Baukunst läßt sich *symmetria* »arithmetisch fassen als Wiederkehr des zahlhaft Gleichen in größeren Teilen und dem Ganzen im Bilde der Proportion«, während die neuzeitliche Ästhetik gewohnt ist, *Symmetrie* als »spiegelbildliche Entsprechung der formalen Erscheinungen zu beiden Seiten der Mittelachse« aufzufassen« (so Haubrichs nach D. Frey).

[9] Eine ausführliche Würdigung der zahlenästhetischen Äußerungen im Werk Bonaventuras findet sich bei Hardt 1973, 28–32. Vgl. ebd., 17ff., auch die Rathofers und Haubrichs' Ausführungen ergänzenden Bemerkungen zu Augustinus und Boethius. Im übrigen ist zu allen Fragen mittelalterlicher Zahlenästhetik E. de Bruyne, *Etudes d'esthétique médiévale*, 3 Bde. Brügge 1946, zu konsultieren.

[10] Der Schöpfer des Universums wird in der Malerei des Mittelalters nicht selten als »Geometer«, als ein mit dem Zirkel die Erdscheibe abmessender Architekt dargestellt. Vgl. eine Abbildung aus der *Bible moralisée* (1220–1230) bei Pötters 1987, S. 128. Weitere Beispiele und eine historische Analyse dieser Darstellung Gottes finden sich bei F. Ohly, »Deus Geometra. Skizzen zur Geschichte einer Vorstellung von Gott«, *Tradition als historische Kraft. Festschrift für Karl Hauck*, Berlin 1982, 1–42.

[11] Bei ihren häufigen Begegnungen werden sich die beiden Autoren immer wieder über die Grundlagen und Probleme ihrer dichterischen Arbeit ausgetauscht haben. Als Beleg sei an jenen Brief (*Seniles*, V, 3, Ausg. Basel 1554, Bd. II, S. 879) erinnert, in dem Petrarca seinem Freund Boccaccio mitteilt, er habe schon in der Jugend die »fundamenta« zu seinem »aedificium« gelegt, was im Zusammenhang als Anspielung auf die Komposition seines »Liederbuches« (*Canzoniere*) gedeutet werden kann (vgl. Pötters 1987, S. 22). Zu den zahlreichen Begegnungen Boccaccios und Petrarcas vgl. Branca 1967.

die Bewunderung beider für das große Vorbild Dante in Betracht zieht[12], werden einige biographische Hintergründe sichtbar, die deutlich machen, weshalb diese drei italienischen Autoren auf den verschiedenen Feldern ihrer literarischen Tätigkeit gleichwohl von ein und derselben künstlerischen Theorie inspiriert waren. Die oben anhand des syntaktisch-numerischen Bauplans der Falkennovelle rekonstruierte und in den folgenden Kapiteln noch in weiteren sechs Novellen nachzuweisende Technik der Zentralkomposition entspricht also einer von den anderen Autoritäten der Zeit geübten Praxis des künstlerischen Schaffens und befindet sich mit diesen Zeitgenossen in der Überlieferung einer antik-mittelalterlichen Kunsttheorie, in deren begrifflichem Mittelpunkt – wie wir gesehen haben – das allgemeine Prinzip der *symmetria* und speziell das Gesetz der *aequalitas numerosa* standen.

8.2.2. Zentralperspektive

Außer der Verankerung in der Tradition numerologisch konzipierter Ästhetik kann man nun aber in bestimmten Einzelheiten der konkreten Verwirklichung der *aequalitas*-Komposition im Bauplan der Falkennovelle auch Techniken erkennen, die an neuere Entwicklungen der damaligen Kunst, speziell an eine bestimmte Errungenschaft in der Malerei des italienischen Trecento, erinnern: die Zentralperspektive. Diese Technik der mathematisch bestimmten Tiefe eines Bildes läßt sich zum erstenmal in den um 1350, d. h. zum Zeitpunkt der Abfassung des *Decameron*, entstandenen Werken des Malers Ambrogio Lorenzetti aus Siena nachweisen.[13]

Indem Boccaccio – wie wir gesehen haben – als Mittelpunkt des syntaktisch-numerischen Bauplans und als Angelpunkt des in dieser Zentralkomposition verwirklichten Systems aus axialsymmetrisch angeordneten Einheiten eine Stelle in der Handlung der Novelle wählt, die zugleich den Wendepunkt in der inhaltlich-syntaktischen Makrostruktur des Textes darstellt, schafft er eine Art Fluchtpunkt, wie er aus der geometrischen Konstruktion der Zentralperspektive bekannt ist. Im Wendepunkt treffen sich die zwei Linien, die den ersten bzw. den zweiten Teil vor und nach der mit der Wende identischen Mitte darstellen; beide Linien verknüpfen Punkte, die den

---

[12] Boccaccio ist bekanntlich der erste Dante-»Philologe«: im Jahre 1373/74 hielt er in der Kirche Santo Stefano di Badia (Florenz) kommentierte Lesungen der *Divina Commedia* ab (vgl. Branca 1967, 185). Das verehrte Vorbild ist für Boccaccio *primus studiorum dux et prima fax* (vgl. ebd., 112).

[13] Die folgenden Ausführungen beruhen auf den einschlägigen Forschungen von H. H. Wetzel, namentlich auf dessen Studie »Novelle und Zentralperspektive. Der Habitus als Grundlage von strukturellen Veränderungen in verschiedenen symbolischen Systemen«, in *Romanistische Zeitschrift für Literaturgeschichte* 1985, 12–30. Zum kunsthistorischen Problem vgl. E. Panofsky, »Die Perspektive als ›symbolische Form‹«, in E. P., *Aufsätze zu Grundfragen der Kunstwissenschaft*, hg. von H. Oberer und E. Verheyen, Berlin ²1974, 99–167.

durch die einzelnen satzsyntaktischen Einheiten vertretenen kommunikativen Stadien des Handlungsverlaufs entsprechen; und außerdem sind diese Punkte jeweils als paarweise einander gegenüberstehende Antithesen durch die Linien ihrer spiegelbildlichen Anordnung miteinander verbunden. Dieses systematische Geflecht der um den Mittel- und Wendepunkt herum zwischen den Sätzen des Textes bestehenden syntagmatischen und paradigmatischen Bezüge läßt sich mit Hilfe der folgenden Dreieckszeichnung illustrieren (die im übrigen bereits in der oben gegebenen Skizze des syntaktisch-numerischen Bauplans enthalten ist):

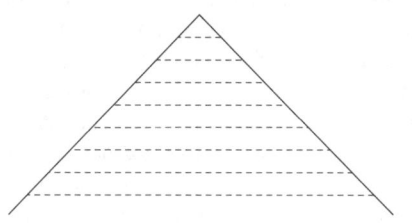

Diese Skizze erinnert nun ohne Zweifel stark an Elemente der sog. *costruzione legittima*, mit der in der Malerei zum Zwecke der Erzielung der Zentralperspektive, d. h. zur Schaffung des illusionären »Systemraums« (Panofsky)[14], gearbeitet wird. Dabei ist Boccaccios arithmetisch-geometrische Vermessung des satzsyntaktischen Corpus kein dem Text lediglich aufgezwungenes formalästhetisches Raster, sondern die numerische Struktur folgt – wie unsere Analyse gezeigt hat – ganz und gar der raum-zeitlichen Entfaltung der Handlung, dem objektiven Verlauf der Ereignisse. Auf diese zugleich inhaltliche und numerische Weise wird den Personen und Begebenheiten der Novellenhandlung im Raum und in der Zeit nach streng berechneten Maßen ein vorbestimmter Ort zugewiesen, genau wie die aus der *costruzione legittima* sich ergebende schachbrettartige Aufteilung des Bild-Raums (vgl. die beliebten Fliesenmuster) dem gemalten Ereignis geometrische Dimension verleiht.

8.2.3. »Ragionare« als Er-zählen

Die Rekonstruktion des der Falkennovelle zugrunde liegenden syntaktisch-numerischen Bauplans beweist, daß Boccaccios Novellenerzählen, das der Autor selbst immer wieder mit dem Verb *ragionare* (so auch im Satz 1 der Novelle V 9) bezeichnet, in einem ganz spezifischen, konkreten Sinne ein *Er-zählen* war: ein *Erzählen*, bei dem zugleich exakt *gezählt* werden mußte. Das Verb *ragionare* ist im frühen Italienisch mit der Bedeutung 'computare',

---

[14] Vgl. Wetzel 1985, 23.

'calcolare' belegt, und in den Wörtern *ragioneria* 'Buchhaltung', *ragioniere* 'Buchhalter' hat sich diese semantische Seite des Verbs *ragionare* bis in den modernen Sprachgebrauch fortgesetzt. Ein vergleichbarer Fall liegt im übrigen in lat. COMPUTARE 'zählen' vor, dem Etymon mehrerer romanischer Wortformen mit der Bedeutung 'erzählen', so z.B. it. *raccontare*.

Die Parallele zwischen Boccaccios narrativer Technik und dem in der Malerei erfundenen Verfahren geometrischer Raumaufteilung, für die sich aus unserer Sicht die präzise numerologische Durchgestaltung der novellistischen Prosa im *Decameron* als Beweis anführen läßt, ist von H. H. Wetzel im zitierten Aufsatz aus einer Analyse der Handlungsstruktur und der Personendarstellung in den Novellen Boccaccios gewonnen worden. Die kunsthistorische Deutung der literarischen Arbeit unseres Autors ist für Wetzel aber schließlich nur die Grundlage einer weiterführenden soziologischen Interpretation des *Decameron*. Die gleichzeitige Entstehung der homologen Strukturelemente der malerischen Zentralperspektive und der novellistischen Handlungsgestaltung sieht er in dem typischen *Habitus*[15] der frühkapitalistischen Florentiner Kaufmannsgesellschaft begründet.[16] Dieser Habitus sei das Ergebnis der »völlige(n) Durchdringung aller Lebensbereiche mit dem, was man *Berechnung* im eigentlichen Sinne, die Unterwerfung der Welt unter die eigenen Gesetze nennen könnte«[17].

Der Habitus der Florentiner Kaufleute, der also vom *ragionare* und einem entsprechenden autonomen Organisieren des menschlichen Lebens sowie einem »Berechnen« der menschlichen Unternehmungen bestimmt sei, gilt Wetzel als die gemeinsame soziale Grundlage in den übereinstimmenden strukturellen Neuerungen, die sich im Florentiner Trecento in den verschiedenen symbolischen Systemen der Malerei und der Novellistik feststellen lassen.

Diese literatursoziologische Deutung kann aus der Sicht der von uns mit Hilfe einer rein linguistisch-textimmanenten Analyse des Textes gewonnenen Ergebnisse in einem entscheidenden Punkt bestätigt werden. Eines der Hauptargumente in der Beweisführung Wetzels, nämlich die präzise Vermessung der Personen und Begebenheiten in Boccaccios Novellen, hat sich in einer Weise als zutreffend herausgestellt, wie sich die bisherige Boccaccio-For-

---

[15] Für den Begriff des *Habitus* stützt sich Wetzel auf den Kunsthistoriker Panofsky und den Soziologen Bourdieu. Unter Habitus versteht er mit diesen Forschern eine für eine bestimmte Gesellschaft typische Haltung, die »den Rahmen der Bedingtheit und gleichzeitig auch der Freiheit des Subjekts innerhalb von Wahrnehmungs-, Denk- und Verhaltensmustern« absteckt. Für diesen Habitus gilt, daß er »*allen* kulturellen Äußerungen (symbolisch oder nicht) zugrundeliegt« (Wetzel 1985, 13 und 15).
[16] Wetzel 1985. Die These geht natürlich im Kern auf Brancas Konzept der *epopea mercantile* und andere soziologisch orientierte Deutungen des *Decameron* zurück (vgl. oben, 1.2.5., 1.2.9., 1.2.12. und 1.2.13.).
[17] Wetzel 1985, 19–20.

schung den Autor des *Decameron* wohl kaum vorstellen konnte: als einen exakt rechnenden »Buchhalter« (*ragioniere*), der die sprachlichen Einheiten, aus denen seine Erzählungen verfertigt sind, d.h. die Sätze, einzeln zählt; als einen Prosadichter, der sich, als er seinem Kunstwerk eine vollendete formale Ordnung verleihen wollte, bei all seiner Genialität nicht zu schade dazu war, eine so technisch-mechanisch anmutende Arbeit, wie sie das genaue Ausmessen eines Bauplans verlangt, mit Geduld und Präzision durchzuführen, um schließlich nach diesem Entwurf die Dichtung zu verwirklichen.

8.2.4. Offene Fragen

8.2.4.1. Tradition oder Neuerung?

Eine literarhistorische Deutung der im syntaktisch-numerischen Bauplan der Falkennovelle erkennbaren Kompositionstechnik kommt also zu einem konträren Befund:
– Liegt hier Zentralkomposition im Sinne des von der antik-mittelalterlichen Zahlenästhetik definierten Prinzips der *aequalitas numerosa* vor?
– Oder haben wir es mit einer Übertragung der um 1350 in der Toskana entstandenen malerischen Technik der Zentralperspektive zu tun?

Ist – mit anderen Worten – Boccaccios Novellenerzählen, sein *ragionare*, mehr von den überlieferten Methoden der metaphysisch verankerten *mensura*-Ästhetik oder aber von den neuen Errungenschaften einer in buchhalterisch-merkantilen Kategorien denkenden Kaufmannsgesellschaft geprägt?

Um diese Frage fundiert beantworten zu können, wird es notwendig sein, die Dimensionen der arithmetischen Durchdringung des *Decameron* auszuloten. Dazu muß auf folgende noch in Vorbereitung befindliche Studien verwiesen werden: *Satz und Zahl – Versuch einer Rekonstruktion der kompositorischen Baupläne der »Hundert Novellen« Boccaccios* und *Das »Frauental« des Giovanni Boccaccio – Syntax und Mathematik im »Decameron«*. Im Vorgriff auf die in diesen beiden Arbeiten darzulegenden Ergebnisse sei hier vorab nur folgendes gesagt: Der zahlenmäßige *ordo* des *Decameron* setzt sich – genau wie die Komposition des *Canzoniere* Petrarcas[18] – aus zwei Schichten zusammen, aus einer numerologischen Komponente, die ganz der traditionellen Zahlenästhetik verpflichtet ist, und aus einer mathematischen Dimension, für die es bislang als historische Erklärung kaum mehr als den globalen Hinweis auf die veränderten kulturellen Bedingungen des Florenz in der Mitte des Trecento gibt. Die Verwendung von Dezimalzahlen, das präzise Rechnen mit irrationalen Größen wie π, $\sqrt{2}$, Goldener Schnitt, wie es außer in Petrarcas Gedichtzyklus nun auch im *Decameron* nachzuweisen sein wird, kann nur auf bisher – auch den Mathematikhistorikern – noch wenig bekannten mathematischen Kenntnissen und Fertigkeiten der Zeitgenossen unserer

---

[18] Vgl. Pötters 1987.

beiden Autoren beruhen. Bekannt ist allerdings, wenn auch nur in einem mehr allgemeinen Sinne, daß in Europa die Kaufleute eine wichtige Rolle in der Verbreitung des arithmetischen Wissens und Könnens der Araber gespielt haben. Von Boccaccio selbst erfahren wir im übrigen, daß er nach den Vorstellungen seines Vaters, eines Kaufmanns, bereits als Kind in Arithmetik unterrichtet worden sei, um anschließend bei einem – bibliographisch nicht näher identifizierten – *maximus mercator* in die Lehre gehen zu können:

> Accanto a questa educazione grammaticale e letteraria il padre, che da esperto »mercatante« e »tavoliere« mirava a consolidare l'azienda familiare, volle far luogo ben presto a un'istruzione che preparasse nel figliuolo un valido collaboratore: »*Satis enim memini apposuisse patrem meum a pueritia mea conatus omnes, ut negotiator efficerer, meque, adolescentiam nondum intrantem, arismetrica instructum maximo mercatori dedit discipulum*« (Genealogia XV 10).[19]

Es wird nicht ohne Grund gewesen sein, daß Boccaccio sich in späteren Lebensjahren an diese Phase seiner Kindheit erinnert, d. h. an die erste Grundlage eines wichtigen Teils seiner späteren literarischen Tätigkeit: die Arbeit mit Maß und Zahl. Mit mathematischen Dingen hat sich Boccaccio insbesondere noch im Zusammenhang mit astronomisch-astrologischen Fragen beschäftigt, die er vor allem in seinem *Filocolo* behandelt hat.[20]

8.2.4.2. Zufall oder Absicht?

Trotz der Überprüfbarkeit der mit der Rekonstruktion eines präzise kalkulierten syntaktisch-numerischen Bauplans der Falkennovelle erzielten Ergebnisse wird die in der vorliegenden Arbeit angewandte Methode bei manchem Leser nicht nur auf verständliche Skepsis, sondern sogar auf schroffe Ablehnung stoßen. Vornehmlich jener *esprit de finesse*, der aus der Sicht eines von der deutschen Klassik und Romantik geprägten (also in bezug auf das Mittelalter eigentlich anachronistischen) Geniebegriffs den künstlerischen Schaffensprozeß vor allem als Aufsteigen der Ideen und Gefühle aus dem Urgrund der Seele oder als Emanation des inneren Daimons begreifen möchte, wird sich innerlich dagegen sträuben, die poetische Tätigkeit eines großen Autors a u c h als buchhalterisches Handwerk anzusehen, in dem mit so technischen und anscheinend geistlosen Verfahren wie dem Erstellen von Schemata, dem Zählen von Sätzen oder Versen und dem Ausklügeln genau berechneter poetischer Baupläne operiert würde. Wer das *Decameron* – und überhaupt die mittelalterliche Literatur – mit solch einem Vor-Urteil betrachtet, wird zu der Ansicht neigen, die oben erarbeiteten Daten und Fakten zur syntaktisch-zahlenästhetischen Struktur der Falkennovelle könnten wohl nur auf das Konto eines fragwürdigen Zufalls zu schreiben sein, nach dem die Resultate unserer arithmetischen »Glasperlenspiele« allein aufgrund glück-

---

[19] Vgl. Branca 1967, 12–13.
[20] Vgl. A. E. Quaglio, *Scienza e mito nel Boccaccio*, Padua 1967.

licher Umstände mit harmonischen Gliederungen und Anordnungen zusammengetroffen wären, die der Autor nicht als Ergebnis absichtsvoll eingesetzter Kalküle, sondern in seinem genialisch-unbewußten Drange geschaffen hätte. Zufall oder Absicht? – ist also hier die Frage. Sie wird sich mit der Interpretation jeder weiteren Novelle, in der die syntaktisch-numerische Methode zu überzeugenden Ergebnissen führt, von allein beantworten. Im Vorgriff auf diese notwendige Bewährung unseres Verfahrens in den 100 möglichen Fällen, die das *Decameron* bereithält, soll in den beiden folgenden Kapiteln – anhand einer insgesamt sechs weiteren Novellen des *Decameron* gewidmeten syntaktisch-numerischen Analyse, d.h. in einer Beschreibung ihrer nach dem Prinzip *Satz und Zahl* organisierten Baupläne – ein erstes Stück Verifikation geleistet werden. Alle diese weiteren Anwendungen unserer Methode werden zunächst das generelle Ergebnis unserer Deutung der Falkennovelle bestätigen: die Rekonstruktion einer aus der Syntax geborenen numerologischen Poetik des *Decameron*. Gemäß dieser den allgemeinen Prinzipien der *harmonia* verpflichteten poetischen Konzeption gibt es in der Prosa – genau wie in der von zahlenästhetischen Prinzipien bestimmten Versdichtkunst der Zeit – keinen grundsätzlichen Gegensatz zwischen der Rationalität der Zahl und der Genialität der dichterischen Inspiration.

Das wichtigste Axiom der syntaktisch-numerischen Poetik des »Erzählens« liegt – so können wir unsere Deutung der Falkennovelle abschließend zusammenfassen – in der Entscheidung des Autors, das Instrument des Metrums auf die Prosa zu übertragen und zum Zweck einer »Metrisierung« der eigentlich an kein vorgegebenes Maß gebundenen Prosasprache die syntaktische Größe des Satzes als *mensura* der Textgliederung zu wählen. Indem sich Boccaccio dank der auf diesem Wege erreichten poetischen Durchgestaltung seines Textes die Möglichkeit verschafft, bestimmte im syntaktisch-numerischen Bauplan seiner Novelle an eine vorherbestimmte Stelle plazierte Sätze mit anderen, inhaltlich korrespondierenden Sätzen in arithmetische Beziehung zu setzen, finden sich die Paare solcher äquivalenter Sequenzen zugleich in der Identität der jeweiligen numerischen Position und in der linear geordneten Kombinatorik aller Einheiten des Textes wieder. Mit diesem in gereimter Versdichtung selbstverständlichen Verfahren, durch welches die Erscheinungsweisen der Simultaneität und der Kontiguität in gleichem Maße an der Konstitution und an der Wirkung eines Textes beteiligt sind, gelingt es Boccaccio, sein Prosawerk zu einem einzigartigen Geflecht aus wechselseitigen Bezügen von syntagmatisch und paradigmatisch miteinander verknüpften Einheiten zu machen, kurz: genuine Dichtung zu schaffen.[21]

---

[21] Zur Interdependenz syntagmatischer und paradigmatischer Strukturen als Grundprinzip dichterischer Sprache, ja sogar als Ansatz zur Definition von Poetizität schlechthin, vgl. R. Jakobson, »Closing statement: Linguistics and Poetics«, in Th. A. Sebeok (Hg.), *Style in Language*, Cambridge (Mass.) 1960, 350–377 (speziell 358).

9. Der »Falke« als Exempel:
Satz und Zahl in den Novellen II 4 und VI 6

Wie wir gesehen haben, läßt Boccaccio im ersten Satz der Falkennovelle die Erzählerin Fiammetta mit der Einführung eines textimmanenten Erzählers zweiten Grades, dem Florentiner Edelmann Coppo di Borghese, beginnen. Von besagtem Coppo heißt es, daß er seinen Nachbarn gern von vergangenen Begebenheiten zu erzählen pflegte, was er angeblich

> ... *meglio* et *con piu ordine*, et *con maggior memoria* et *ornato parlare* che altro uom ...[1]

zu tun verstand.

Mit dieser hohen Einschätzung der dichterischen Fähigkeiten seines Erzählers will uns der Autor zweifellos auch eine auf diesem indirekten Wege vermittelte persönliche Wertung des Textes und zugleich einen versteckten Hinweis auf seine eigenen künstlerischen Qualitäten geben. Nach der Rekonstruktion eines präzisen, auf den Prinzipien *Satz und Zahl* sowie deren Identifikation beruhenden Bauplans dürfen wir annehmen, daß Boccaccio mit den Begriffen *memoria, ornato parlare* und *ordine* wohl weniger die – selbstverständliche – Beachtung üblicher rhetorischer Vorschriften als vielmehr die Verwirklichung der syntaktisch-zahlenästhetischen Form gemeint hat.

Aus dem expliziten Hinweis auf *ordine, memoria* und *ornato parlare* könnte man nun schließen, daß sich womöglich allein die Falkennovelle durch eine streng »harmonische« Komposition auszeichnet. Das würde bedeuten, daß es fraglich ist, ob die Technik der arithmetisch bestimmten Lokalisierung des Wendepunkts und die Disposition aller Sätze und Satzgruppen nach dem Gesetz der *numerositas* auch in anderen Texten des *Decameron* angewandt wurden. In diesem Fall wäre der rekonstruierte Bauplan nur ein Beweis für die einzigartige ästhetische Perfektion der Falkennovelle, könnte dagegen aber nicht als hermeneutisches Instrument unserer weiteren Arbeit dienen.

Die Hypothese einer isolierten Vollkommenheit der Falkennovelle ist indes nicht nur *per se* wenig wahrscheinlich, sondern sie wird nachgerade ausgeschlossen durch die komparativische Formulierung *meglio et con piu ordine, et con maggior memoria et ornato parlare*. Der von dieser grammatischen Form vorausgesetzte Vergleich kann eigentlich nur besagen, daß sich die Falkennovelle zwar durch eine besondere poetische Qualität auszeichnet,

---

[1] Vgl. oben, Kap. 3, die Originalversion des Textes (Satz 1).

nicht jedoch, daß bei der Verfertigung aller anderen Novellen die im Text V 9 angewandten ästhetischen Prinzipien ungültig gewesen wären.

Im Sinne einer solchen nicht exklusiven sondern nur vorbildhaften Verwirklichung der im Bauplan der Falkennovelle wirksamen syntaktisch-numerischen Poetik können wir des weiteren bemerken, daß der »Falke« – d. h. die inhaltliche Entfaltung und die syntaktisch-numerische Behandlung dieses zugleich zentralen und durch mehrfache Wiederholung ausgezeichneten Motivs – in der Tat ein Sinnbild darstellt, das den gesamten *ordine* des Textes und damit die Prinzipien des entsprechenden ästhetischen Verfahrens (Technik des Wendepunkts und des Spitzenmotivs) in sich verdichtet einfängt. Aus dieser symbolischen Funktion des »Falken« ergibt sich – ganz dem Ansatz der nie recht widerlegten noch je bewiesenen Novellentheorie des 19. Jahrhunderts entsprechend – die Frage, ob sich unsere syntaktisch-numerische Methode, die wir als linguistisch inspirierte Neuauflage eben jener Falkentheorie ansehen können, auch in der Interpretation aller anderen Texte des *Decameron* bewährt. In einem solchen Fall müßte sie uns den jeweils zwar verschiedenen, aber prinzipiell nach dem Gesetz *Satz* ≙ *Zahl* konzipierten Bauplan jeder beliebigen Novelle verraten.

Unsere Aufgabe besteht folglich nun darin, nachzuweisen, daß die in der Falkennovelle in ästhetischer Vollendung erscheinende Komposition in Boccaccios Erzählkunst nicht einen singulären, sondern einen exemplarischen Fall darstellt, der lediglich in ganz besonders sinnfälliger Weise eine in allen hundert Texten des *Decameron* angewandte poetische Theorie und dichterische Praxis deutlich macht. Für die auf diesem Wege angestrebte Überprüfung unseres anhand des Paradebeispiels entwickelten syntaktisch-numerischen Verfahrens sollen nun sechs weitere Texte analysiert werden. Die getroffene Auswahl versucht einerseits, möglichst unterschiedliche Novellentypen, d.h. Novellen verschiedener Tage (nach der V 9 jetzt Texte aus den *giornate* I, II und VI), zu berücksichtigen. Andererseits soll uns eine kursorische Interpretation der Novellen I 1 bis I 4 bereits hier die Gelegenheit geben, die an einem anderen Ort zu leistende, systematische und vollständige Deutung aller *cento novelle*[2] ihren ersten Anfang finden zu lassen.

Für unsere weitere Arbeit können aus den Hauptabschnitten der in den vorangehenden Kapiteln durchgeführten syntaktisch-numerischen Interpretation einige wichtige, dem hermeneutischen Verfahren zugrunde liegende Prinzipien hergeleitet werden, die nunmehr auf die entsprechende Analyse der anderen von uns ausgesuchten Texte des *Decameron* übertragen werden sollen. Diese Leitsätze unserer Methode lassen sich in vier Punkten zusammenfassen:

1) Beschreibung der syntaktischen Makrostrukturen des jeweiligen Novellentextes;

---

[2] Vgl. oben, Einleitung, Anm. 1.

2) Erstellen des Corpus der Sätze anhand des Originalmanuskripts aus dem *Codex Hamilton 90*;
3) Darstellung der inhaltlichen Gliederung des Handlungsverlaufs der Novelle und Zuordnung der einzelnen Satz-Einheiten zu den Hauptpunkten des Ereignisverlaufs;
4) Rekonstruktion des Bauplans der syntaktisch-numerischen Komposition.

Außer diesen systematischen Abschnitten der folgenden Interpretationen sollen einige allgemein-ästhetische und poetologische Betrachtungen angestellt werden, die sich in jedem Einzelfall aus der Anwendung unseres syntaktisch-numerischen Ansatzes ergeben. Hauptziel bleibt dabei die Aufdeckung der von Boccaccio in den einzelnen Novellen verwirklichten Kompositionsentwürfe.

9.1. Novelle II 4:
Syntax und Poetik in einem typischen Beispiel der Gattung

Als Novelle des II. Tages gehört der Text II 4 zu den Erzählungen, die, dem übergreifenden Thema der *giornata* entsprechend, von Personen handeln, welche »den größten Gefahren oft unvermutet (= *oltre alla speranza*) glücklich entgangen sind«.[3] Die diesem Handlungsschema zugrunde liegende abstrakte syntaktische Struktur ist eindeutig als Relation negierter Implikation identifizierbar.

Die poetische Formulierung Boccaccios erinnert sogar ganz speziell an das Konzept des »überwundenen Hindernisses«, das sich in traditionellen Grammatiken neben dem Gedanken der »enttäuschten Erwartung« als eine der beiden dort üblichen Definitionen der Idee der Konzessivität findet. Beim »überwundenen Hindernis« handelt es sich im besonderen um eine konzessive Linie, die vom negativ erlebten Anfang zum positiven Ende führt, während sich beim Schema der »enttäuschten Erwartung« die Verteilung der Werte (+) und (−) genau umgekehrt darbietet. Die konzessive Überwindung eines Hindernisses ist im übrigen einer der klassischen Fälle einer objektive, faktische Ereignisse enthaltenden Novelle, d.h. des gattungstheoretischen Typus, der dem literarisch-etymologischen Sinn von *novella* = »unerhörte Begebenheit« in unproblematischer Weise entspricht. Der für den nächsten Abschnitt (9.2.) ausgewählte Text (Novelle VI 6) wird in dieser Hinsicht zur Erzählung II 4 einen Gegenpol bilden.

Schauen wir nun im einzelnen, wie sich das vom Thema des II. Tages vorgegebene konzessive Handlungsschema, die *unvermutete Überwindung von Hindernissen,* in der Novelle II 4 realisiert.[4]

---

[3] Vgl. oben, 4.1.2.4.
[4] Treffliche Hinweise zur Deutung des Inhalts der Novelle finden sich bei Baratto 1970/²1974, 139–141. Im übrigen hat der Text bisher kaum das Interesse der Forschung auf sich gezogen.

9.1.1. Syntaktische Strukturen des Inhalts

Wie im Falle der Falkennovelle soll uns die *Rubrica* des Textes II 4 den Schlüssel zur Rekonstruktion des Handlungsgerüsts liefern[5]:

> Landolfo rufolo *im*poverito divien corsale✓ *et* da genovesi preso rompe in mare *et* sopra una cassetta di gioie carissime piena scampa *et in* gurfo ricevuto da una femina ricco si torna ad casa sua.

Den im *Argomento* enthaltenen Informationen entsprechend konkretisiert sich die vom Thema des Tages her vorbestimmte konzessive Makrostruktur als Erzählung der ereignisreichen Erlebnisse eines wohlhabenden Kaufmanns, der durch eine geschäftliche Fehlplanung in Armut gerät (= *impoverito*), aber schließlich doch, nachdem er große Gefahren überstanden und viele Hindernisse überwunden hat, wieder als reicher Mann (= *ricco*) nach Hause zurückkehrt. Die Novelle besteht also im wesentlichen aus einer Sequenz von Wechselfällen des Geschicks, die sich innerhalb des von den beiden Termen der konzessiven Relation – dem lexikalischen Gegensatzpaar *impoverito* vs *ricco* – gebildeten Rahmens abspielen.

Außer der Skizzierung des konzessiven Gesamtverlaufs der Handlung liefert uns die *Rubrica* noch eine weitere Instruktion: Die in dem kleinen Textstück enthaltenen Prädikationen, d.h. die finiten und infiniten Verbformen, können in ihrer Abfolge als klar abgegrenzte Stationen der Handlung verstanden werden. In diesem Sinne ergeben sich aus dem *Argomento* folgende Punkte eines Handlungsgerüsts:

Landolfo rufolo:
1) *im*poverito
2) divien corsale✓ *et*
3) da genovesi preso
4) rompe in mare *et*
5) sopra una cassetta di gioie carissime piena scampa *et*
6) *in* gurfo ricevuto da una femina
7) ricco si torna ad casa sua.

Diese sieben Sequenzen stellen nun nicht eine Abfolge von Handlungselementen gleichen Ranges dar, sondern sie werden durch eine Reihe syntaktischer Mittel, nämlich durch

– die einmalige Nennung des Subjekts, dem alle folgenden Prädikationen zugeschrieben sind,
– die Unterscheidung der Prädikationen nach dem morphosyntaktischen Status +/- *Finitheit* und
– die – zudem noch in sich weiter differenzierte – Verknüpfung mit der Konjunktion *et*,

in hierarchischer Weise einander zugeordnet. Aufgrund dieser grammatika-

---

[5] Zur Grundlage unserer Untersuchung, der Originalversion des Textes, vgl. Ed. Singleton 1974, 84–90, Ed. facs. Branca 1975, fol. 16vA – fol. 17vA.

lischen Präzisierung ergibt sich mithin bereits aus einer Analyse der syntaktischen Gestalt der *Rubrica* ein globales Schema der inhaltlichen Struktur der Novelle:

    A.   Landolfo rufolo
    B.   I.   1.   impoverito
               2.   divien corsale
                   – et –
        II.   1.   da genovesi preso
              2.   rompe in mare – et –
              3.   sopra una cassetta di gioie carissime piena scampa
                 – et –
        III. 1.   in gurfo ricevuto da una femina
              2.   ricco si torna ad casa sua.

Während die beiden Blöcke I und III jeweils aus einem zweigliedrigen Satzgefüge bestehen, das sich aus infiniter temporaler Protasis + finiter Apodosis zusammensetzt, enthält die Apodosis der mittleren Gruppe II zusätzlich eine zweite, mittels *et* beigeordnete Prädikation. Dieses *et* hat einen anderen Status als die beiden anderen *et*, die jeweils zwischen dem ersten und zweiten bzw. dem zweiten und dritten Satzgefüge stehen. Während die beiden *et* zwischen I und II bzw. II und III komplexe Sätze koordinieren, wird durch das *et* zwischen II.2 und II.3 lediglich ein einfacher Satz angebunden.

Bevor wir nun im einzelnen untersuchen, wie sich diese sieben – in drei Blöcken von 2–3–2 Einheiten geordneten – Sequenzen der von der *Rubrica* resümierten Handlung im konkreten Verlauf der objektiven Ereignisse entfalten und wie sich die so gegliederte Gesamtinformation des Textes auf die kommunikativen Segmente der einzelnen syntaktischen Einheiten in der Originalversion des Autors aufteilt, müssen wir zunächst – der philologischen Grundlegung unserer Arbeit gemäß – anhand der einzigen authentischen Quelle des *Decameron* das Corpus der Sätze des Textes II 4 erstellen.

9.1.2. Das satzsyntaktische Corpus

Der Text II 4 besteht im Autograph des *Codex Hamilton 90* aus insgesamt 19 mittels Majuskelsetzung abgegrenzten syntaktischen Einheiten. Die einzelnen Satzanfänge lauten:

    1   CRedesi che la marina da reggio ....
    2   Tralle quali cittadette ne una ....
    3   Costui adu*n*que si come usança..........
    4   Quivi co*n* quelle qualita medesime ....
    5   Et portando egli di questa cosa ....
    6   Al qual se*r*vigio gli fu molto piu ....
    7   Egli forse infra uno anno rubo ....
    8   Nel quale seno poco stante due ....
    9   Le genti delle quali veduto il ....

10	Il di seguente mutatosi il vento ....
11	Intra li quali il misero landolfo ....
12	Il quale veduto guardandosi egli ....
13	Ma come che il facto sandasse ....
14	Il di seguente appresso/ o piacer ....
15	La quale come vide costui ....
16	Questi no*n* potea favellare/ *et* ....
17	Costui che di cassa no*n* si ....
18	Ma si come colui che i*n* piccol ....
19	Quivi parendogli esser sicuro ....

9.1.3. Ordnung der Sätze

Aufgrund der für die Novelle gattungsspezifischen korrelativen Beziehung zwischen den erzählten Begebenheiten und den Gesetzen eines objektiven Ereignisverlaufs[6] dienen uns folgende sichtbare Anzeichen einer Zustandsveränderung als Kriterien der Gliederung der novellistischen Handlung:
– Veränderung der raum-zeitlichen Umstände;
– Wechsel in der Konstellation der Personen und Dinge.

Mit Hilfe dieses bei der Analyse der Falkennovelle bereits mit Erfolg eingesetzten Ansatzes wollen wir nun ebenso die inhaltliche Gliederung der Novelle II 4 erarbeiten, wobei wir einerseits von dem in Form einer einzigen Satzkonstruktion gelieferten Resümee der *Rubrica* als globalem Handlungsgerüst ausgehen können, andererseits aber darauf zu achten haben, wie sich die insgesamt 19 Segmente des satzsyntaktischen Corpus auf die einzelnen Sequenzen der Handlung verteilen.

A. Vorgeschichte (Satz 1 und 2)

In der aus zwei Sätzen bestehenden Exposition führt uns der Autor zur Costa amalfitana, in eines der dortigen Kaufmannsstädtchen namens Ravello (Satz 1). Dies ist die Heimat unseres Protagonisten, eines gewissen Landolfo Rufolo, von dem es – die folgenden Begebenheiten zur Hälfte vorwegnehmend – heißt, er habe mit einer einzigen Unternehmung seinen schon beträchtlichen Reichtum verdoppeln wollen und dabei nicht nur sein ganzes Hab und Gut, sondern beinahe auch sein Leben verloren (Satz 2).

B. Geschichte (Satz 3 bis 18)

Der Beginn des eigentlichen Geschehens wird von dem – neben der sonst üblichen Initialformel *advenne che* bisweilen als Anfangssignal verwendeten – Adverb *adunque* markiert (*Costui adunque ...*: Satz 3). Teilen wir nun die erzählten Ereignisse nach den Phasen des objektiven Handlungsverlaufs ein,

---

[6] Vgl. oben, Kap. 2, Anm. 1.

ergibt sich wiederum eine Gliederung des Geschehens in drei Akte, innerhalb derer sich des weiteren noch einzelne Szenen unterscheiden lassen:

I. Eine Seereise nach Zypern: Landolfo Rufolos Verarmung und neuer Reichtum (Satz 3 bis 7)

1. Handlungsreise von Ravello nach Zypern
In den beiden Sätzen 3 und 4 erfahren wir von den Vorbereitungen für eine Geschäftsreise nach Zypern (Satz 3), wo sich die von unserem Helden mitgebrachten Waren als Fehlinvestition erweisen. Landolfo Rufolo steht fast vor dem Ruin (Satz 4).

2. Binnen Jahresfrist: neuer Reichtum durch Piraterie
In seiner Verzweiflung entscheidet sich L. R. zur Seeräuberei (Satz 5). Er verkauft sein Handelsschiff und ersteht für den Erlös ein neues, kleineres – zum räuberischen Handwerk auf See taugliches – Fahrzeug (Satz 6). So gelangt er binnen eines Jahres zu neuem Reichtum, entscheidet sich zur Rückkehr in die Heimat, segelt los und wird unterwegs von einem widrigen Südwestwind gezwungen, in einem Meerbusen in der Nähe des »Archipels« Zuflucht zu suchen, wo er auf günstigeren Wind wartet (Satz 7).[7]

II. Gefangennahme, Schiffbruch und Kampf des auf den Wellen treibenden L. R. gegen eine Kiste (Satz 8 bis 13)

1. In der Bucht: Gefangennahme
An dem windgeschützten Platz finden sich derweil noch zwei genuesische Schiffe ein (Satz 8). Die Besatzung erkennt die Fregatte L. Rufolos, kapert sie, plündert sie aus und nimmt unseren Helden gefangen (Satz 9).

2. Am folgenden Tag – gegen Abend und in der Nacht: Schiffbruch
Das Schiff, auf dem sich Rufolo als Gefangener befindet, gerät bei Kephalonien in einen Sturm und zerschellt auf einer Sandbank (Satz 10). L. Rufolo treibt, festgeklammert an einer Planke, in dunkler Nacht auf sturmgepeitschtem Meer umher (Satz 11).

3. Am nächsten Morgen: Eine Kiste als neue Gefahr und zugleich Hilfe zur Rettung
Bei Anbruch des Tages entdeckt unser Held auf dem weiten Meer nichts als ein größeres Behältnis aus Holz, eine Art Truhe oder Kiste, die der Sturm immer wieder in bedrohliche Nähe treibt (Satz 12). Schließlich schleudert ein Wirbelwind auf die Planke, L. Rufolo geht unter, findet, als er wieder auftaucht, nur die Kiste als neuen Halt und treibt so weiter auf dem Meer während des ganzen Tages und auch noch die ganze folgende Nacht über (Satz 13).

III. Rettung und Rückkehr nach Italien (Satz 14 bis 18)

1. Am nächsten Tag: Rettung auf Korfu
Über die Kiste gebeugt, strandet unser Held schließlich am Ufer der Insel Korfu, wo ihn eine arme Frau findet (Satz 14). Diese läuft zunächst voll Schrecken davon (Satz 15). Als sie aber in der Gestalt auf der Truhe einen

---

[7] Dieses lange Segment – ebenso wie Satz 16 und Satz 18 – kennzeichnet sich durch extensive Anhäufung von Informationen. Zu diesem syntaktisch-kommunikativen Problem vgl. unten, 9.1.6.

Menschen erkennt, schafft sie – gemeinsam mit ihrer Tochter – unseren Helden samt der Kiste nach Hause, pflegt und bewirtet ihn einige Tage, bis er wieder zu Kräften kommt, und gibt ihm dann die Kiste wieder (Satz 16).

2. Neuer Reichtum und Rückkehr nach Italien

L. Rufolo öffnet die Truhe und findet sie vollgefüllt mit Edelsteinen (Satz 17). Er bittet die Frau um ein Säckchen, in dem er – durch sein vergangenes Geschick gewitzter geworden – möglichst unauffällig die Steine nach Hause schaffen will; danach verabschiedet er sich von seiner Retterin und kehrt über Brindisi und Trani, wo ihn befreundete Tuchhändler neu einkleiden und ihm ein Pferd leihen, schließlich in seine Heimatstadt Ravello zurück (Satz 18).

C. Nachgeschichte (Satz 19)

L. Rufolo, der sich bei näherer Prüfung des Wertes seines glücklichen Fundes doppelt so wohlhabend sieht wie am Anfang seiner abenteuerlichen Reise, schickt Geld als Dank an die Freunde in Trani und an die Frau auf Korfu, die ihn gerettet hat (Satz 19).

Die hier vorgeschlagene Gliederung des Handlungsverlaufs ist in dreifacher Weise abgesichert:
– Sie gründet im erzählten Geschehen selbst, d.h. in den markanten Punkten seiner raum-zeitlichen Entwicklung.
– Sie wiederholt – lediglich in ausführlicher Form – das aus den syntaktischen Strukturen der *Rubrica* ableitbare Grundgerüst des Ereignisverlaufs.
– Sie erlaubt uns, die aus den satzsyntaktischen Einheiten gebildeten kommunikativen Segmente der gesamten Handlung einzelnen Punkten der globalen Gliederung zuzuordnen.

Nun stellt sich die Frage, ob diese unsere Zuordnung und die dafür vorausgesetzte Identifizierung der Sätze als individualisierter Elemente des Textes jenseits ihrer immanenten interpretatorischen Plausibilität zugleich auch einer vom Autor beabsichtigten Ordnung entsprechen, und zwar – wie im Falle der Falkennovelle – einem *ordo*, der zahlenästhetischen Grundsätzen folgt, so daß hinter der Disposition der syntaktischen Einheiten wieder ein präzise nach den Prinzipien *Satz und Zahl* entworfener Bauplan stünde.

Bevor wir diese Frage nach unserem eigentlichen Ergebnis beantworten, sei noch kurz auf eine im obigen Überblick über die inhaltliche Gliederung an verschiedenen Stellen anzubringende Beobachtung hingewiesen. Manche der gemäß Boccaccios Majuskelsetzung abgrenzbaren Satzeinheiten des Textes II 4 (insbesondere die Sätze 7, 11 und 18) kennzeichnen sich durch eine beträchtliche Länge. Mittels der größeren Ausdehnung einzelner Sätze schafft sich der Autor die Möglichkeit, eine ganze Reihe aufeinanderfolgender Portionen des Handlungsverlaufs innerhalb der Grenzen einer einzigen syntaktischen Einheit unterzubringen. Ein solches syntaktisches Verfahren verleiht dem Duktus der Erzählung den Charakter einer starken Raffung. Bisweilen stellt sich sogar der Eindruck einer staccatohaften Akkumulierung von Informationen ein, die bei gesprochener Vermittlung des Textes dem Erzähler und seinen Zuhörern fast den Atem rauben würde. Dieses stilistische Merkmal und seine Wirkung sind sicherlich kein Zufall in der künstlerischen Darstellung eines erzählten Geschehens, das man in heutiger kinematographischer Analyse mit der typischen Handlung eines *action*-Films vergleichen könnte.

9.1.4. Syntaktisch-numerischer Bauplan

Die Zuordnung der einzelnen Satz-Einheiten zu den Punkten der Handlung ergibt in synoptischer Form folgendes Bild:

A			1	CRedesi che la marina da reggio ..
			2	Tralle quali cittadette ne una ......
B	I	1	3	Costui adunque si come usança....
			4	Quivi con quelle qualita medesime .
		2	5	Et portando egli di questa cosa ....
			6	Al qual servigio gli fu molto piu...
			7	Egli forse infra uno anno rubo ....
	II	1	8	Nel quale seno poco stante due ....
			9	Le genti delle quali veduto il......
		2	10	Il di seguente mutatosi il vento ....
			11	Intra li quali il misero landolfo ....
		3	12	Il quale veduto guardandosi egli ...
			13	Ma come che il facto sandasse ....
	III	1	14	Il di seguente appresso/ o piacer ...
			15	La quale come vide costui........
			16	Questi non potea favellare/ et .....
		2	17	Costui che di cassa non si ....
			18	Ma si come colui che in piccol ....
C			19	Quivi parendogli esser sicuro .....

In dieser den Hauptpunkten des Handlungsverlaufs entsprechenden Verteilung der Satz-Einheiten läßt sich folgende syntaktisch-numerische Ordnung erkennen:

Punkte der Gliederung			Anzahl der Sätze
A			2
B	I	1	2
		2	3
	II	1	2
		2	2
		3	2
	III	1	3
		2	2
C			1
Summe			19

Der zahlenästhetische Code des satzsyntaktischen Aufbaus der Novelle II 4 lautet also:

$2 - (2 - 3 - 2 - 2 - 2 - 3 - 2) - 1$.

Was die syntaktisch-numerische Gestaltung der eigentlichen Erzählung (ohne Vor- und ohne Nachgeschichte) angeht, stellen wir die Anwendung folgender – aus der Komposition der Falkennovelle bekannter – poetischer Grundsätze fest:

– Vor- und Nachgeschichte sind in numerischer Hinsicht disponible Größen, während der Hauptteil der Erzählung, die eigentliche Geschichte also, einem *a priori* festgelegten zahlenästhetischen Plan folgt.

– In der Mitte der inhaltlichen Gliederung befindet sich der dramatischste Punkt der Handlung: Der Schiffbruch – als Verlust aller Habe und als Gefahr für Leib und Leben – steht in scharfem Gegensatz zum Wohlstand am Anfang und zum doppelten Reichtum am Ende der Ereignisse. In Satz 11 ist – im Unterschied zu *ricchezza* in der Exposition und zu *doppio piu ricco* im Schlußsatz der Geschichte – von »il *misero* landolfo« die Rede.

– Die beiden Sätze, in denen der Schiffbruch und die Nacht nach der Katastrophe geschildert werden, stehen – der zentralen inhaltlichen Position entsprechend – außerdem in der Mitte einer numerischen Disposition der in Boccaccios Originalmanuskript als sprachliche Einheiten abgegrenzten Sätze. Diese Anordnung kann man – je nach Gruppierung der den einzelnen Teilen vor und nach der Mitte zugehörenden Sätze – in folgenden Varianten angeben:
1) mit den Einzelwerten für die Anzahl der Sätze in den jeweiligen Punkten der Handlung, d.h. mit folgender Zahlenreihe:
$2 - 3 - 2 - (2) - 2 - 3 - 2$;
2) mit den drei Summen, die sich aus der Anzahl der Sätze in den drei Hauptteilen des Geschehens bilden lassen:
$5 - (6) - 5$;

3) mit den Werten, die sich aus der Addition aller syntaktischen Einheiten vor und nach den beiden im Mittelpunkt stehenden Sätzen ergeben:
7 – (2) – 7 .

Die satzsyntaktische Komposition der Novelle II 4 folgt in jedem Fall dem zahlenästhetischen Gesetz der *aequalitas numerosa*. Sicherlich liefert aber die Summe aller Sätze vor und nach der inhaltlich und arithmetisch zentralen Szene das ästhetisch wichtigste Ergebnis. In der Zahlenreihe 7 – 2 – 7 taucht im übrigen wieder die Ziffer 7 auf, deren ordnende Funktion wir bereits in der Anzahl der Prädikationen der *Rubrica* (insgesamt 7) und in den entsprechenden Stadien des Ereignisverlaufs der Novelle II 4 bemerkt haben.[8]

Wenn wir nun die einzelnen Elemente unserer Rekonstruktion des syntaktisch-numerischen Kompositionsschemas der Novelle II 4 mit dem Bauplan der Falkennovelle vergleichen, bleibt noch die Frage, ob in der satzmäßigen und numerischen Abfolge und Anordnung der einzelnen kommunikativen Segmente des Textes auch die Präsenz der im Falle der Novelle V 9 von Boccaccio angewandten Prinzipien der Opposition und Spiegelbildlichkeit zu beobachten ist. Zu diesem Zweck stellen wir jede einzelne syntaktische Einheit vor dem Mittelpunkt jedem im gleichen Abstand nach der zentralen Gruppe B.II.2 stehenden Satz gegenüber. Auf diesem Wege können Inhalte und Formulierungen in den jeweiligen Satz-Paaren entdeckt werden, die zueinander in einem komplementären Verhältnis stehen. Wenn wir das Ergebnis dieser Kollationierung, das auf der folgenden Seite mit dem abschließenden Schema des syntaktisch-numerischen Bauplans zusammengefaßt wird, näher betrachten, stellen wir fest, daß bis auf das Satzpaar 6:15 alle anderen numerisch korrespondierenden syntaktischen Einheiten *in toto* oder *in parte* Inhalte mitteilen, die sich als Antithesen, bzw. im Satzpaar 2:19 als Ähnlichkeiten, auffassen lassen. Der syntaktisch-numerische Bauplan offenbart also wieder das innerste ästhetische Prinzip der Komposition: Die einzelnen Sätze stehen zueinander in paradigmatischer Beziehung, und die entsprechenden Satzpaare sind axialsymmetrisch um den novellistischen Wendepunkt angeordnet.

Wir fassen zusammen: Auch der Novelle II 4 liegt, wie der Falkennovelle, eine nach dem Grundsatz *syntaktische Einheit ≙ arithmetische Größe* erdachte Tektonik zugrunde. Das inhaltliche und numerische Zentrum der Komposition enthält eine Mitteilung, die zum Anfang und zum Ende der erzählten Begebenheit in Opposition steht, und die einzelnen um die Mitte herum gruppierten kommunikativen Einheiten sind zum größten Teil nach einer Technik angeordnet, die wir als konzentrisch-antithetische Disposition, als Axialsymmetrie, bezeichnen können.

---

[8] Zur kompositorisch-inhaltlichen Bedeutung der Zahl 7 im allgemeinen vgl. oben, Kap. 8, Anm. 4, und unten, Kap. 10, Anm. 32.

Syntaktisch-numerischer Bauplan der Novelle II 4

A. Vorgeschichte

1 Die Costa amalfitana und ihre Handelsstädte

2 In einer dieser Städte, Ravello, lebte ehemals der Kaufmann Landolfo Rufolo, der durch seinen Wunsch, *seinen Reichtum zu verdoppeln*, beinahe sein Leben lassen mußte

B. Geschichte

3 Abfahrt von Ravello nach Zypern

4 Unvermutete Verarmung: Die von L.R. mitgeführten Waren erweisen sich als Fehlinvestition

5 Verbrechen: L.R. entscheidet sich zur Seeräuberei

6 –

7 Sturm: L.R. sucht Zuflucht in einem Meerbusen

8 Gefahr und Niederlage: Genueser kapern sein Schiff
9 und nehmen ihn gefangen

10 Neuer Sturm: Schiffbruch am Abend

11 Die ganze Nacht: L.R. treibt auf einer Planke im Meer

12 Gefahr und Überwindung der Gefahr: L.R. rettet sich
13 auf einer Kiste, die ihn von der Planke geworfen hat

14 Nach dem Sturm: L.R. strandet am Ufer von Korfu

15 –

16 Barmherzigkeit: eine arme Frau pflegt und bewirtet L.R.

17 Unvermuteter Reichtum: die Kiste, auf der L.R. sich gerettet hat, enthält lauter Edelsteine

18 Rückkehr von Korfu nach Ravello

19 Aufgrund des Wertes der Pretiosen ist L.R. jetzt tatsächlich *doppelt so reich* wie vor der langen Reise; er schickt Dankesgeschenke an Retter und Helfer

C. Nachgeschichte

Dieses Ergebnis führt zu einer weiteren Bemerkung, die sich auf die am Beginn der Falkennovelle zu findende künstlerische Selbstbeurteilung Boccaccios bezieht. Der Bauplan der Novelle II 4 beweist, daß novellentypologisch unterschiedliche Texte des *Decameron* (wie V 9 *vs* II 4) offenbar nicht nach prinzipiell verschiedenen, sondern nach allenfalls im Detail variierenden und in der ästhetischen Ausarbeitung lediglich graduell differierenden Kompositionsentwürfen, d.h. mit mehr oder weniger *ordine* zwar, aber nie ohne *ordine* (im Sinne von *ordo* = zahlenmäßige Ordnung), verfertigt sind.

9.1.5. Der »Falke« in der Novelle II 4

In Anlehnung an die traditionelle Falkentheorie[9] stellt der aus der Novelle V 9 deduzierte »Falke« in unserer syntaktisch-numerisch begründeten Neuauflage dieses kritischen Konzepts ein zentrales Axiom dar. Unser entsprechender hermeneutischer Leitsatz besagt, daß die Komposition jeder beliebigen Novelle des *Decameron* – wie es am Vorbild der Falkennovelle nachgewiesen werden konnte – nach einer im vorhinein entworfenen satz- und textsyntaktischen Anleitung ausgeführt worden ist und daß die Baupläne jeweils von einem inhaltlich und arithmetisch herausgehobenen, vornehmlich im Zentrum lokalisierten Fluchtpunkt aus gezeichnet sind. In der Falkennovelle wird dieser entscheidende Punkt – wie wir gesehen haben – durch Inhalt und Position desjenigen Satzes bestimmt, in dem uns der Tod des Falken mitgeteilt wird.

In ähnlicher Weise ausschlaggebend für die inhaltliche und numerische Anlage des Textes sind in der Novelle II 4 die beiden Sätze, in denen der Schiffbruch und die Nacht danach beschrieben werden (Satz 10 und 11). Die hier geschilderte Szene – insbesondere die bangen Stunden unseres Helden, der nach der Katastrophe in dunkler Nacht allein auf hoher See, sich an einer Planke festklammernd, von sturmgepeitschten Wellen hin- und hergetrieben wird – ist ein Bild, das in emblematischer Weise die Aussage der ganzen Novelle (wie im übrigen die Botschaft des gesamten zweiten Tages) verdeutlicht: Landolfo Rufolo – ein Spielball der Wellen – stellt den von einem launischen Geschick gebeutelten Menschen schlechthin dar. Von diesem zentralen Gedanken wird zwar – was sich anhand der engen Verwandtschaft der Ideen des Zufalls, der Konzessivität und der »unerhörten Begebenheit« nachweisen läßt[10] – im Grunde das ganze *Decameron* bestimmt; aber das Motiv des zufälligen Ereignisses wird an kaum einer Stelle des Erzählwerks so explizit thematisiert wie im *Argomento* des zweiten Tages.

Der »Falke« der Novelle II 4, also das »Spezifische, das diese Geschichte von tausend anderen unterscheidet«[11], liegt hier – zusammen mit der arithme-

---

[9] Vgl. das Motto der vorliegenden Arbeit. Außerdem vgl. oben, Kap. 1 (speziell 1.1.).

[10] Vgl. oben, Kap. 4 (speziell 4.1.3.).

[11] P. Heyse: vgl. das Motto der vorliegenden Arbeit, außerdem Kap. 1, Anm. 2.

tischen Zentrierung – in der stofflichen Entscheidung Boccaccios: Die Idee des unberechenbaren Zufalls wird in diesem Text mit dem Beispiel des wechselhaften Geschicks eines für seine Geschäfte nach Übersee fahrenden Kaufmannes konkretisiert, eines Menschen also, dessen Glück oder Ruin aus beruflichen Gründen in besonderer Weise von günstigem »Wind« abhängt. Der Schiffbruch wird so zum Zeichen für die Unwägbarkeiten menschlicher Existenz.

Der Schiffbruch im Leben des Landolfo Rufolo ist – im Zentrum seiner Erlebnisse – genau wie die Tötung des Falken für Federigo degli Alberighi jener Punkt in der Handlung, wo das böse Ende unausweichlich scheint, wo sich aber in Wirklichkeit – im Tieckschen Sinne – die Wendung der Geschichte vollzieht. Im Gegensatz zum Tage seiner Gefangennahme, die ihn in tiefe Verzweiflung gestürzt hatte, spürt L. Rufolo in dieser ärgsten Bedrängnis zugleich, daß er sich nicht aufgeben will, weil ihm der Gedanke an den Tod Angst bereitet:

> ... il misero landolfo *ancora che molte volte il di davanti la morte chiamata avesse seco eleggendo di volerla piu tosto che di tornare ad casa sua povero come si vedea vedendola presta nebbe paura* et ... venutagli alle mani una tavola ad quella sappicco se forse idio indugiando se egli laffogare gli mandasse qualche aiuto allo scampo suo ... (Satz 11).

In syntaktischer Hinsicht ist anzumerken, daß auch dieser zentrale Satz – der *con tuttto che*-Periode im Mittelpunkt der Falkennovelle vergleichbar – als hypotaktische Konzessivverknüpfung (*ancora che* ...) formuliert ist. Die in der Apodosis dieses Konzessivsatzes stehende rhematische Information bildet den Ausgangspunkt für den nun beginnenden Aufstieg zum glücklichen Ende. Aus der dort erwähnten Angst vor dem Tode erwächst nämlich jetzt ein neuer Lebensmut, der unserem Helden die Kraft verleiht, sich als Individuum gegen die Übermacht des Schicksals aufzurichten.[12] Dieser neue Lebensmut muß sich gleich im nächsten Augenblick bereits bewähren, als ihm Fortuna – in Form der Kiste – noch einmal gezielt nach dem Leben trachtet. Und auch in diesem Kampf muß er noch einmal eine Niederlage erleiden: Die schwere Truhe schleudert ihn von seiner Planke. Als er wieder auftaucht, bleibt ihm nichts anderes übrig, als sich auf der Holzkiste selbst in Sicherheit zu bringen. Nach dieser ihn völlig erschöpfenden Kraftanstrengung läßt er sich, über die Truhe gebeugt, von den Wellen treiben, nicht ahnend, daß es Moira in ihrer Ironie gefallen hat, ihm gerade auf diesem – konzessiven – Wege seinen neuen Reichtum buchstäblich in die Arme zu treiben.

Die Parallelen zur Falkennovelle liegen auf der Hand: L. Rufolos Schatztruhe entspricht Federigos und Giovannas gemeinsamem Falkenmahl, d. h.

---

[12] Zur Bewertung des Individuums und seines freien Willens im Kampf gegen Zufall und Schicksal und zur Relevanz des entsprechenden Ansatzes für die Deutung des *Decameron* vgl. besonders Neuschäfer 1969. Außerdem siehe noch oben, Kap. 1 (speziell 1.2.13.).

dem Augenblick, in dem die Wende – durch die vom Falkenmahl symbolisierte erste Stufe der späteren Vereinigung – schon Wirklichkeit geworden ist, zumindest aus der Sicht des glücklichen Endes. Der eigentliche Wendepunkt liegt jeweils in der unmittelbar davorliegenden Szene: Wie in der Falkennovelle die Tötung des Falken die erste Voraussetzung für die spätere Meinungsänderung Giovannas bildet, so erweist sich in der Novelle II 4 der Schiffbruch – d. h. der schlimmste Tiefpunkt im Leben des Kaufmanns Landolfo Rufolo – schließlich als Punkt vor einem neuen Aufstieg ins Glück.

Die Botschaft einer Erzählung solcher Erlebnisse ist eindeutig: Das menschliche Leben verläuft nicht nach unseren Planungen[13], sondern meist nach den dem Schema der negierten Implikation gehorchenden Unwägbarkeiten: Jedes Geschehen kann sich jederzeit in konzessiver Weise vom Vorhergesehenen zum Unerwarteten wenden.[14] Dies ist also der »Falke« der Novelle II 4: Der Text besitzt einen eindeutigen inhaltlichen Kern, der sich im Bild des Schiffbruchs in emblematischer Weise verdeutlicht. Die zentrale Szene der Handlung bildet zugleich den Angelpunkt der satzsyntaktisch-zahlenästhetischen Tektonik des Textes. Wie in der Falkennovelle gehören auch in diesem weiteren Beispiel beide Elemente als Bestandteile unserer linguistisch begründeten Neuauflage der Falkentheorie zusammen. Die inhaltlichen Strukturen der Erzählungen Boccaccios erfahren erst in der syntaktisch-numerischen Durchgestaltung des jeweiligen Textes ihre eigentliche ästhetische Entfaltung.

9.1.6. Schwächen des »Falken«

Die Perfektion der Baupläne, die Boccaccio für seine Novellen *a priori* entworfen hat, darf nicht darüber hinwegtäuschen, daß unser Autor für die konkrete Durchführung seiner syntaktisch-numerischen Kompositionstechnik bisweilen seinen Preis zahlen muß. Wir haben oben bereits die z.T. extensive Länge mancher Sätze angesprochen und dabei diese syntaktisch-stilistische Entscheidung Boccaccios im Falle der Novelle II 4 so gedeutet, daß die gedrängte Akkumulierung von Informationen innerhalb einer Satzgrenze dem Duktus des gesamten Textes das Kennzeichen einer gewissen Raffung verleiht. Dieses Charakteristikum steht zweifellos im Einklang mit dem bisweilen schwindelerregenden Strudel der Ereignisse, ja man könnte sogar umgekehrt sagen, daß dieser Effekt erst eigentlich durch das syntaktische Mittel der Satzbildung erzielt wird. In manchen Sätzen kümmert sich Boccaccio nun allerdings so wenig um das Bedürfnis des Lesers, beim Lesen,

---

[13] Was aber den Helden der Novelle II 4 nicht daran hindert, immer wieder aufs neue seine Handlungen vorausschauend zu durchdenken. Vgl. dazu Baratto 1970/²1974, 140f.
[14] Vgl. oben, 4.1.1.

speziell beim Vorlesen[15], Pausen einzulegen, daß sich die Vermutung aufdrängt, er habe hier bei der Verwirklichung seines Kompositionsschemas gewisse Schwierigkeiten gehabt. So wie mancher Versdichter, auch ein großer Poet, immer wieder einmal in Reimnot geraten kann, so scheint Boccaccio bisweilen die metrischen Gesetze seiner Prosa etwas zurechtgebogen zu haben. Um den einmal erstellten syntaktisch-numerischen Entwurf einer Novelle nicht zu gefährden, d.h., um die geplante *numerositas*-Position und die gewünschten axialsymmetrischen Bezüge der einzelnen Sätze zu gewährleisten, hat er manchmal zu dem zwiespältigen Mittel gegriffen, die syntaktischen Segmente über Gebühr zu längen, um so die Handlung in manchen Sätzen bis zu einem bestimmten Punkt voranzutreiben.

Das unterschiedliche Gelingen der Verteilung und Anordnung der Sätze in diesem oder jenem Bauplan stellt offensichtlich auch für Boccaccio selbst einen poetischen Qualitätsmaßstab für die Beurteilung der einzelnen Texte dar. Nach unseren bisherigen Erkenntnissen erscheint es nämlich nicht abwegig, anzunehmen, daß der Autor des *Decameron* mit dem am Anfang der Novelle V 9 gegebenen Hinweis auf den diesen Text auszeichnenden *maggior ordine* genau das hier betrachtete Problem seiner Prosadichtkunst angesprochen hat und daß er mit seinem Urteil die Falkennovelle – zu Recht – als vollendete Realisierung seiner syntaktisch-numerischen Technik werten wollte, während, an diesem Maßstab gemessen, etwa der Text II 4 zweifellos seine schwachen Stellen hat.

9.2. Novelle VI 6:
Syntax und Poetik in einem problematischen Fall der Gattung

Um unsere Interpretationsmethode auf eine ganz andere Probe zu stellen, soll jetzt nach der typischen Ereignisnovelle II 4 einer jener nicht wenigen Texte des *Decameron* ausgewählt werden, in denen sich die »novella« nicht in einer objektiven Begebenheit, sondern in einem Sprechakt realisiert (einer *pronta risposta*, einem *bel detto, leggiadro motto, piacevole argomento* u.ä., wie Boccaccio selbst diese Erzählungen zu charakterisieren pflegt).

Diesen Novellentyp, der im I. Tag und – laut expliziter Thematisierung – besonders im VI. Tag vorkommt, haben die novellentheoretischen Skeptizisten immer wieder als Beweis für ihre Überzeugung angeführt, daß es schon beim italienischen Ahnvater der abendländischen Novelle keine Einheit der Gattung gegeben habe.[16]

Unsere linguistische Definition *Novelle* ≙ *konzessive Relation* erlaubt uns hingegen, alle Novellen Boccaccios einem einzigen Begriff unterzuordnen,

---

[15] Man denke hier an die zeitgenössische Praxis der Textvermittlung!
[16] Vgl. oben, 4.1. (speziell 4.1.3.).

also so etwas wie ein einheitliches Modell, eine zumindest für Boccaccio gültige »Urform« des Novellenerzählens zu postulieren. Bei aller Individualität der einzelnen dichterischen Verwirklichungen taucht in den konkreten Texten immer wieder ein spezifischer Typ menschlicher Erfahrung auf, nämlich: *Wider Erwarten nicht (p → q), sondern (p → NEG-q)*. Dies ist jenes schmerzliche oder angenehme Überraschung hervorrufende Erlebnis, das sich immer dann einstellt, wenn unsere Vorstellungen von den Normen, Regeln, Kausalbezügen in den Tatbeständen und Ereignissen der Objektwelt sowie in den Verhaltensweisen und sprachlichen Äußerungen der Mitmenschen von der Begegnung mit dem Unerwarteten durchkreuzt werden. Dieses Spannungsverhältnis aus *antecedens* und *negiertem consequens*, aus *datum* und unvermutetem *novum*, aus *inganno* und *disinganno* produziert die Stoffe, aus denen Novellenliteratur verfertigt ist.

Bei dieser menschlichen Urerfahrung muß nicht unbedingt eine objektive Begebenheit vorliegen, sondern lediglich ganz allgemein ein Erlebnis, das vor dem Hintergrund individueller und kollektiver Weltsicht sowie aufgrund der jeweiligen Lebensumstände, ideologisch-kulturellen Voraussetzungen, sozialen Gewohnheiten, sprachlichen Normen usw. als *unerwartet* gelten kann. Das Element, das unser Aufmerken erregt[17], braucht also keineswegs – genau im Sinne der Praxis des Novellenerzählens, wie wir es bei Boccaccio vorfinden – ein tatsächliches Ereignis zu sein; auch eine bestimmte sprachliche Äußerung, ein Sprechakt, kann das abstrakte Schema der negierten Implikation – d.h. ein konzessives Verhältnis – realisieren und so Verwunderung hervorrufen sowie eine Spannung zur Lösung bringen. In diesem Sinne wird im *bel detto, leggiadro motto, piacevole argomento,* in einer *pronta risposta,* welche den Stoff der meisten Novellen der Tage I und VI ausmachen, die Sprache selbst – die elegante, raffinierte, pointierte Sprache der zehn Florentiner Erzähler, in der sie die Figuren ihrer Imagination Un-erhörtes sagen lassen – zum unerwarteten, Aufmerken provozierenden »Ereignis«. Und zwar sowohl für die Personen in den Novellen, an die sich die geschliffene Rede oder der verbal ausgedrückte Einfall richtet, als auch – natürlich – für die vornehme *brigata* und den heutigen Leser.

Die Variationen des Novellenerzählens im *Decameron* sind mithin nicht nur kein Beweis für die angebliche Heterogenität der Gattung, sondern sie entsprechen im Gegenteil gattungskonformen, ja sogar gattungsinhärenten

---

[17] Zu diesem zentralen Bestandteil der Gattung Novelle vgl. folgende – von keinem Geringeren als G. W. Leibniz stammende – Analyse der konzessiven Relation: »Quamquam magister est diligens, discipulus tamen est ignarus: Cujus sensus est: Magister est diligens, unde videtur sequi quod discipulus non est ignarus, sed falsa est consequentia, quia discipulus est ignarus. Vel generalius: Magister est doctus et m e r e t u r c o n s i d e r a r i quod simul discipulus est ignarus« (G.W. Leibniz, *Analysis particularum,* zit. bei König/Eisenberg 1984, 313). Konzessive Syntax ebenso wie novellistisches Erzählen haben es also mit dem *Aufmerken erregenden Fall* zu tun. Vgl. oben, 5.1., Anm. 9.

Diskursstrategien des Autors. Mit seinen formalen »Innovationen« versucht er immer wieder aufs neue, der Banalisierung seines poetischen Modells zu entrinnen. Solche Relativierungen des Ausgangskonzepts vermögen aber keineswegs die in der abstrakten Struktur der konzessiven Relation begründete Einheit der Novelle Boccaccios zu beeinträchtigen, sondern sie sind vielmehr einerseits unmittelbare Emanationen und andererseits notwendige Garanten seines ästhetischen Axioms.

Dieser im syntaktischen Konzept der Konzessivität besonders prägnant erkennbare Grundsatz verlangt aus seinem innersten Sinn heraus, jede Form von Regelbildung immer wieder auf einer neuen Ebene durch neue Verstöße und Abweichungen zu durchkreuzen. In der Forschung wurde schon von verschiedenen Seiten die Beobachtung im einzelnen beschrieben, daß innerhalb des *Decameron* ein komplexes System von Regel-Ausnahme-Beziehungen besteht. In diesem System bilden bestimmte gleichartige Ausnahmen wieder Regeln, die ihrerseits durch neue Ausnahmen durchbrochen werden (vgl. die werkimmanente Rolle des IV. Tages, außerdem die Funktion des Erzählers *Dioneo*, des »schwarzen Raben unter weißen Tauben«[18]). Jedes andere Verfahren würde zur Sterilität bzw. – in der Geschichte der Gattung – zu unpoetischem Epigonentum führen (was bekanntlich geschehen ist). Das Beispiel Boccaccio lehrt, daß alles, was sich gute Novellenautoren, wollen sie der Gefahr der Entwertung ihrer Dichtung entgehen, an Varianten des kanonischen Prinzips der Gattung ausdenken, als Bestätigung des innersten Begriffs der Novelle gedeutet und aus diesem selbst heraus begriffen werden kann. Wenn, ein halbes Jahrtausend später, ein Theodor Storm – sei es aus Verzweiflung über eine abgewirtschaftete Dichtungsform oder sei es voller Befriedigung über einen neuen zündenden Gedanken zu deren Erneuerung – eines Tages verkündet, er wolle »den Boccaccio'schen Falken ... unbekümmert fliegen«[19] lassen, dann hat er, sobald solch ein Gedanke in die dichterische Tat umgesetzt und diese dann »Novelle« genannt wird, ein neues Stadium der Gattungsgeschichte erreicht: er hat etablierte Erwartungshaltungen durchkreuzt. Ein wahrer Künstler kann sich, wenn er eine Novelle zu schreiben beabsichtigt, solange Ruhe nicht geben, bis er auf die gattungsspezifische Ausgangsfrage *Quid novi?* eine neue, originelle Antwort gefunden hat, auf welcher Ebene des Textes auch immer er dann für dieses konzessive *novum* eine Verwirklichung finden mag.[20]

---

[18] Vgl. *Dec.* IX 10, 3.
[19] Vgl. P. Goldammer (Hg.), *Der Briefwechsel zwischen Theodor Storm und Gottfried Keller*, Berlin 1960, 141.
[20] Ein klassischer Reformator der Gattung ist z.B. Cervantes, dessen Poetik der *Novelas Ejemplares* die Modelle seines großen italienischen Vorgängers förmlich auf den Kopf stellt, ein Ergebnis, das sich auch anhand der Syntax der Prosasprache des spanischen Autors nachweisen läßt. Auf einzelne Beobachtungen kann an dieser Stelle nicht eingegangen werden.

Unsere syntaktisch inspirierten Überlegungen zur Gattungstheorie der Novelle geben uns im übrigen die Möglichkeit, die kontroversen Positionen im bekannten Streit »der« Germanisten und »der« Romanisten in einem neuen Licht zu sehen. Die Ablehnung der Bestimmbarkeit irgendeiner gattungsspezifischen Konstante, wie sie auf der einen Seite unter anderen insbesondere Walter Pabst[21] mit guten historischen Argumenten verfochten hat, ist sicherlich zutreffend in dem Sinne, daß sich die geschichtlich vorliegenden Novellen in der Tat von Autor zu Autor und von Epoche zu Epoche so erheblich voneinander unterscheiden, daß jeder Versuch, die Idee der Einheit der Gattung mittels eines einfachen Querschnitts zu retten, zwangsläufig scheitern muß. Wie intelligent und gut dokumentiert nun aber die von Pabst angeführten Gründe für die These der prinzipiellen Wandelbarkeit und angeblichen Unabgrenzbarkeit der Gattung auch sein mögen, seine Konklusion, es gebe allein Novellen im Plural und die Novelle *tout court* sei nur eine Chimäre verbohrter Gattungstheoretiker, ist ein voreiliger Trugschluß. Allein schon die Frage, welchen Grund die Treue der großen Novellenerzähler zum traditionellen Terminus haben könnte, hätte Pabst nachdenklich machen müssen.

Auf der anderen Seite ist seine Polemik gegen die über Jahrzehnte eigentlich auf der Stelle tretende gattungstheoretische Debatte, wie sie insbesondere in der deutschen Germanistik geführt worden ist, nicht ohne Berechtigung. Obgleich die Position dieser Forscher sicherlich auf einer richtigen Prämisse beruht, nämlich auf der Überzeugung, daß an den kongenialen Boccaccio-Deutungen und den daraus abgeleiteten Theoremen der Schlegel, Tieck und Heyse wohl irgendetwas Ahnungsvoll-Richtiges sein mußte, ist andererseits der doch irritierende – die Idee der Homogenität der Gattung beeinträchtigende – Befund des formalen Wandels der Novellenliteratur nie fundiert genug diskutiert worden.

Aus der Sicht unseres syntaktischen Ansatzes lassen sich beide Positionen, das Konzept der Einheit der Gattung und die Beobachtung ihrer faktischen Heterogenität, miteinander versöhnen. Zunächst einmal bewegt sich die Variation der Novellen des *Decameron* genau im Rahmen der pragmatischen Typologie konzessiver Relationen, die sich in zwei Formen realisieren:
– als Verknüpfung von Tatbeständen, d.h. von ausgesagten Dingen, oder aber
– als Verbindung von Aussagen.[22]

Der erste Typ, den man objektive Konzessivität nennen kann, entspricht *mutatis mutandis* der klassischen Ereignisnovelle, während sich dem zweiten Typ, den man als diskursive Konzessivität bezeichnen kann, jene Erzählungen Boccaccios zuordnen lassen, in denen das unerwartete Ende in einem *bel*

---

[21] Pabst 1949 und Pabst 1953.
[22] Vgl. oben, 4.1.1. und 4.1.3.

detto, einer *pronta risposta*, einem *piacevole argomento* oder einem *leggiadro motto*, kurz: in den Sprechhandlungen selbst, besteht. Des weiteren sind alle im Laufe der Gattungsgeschichte sich vollziehenden Wandlungen der narrativen Technik letztlich auf ein Ziel gerichtet, das der Idee der Konzessivität in ihrem innersten Wesen entspricht: Es geht auch bei den Innovationen der novellistischen Gattung in der Regel um die Durchkreuzung etablierter Erwartungshaltungen. In dieser funktionellen Ausweitung des Konzepts der Konzessivität entspricht allerdings die Gattung *Novelle* nur in besonders ausgeprägter Weise einem generellen ästhetischen Erfordernis literarischer Kunst und des künstlerischen Schaffens überhaupt. In diesem weiteren und im engeren Sinne läßt die strukturelle Identifikation der Novelle mit der Konzessivität jedenfalls den Schluß zu, daß alle Realisierungsmodi der Gattung auf eine gleichzeitig deren Einheit stiftende, gemeinsame Absicht der Autoren zurückzuführen sind, und zwar auf den künstlerischen Drang, die für die Novelle konstitutive Frage *Quid novi?* auch in der ästhetischen Konzeption mit immer neuen kompositorischen, sozusagen mit »novellistischen« Einfällen zu beantworten. In den letzten Jahrzehnten hat eine soziologisch inspirierte Methode in der Literaturwissenschaft überzeugend nachgewiesen, daß – von der Entstehung und der Geschichte der Gattung her – deren Telos in der gelungenen Unterhaltung einer galanten Gesellschaft liegt. Diesem rezeptionsästhetisch begründeten Hauptzweck konnte die Novelle nur mit einem entsprechenden innovatorischen Wandel gerecht werden, mit einer Variation, die so weit gehen kann, daß das textinterne Schema der Konzessivität auch auf das Bezugssystem *Autor-Leser* übertragen wird.

Diese ergänzenden gattungstheoretischen Erläuterungen waren notwendig, um zu zeigen, daß der im folgenden interpretierte Text des *Decameron,* die 6. Novelle des VI. Tages, nicht aus dem Rahmen des Genres herausfällt, obwohl hier von einem objektiven, faktischen Ereignis nicht die Rede sein kann, sondern die Relation der negierten Implikation sich in einem Überraschung auslösenden *piacevole argomento* (VI 6: Satz 18) konkretisiert.

Wichtiger indes als die gerade besprochenen und aus unserer syntaktischen Sicht ergänzten Bemühungen um eine inhaltliche Definition der Gattung ist allerdings für uns die Frage, ob Boccaccio in allen *cento novelle*, wenn sie schon einem theoretisch einheitlichen Konzept untergeordnet werden können, auch ein durchgehendes Prinzip formaler Gestaltung befolgt hat. Mit anderen Worten: Gilt der Grundsatz syntaktisch-numerischer Tektonik für das gesamte Erzählwerk? Oder konkreter: Läßt sich aus der textuellen Oberfläche einer Novelle des Typs VI 6 ebenfalls ein präzise nach dem Gesetz *Satz* ≙ *Zahl* entworfener geheimer Bauplan rekonstruieren?

In der nun folgenden Interpretation der Novelle VI 6 verfahren wir wieder gemäß den am Anfang des 9. Kapitels genannten vier Schritten unserer Methode.

9.2.1. Syntaktische Strukturen des Inhalts[23]

Wie im Falle mehrerer anderer Novellen, deren textuelles *novum* in einem Überraschung auslösenden Sprechakt (*pronta risposta* usw.) besteht, bezieht Boccaccio auch für die Erzählung VI 6 seinen Stoff aus zeitgenössischen Florentiner Stadtwitzen und Anekdoten. Durch diese Motivwahl ergibt sich für die zehn textimmanenten Erzähler des *Decameron* bisweilen die Möglichkeit, bestimmte stadtbekannte Fakten und Nachrichten einfach vorauszusetzen. So muß man, wenn man das *Argomento* der Novelle VI 6 richtig verstehen will, wissen, daß die einzelnen Mitglieder einer Florentiner Adelsfamilie namens Baronci nicht mit der üblichen Schönheit blaublütiger Menschen gesegnet waren. Erst wenn man diese für den heutigen Leser keineswegs selbstverständliche Hintergrundinformation beachtet, läßt sich aus dem von der *Rubrica* gebotenen Resümee die syntaktische Makrostruktur des gesamten Textes erkennen:

> Pruova michele scalza ad certi giovani come i baronci sono i piu gentili huomini del mondo o di maremma *et* vince una cena.

Die Formulierung läßt folgende konzessive Relation erkennen, deren Protasis allerdings aus den oben genannten Gründen unausgesprochen bleibt:

> *Obwohl* die Baronci eine wenig vornehm ausschauende Adelsfamilie sind, tritt ein gewisser Michele Scalza einigen Florentiner Bekannten gegenüber den Beweis an, daß sie angeblich *doch* die vornehmsten Leute der Welt oder zumindest der Maremma seien.

Die Novelle besteht also, was die sie tragende Struktur angeht, aus einer sprachlich vermittelten Beweisführung, bei der das Gegenteil dessen, was jeder weiß und für wahr hält (= die Häßlichkeit der Baronci), bewiesen werden soll (nämlich deren vornehmes Alter und adeliges Aussehen). Die in dieser abstrakten Formulierung deutlich werdende Kollision von Wahrheitswerten ist ein semantisches Typicum konzessiver Syntax überhaupt. Als Verbindung eigentlich unvereinbarer Wahrheiten wird die konzessive Verknüpfung bereits in einem aus dem 12. Jahrhundert stammenden Logiktraktat, genannt *Introductiones montane minores*, definiert:

> Nunc dicendum est de illis propositionibus que exigunt utramque partem esse veram.[24]

---

[23] Grundlage der folgenden Interpretation ist wieder die Originalversion des Textes aus Boccaccios Autograph: Ed. Singleton 1974, 423–426; Ed. facs. Branca 1975, fol. 75rB – fol. 75vA. Hilfreiche Hinweise zur Deutung der Novelle VI 6 finden sich bei Getto 1957/³1972, 153ff.; Baratto 1970/²1974, 335–337; G. Bosetti, »Analyse *structurale* de la sixième journée du *Décaméron*«, in *Studi sul Boccaccio* 7 (1973) 141–158 (speziell 152f.); L. Cuomo, »Sillogizzare motteggiando e motteggiare sillogizzando: dal *Novellino* alla VIa giornata del *Decameron*«, in *Studi sul Boccaccio* 13 (1981–82) 217–265 (speziell: 252–257).

[24] *Introductiones montane minores*, in L. M. de Rijk (Hg.), *Logica modernorum. A*

Im übrigen stellt die natürlich mit komischer Absicht geführte paradoxe Beweisführung des Protagonisten der Novelle VI 6 eine konzessive Relation dar, die sich – anders als die unerhörten Begebenheiten im Geschick des Landolfo Rufolo – nicht auf der Ebene objektiver Ereignishaftigkeit, sondern als sprachliche Handlung manifestiert. Die beiden Novellen, die wir hier im 9. Kapitel behandeln, realisieren mithin genau die beiden von uns abgegrenzten grundlegenden pragmatischen Typen konzessiver Syntax[25], nämlich einerseits eine Relation objektiver Konzessivität, d.h. eine konzessive Beziehung zwischen Tatbeständen auf der Ebene der ausgesagten Dinge im Falle der Novelle II 4, und andererseits, in der Novelle VI 6, eine Relation diskursiver Konzessivität, d.h. ein konzessives Verhältnis auf der Ebene der Aussagen, der Sprechakte.

Zusätzlich zu der in der Demonstration des Unwahren als Wahrheit liegenden konzessiven Anlage des Textes VI 6 verrät uns die *Rubrica* noch, daß es bei dem als Spiel geführten Streitgespräch zwischen Michele Scalza und seinen Florentiner Gesprächspartnern um einen Wetteinsatz geht: ein Abendessen, das Scalza als Belohnung für seine als Beitrag zur allgemeinen Erheiterung akzeptierte Beweisführung ausgegeben bekommt (*et vince una cena*).

Nachdem wir anhand einer Analyse des in die Form eines einzign Satzes gekleideten Resümees der Novelle VI 6 die vom Autor dem Text zugrunde gelegte syntaktische Makrostruktur erkannt haben, können wir unsere beiden nächsten Schritte durchführen, nämlich
– eine Übersicht über das Corpus aller Sätze gemäß der vom Autor selbst in seinem Originalmanuskript vorgenommenen satzmäßigen Segmentierung des Textes erstellen und außerdem
– klären, wie sich die im satzsyntaktischen Corpus enthaltenen Sätze auf die im Handlungsverlauf gründenden Hauptpunkte des Inhalts verteilen.

9.2.2. Das satzsyntaktische Corpus

Mit Hilfe des graphischen Mittels der Majuskelsetzung hat Boccaccio in seinem Originalmanuskript den Text VI 6 in insgesamt 19 Segmente eingeteilt. Das folgende Zitat der *Incipit* dieser kommunikativ-intentional-stilistischen Einheiten liefert uns eine Synopse über die satzsyntaktische Gestaltung des Textes und bildet damit die Grundlage unserer weiteren Überlegungen:

```
1    EGli non e ancora guari di tempo........
2    Hora advenne un giorno che............
3    Quali fossero li piu gentili.............
```

Contribution to the History of Early Terminist Logic, 2 Bde. Assen 1962/67 (Zitat in II, 2, 43–44).
[25] Vgl. oben, Kap. 4 (speziell 4.1.3.1.) und 9.2. Ausführlicher: Vf., *Negierte Implikation im Italienischen*.

4	De quali alcuni dicevano gli ....
5	Li quali udendo lo scalça ....
6	Andate via/ andate goccioloni che........
7	I piu gentili huomini *et* i piu ....
8	Quando i giovani che aspectavano ....
9	Tu ci uccelli⸍ quasi come se noi ....
10	Disse lo scalça ....
11	Alle guangniele non fo⸍ ançi mi ....
12	Tra quali disse uno che si ....
13	Piero che discreto giovane era...........
14	Et tu come potrai mostrare questo........
15	Disse lo scalça⸍ che il mostrero ....
16	Voi sapete che qua*n*to gli uomini ....
17	Voi dovete sapere che i baronci..........
18	Della qual cosa *et* piero che era..........
19	Et p*er*cio meritame*n*te pamphylo ....

9.2.3. Ordnung der Sätze

A. Vorgeschichte (Satz 1)

Die Exposition der Novelle besteht aus einem einzigen Satz, in dem uns der Protagonist, der Florentiner Michele Scalza, vorgestellt wird: Er gilt, weil er immer *le più nuove novelle* – die neuesten Klatschgeschichten der Stadt – zu erzählen weiß, als geschätzter Gast jedweder Gesellschaft.

B. Geschichte (Satz 2–18)

Vorgeschichte und Geschichte sind gleich durch mehrere Mittel voneinander abgegrenzt:
– durch die typische Initialformel *Hora advenne ... che*;
– durch Angaben zu Ort und Zeit: *un giorno, ad Montughi.*

Nach dem Kriterium der Veränderung der objektiven Gegebenheiten von Ort und Zeit gliedert sich die Novelle in zwei Tableaus, die zwei Schauplätzen entsprechen: I. *Montughi*; II. *Im Haus des Florentiners Piero di Fiorentino.*

Im ersten Tableau, *Ad Montughi*, ergibt sich bei einem Treffen des Michele Scalza mit seinen Bekannten auf einmal eine Diskussion über die *quistione*, wer als die vornehmste und älteste Adelsfamilie von Florenz anzusehen sei. Die Diskussion endet mit der Wette unseres Helden.

Im zweiten Tableau, in dem wir in das Haus eines gewissen – zum Schiedsrichter über den argumentatorischen Wettstreit bestimmten – Piero di Fiorentino geführt werden, entwickelt unser Held seine Beweisführung, die aus folgendem Syllogismus besteht[26]:

---

[26] Ausführlich und kompetent analysiert von Cuomo 1981–82, 252ff. Erste Hinweise auf die »arguta sillogistica dimostrazione di Michele Scalza« finden sich bei Getto 1957/³1972, 153.

Praemissio maior
Die jeweils ältesten Adelsfamilien sind immer zugleich auch die vornehmsten.

Praemissio minor
Weil die Baronci so aussehen, als ob sie von Gott zu einem Zeitpunkt geschaffen wurden, als er seine »Malkunst« noch nicht recht beherrschte, müssen sie als sehr alt gelten.

Conclusio
Die Baronci sind die älteste, *ergo* auch die vornehmste Adelsfamilie von Florenz.

Aufgrund dieses *piacevole argomento* entscheidet der Schiedsrichter, daß Michele Scalza die Wette gewonnen habe.

Innerhalb der beiden Tableaus ergibt sich nun für den Verlauf des lustigen Streitgesprächs, speziell durch die Sprecherwechsel, folgende Feingliederung: Wie eine vorangestellte Überschrift erscheint die *quistione* selbst, ihre Entstehung und ihre Formulierung (Satz 2 und 3). Daran schließen sich, durch den Ortswechsel zusätzlich markiert, die beiden Teile an. Im einzelnen:

I. Diskussion über die *quistione*, die mit der Formulierung der Wette endet (Satz 4 bis 11).
   1. Divergierende Meinungen der Gesprächspartner (Satz 4).
   2. Verblüffende Behauptung des Michele Scalza (Satz 5 bis 7).
   3. Das Gegenteil der Behauptung ist stadtbekannte Ansicht; die Gesprächsteilnehmer fühlen sich also verulkt (Satz 8 und 9).
   4. Die Wette des Michele Scalza (mit Satz 10 als Einleitung zur direkten Rede und Satz 11 als eigentlicher Formulierung der Wette).
II. Realisierung der Wette (Satz 12 bis 18)
   1. Ein gewisser Nezi Vannini nimmt die Wette an und schlägt als Schiedsrichter Piero di Fiorentini vor, in dessen Haus sich die Gesellschaft begibt (Satz 12).
   2. Aufforderung des Schiedsrichters an Michele Scalza, den Beweis zu führen (Satz 13 und 14).
   3. Der Syllogismus des Michele Scalza zum Beweis des Gegenteils der *comunis opinio* (Satz 15 bis 17).
   4. Allgemeine Heiterkeit über den *piacevole argomento*: Scalza wird zum Wettsieger erklärt; so besteht am Ende (scheinbar) einhellige Übereinstimmung der Meinungen (Satz 18).

C. Nachgeschichte (Satz 19)

Der eigentlichen Erzählung findet sich ein Satz angefügt, in dem die Erzählerin der Novelle VI 6, Fiammetta, auf eine in der vorhergehenden Novelle vom Erzähler Panfilo stammende Erwähnung des Namens der Familie Baronci verweist.

9.2.4. Syntaktisch-numerischer Bauplan

Zentrum und verbindendes Element der beiden Teile der Novelle ist ohne Zweifel die Wette. Wenn wir nun die Formulierung des Wetteinsatzes – trotz der syntaktischen Abhängigkeit vom übergeordneten Verbum dicendi[27] – als numerisch eigenständigen Mittelpunkt annehmen und, von diesem Punkt aus betrachtet, die eben vorgenommene Zuordnung der einzelnen satzsyntaktischen Einheiten zu den abgegrenzten Stadien der Handlungsentwicklung überblicken, ergibt sich für uns folgende Synopse, die auf einen Blick die syntaktisch-numerische Anlage der Novelle erahnen läßt:

A			1	EGli no*n* e ancora guari di te*m*po ....
B			2	Hora advenne un giorno che..............
			3	Quali fossero li piu gentili ....
	I	1	4	De quali alcuni dicevano gli..............
		2	5	Li quali udendo lo scalça ....
			6	Andate via/ andate goccioloni che ....
			7	I piu gentili huomini *et* i piu..............
		3	8	Quando i giovani che aspectavano.........
			9	Tu ci uccelli⸒ quasi come se noi...........
		4	10	Disse lo scalça.........................
			11	Alle guangniele non fo⸒ ançi mi.....
	II	1	12	Tra quali disse uno che si ....
		2	13	Piero che discreto giovane era ....
			14	Et tu come potrai mostrare questo ....
		3	15	Disse lo scalça⸒ che il mostrero ....
			16	Voi sapete che qua*n*to gli uomini ....
			17	Voi dovete sapere che i baronci ....
		4	18	Della qual cosa *et* piero che era ....
C			19	Et p*er*cio meritame*n*te pamphylo ....

In diesem Überblick über das aus 19 Sätzen bestehende satzsyntaktische Corpus, in dem die Disposition der einzelnen Einheiten auf einer inhaltlich und gesprächsanalytisch begründeten Abgrenzung der wichtigsten Phasen des Handlungsverlaufs beruht, offenbart die Abfolge der zitierten Satzanfänge eine arithmetische Ordnung, die sich mit folgender Zahlenreihe wiedergeben läßt:

---

[27] Zu diesem Problem vgl. oben, 6.1.3.

Punkte der Gliederung			Anzahl der Sätze
A			1
B			2
	I	1	1
		2	3
		3	2
		4	1
			1
	II	1	1
		2	2
		3	3
		4	1
C			1
Summe			19

Die beiden vor und nach dem Mittelpunkt stehenden Hauptteile I und II der eigentlichen Geschichte gehorchen mithin folgendem numerischen Code:

1 – 3 – 2 – 1 – (1) – 1 – 2 – 3 – 1.

Die von Boccaccio hier angewandten zahlenästhetischen Prinzipien und Bezüge liegen auf der Hand:
– Anordnung der Sätze nach dem Prinzip der *aequalitas numerosa*, wobei der in inhaltlicher Hinsicht zentrale Satz zugleich Mittelpunkt der Zahlenreihe ist;
– konzentrische Abstände der Gruppen mit gleichen Satzsummen zum Mittelpunkt;
– erneute Verwendung der Zahl 7: die Summe der Sätze der Teile I und II vor bzw. nach dem Mittelpunkt ist jeweils 1+3+2+1 = 7.[28]

Die Beobachtung, daß Satzgruppen mit identischer Anzahl von Sätzen (besonders die beiden Gruppen mit jeweils 3 und 2 Sätzen) in konzentrischen Abständen zum Mittelpunkt stehen, läßt vermuten, daß Boccaccio auch im vorliegenden Text abermals mit der Technik der axialsymmetrischen Lokalisierung oppositiver Terme gearbeitet hat. Drei der insgesamt vier einander gegenüberstehenden Paare von Sätzen bzw. Satzgruppen lassen sich in der Tat

---

[28] Mit dieser und ähnlichen späteren Beobachtungen zur ästhetischen Verwendung der Zahl 7 relativiert sich der oben (vgl. 8.1.4.) zum Bauplan der Falkennovelle gemachte Hinweis zu derselben numerischen Größe: Hier hatten wir einen Block von sieben Einheiten nur unter Einschluß des Mittelpunkt-Satzes abgrenzen können. Eine abschließende Bewertung der Verwendung des zahlenästhetischen Instruments der Sieben im *Decameron* wird erst am Ende unserer Gesamtanalyse möglich sein.

– der Hypothese entsprechend – als Gegensatzrelationen oder wechselseitige Ergänzungen begreifen:

B.I.1: Divergierende Meinungen zur *quistione*.
B.II.4: »Aufgeben« dieser Meinungen zugunsten der Beweisführung Scalzas.
B.I.2: Scalzas unvermutete Behauptung.
B.II.3: Seine entsprechende Beweisführung.
B.I.3: Das Gegenteil der Behauptung gilt in der Stadt als wahr: die Gesprächspartner fühlen sich verulkt.
B.II.2: Aufforderung des Schiedsrichters an Scalza, den Beweis anzutreten.

Die diversen Ergebnisse unserer Analyse lassen sich nun zu einem Bild zusammenfügen, das wir als Versuch einer Rekonstruktion des originären – nach dem Prinzip *Satz* ≙ *Zahl* konzipierten – Bauplans der Novelle VI 6 ansehen können (vgl. S. 141).

9.2.5. Der »Falke« in der Novelle VI 6

Das »Specifische, das diese Geschichte von tausend anderen unterscheidet« (Heyse) und das zugleich – wie der Falke in der Novelle V 9 – sowohl in inhaltlicher als auch in kompositorischer, d.h. syntaktisch-numerischer Hinsicht den Schlüssel zur Aufdeckung der poetischen Verfassung des Textes bietet, liegt in folgendem Spitzenmotiv: Ein typischer Spötter und Geschichtenerzähler aus dem Florenz der Zeit erklärt sich anläßlich einer eher lustigen Streitfrage dazu bereit, seinen Bekannten das Gegenteil einer stadtbekannten Tatsache zu beweisen, wobei er sich seiner Fähigkeit, die *quistione* mit einem *piacevole argomento* zu lösen, derart sicher ist, daß er sogar auf das Gelingen dieser Vertauschung von Wahrheit und Unwahrheit eine Wette abschließt.

Kurz: es geht um ein Gesellschaftsspiel mit dem Namen *Logik als Jux*.[29] In der für ein scherzhaftes Wettspiel instrumentalisierten Verwendung des Syllogismus, der anstatt zur Erkenntnis des Wahren zum Beweis des Falschen als Wahrheit eingesetzt wird, liegt das Spezifische der Novelle VI 6. Wenn man, wegen der Berühmtheit des Textes V 9, das Spitzenmotiv der Falkennovelle als metonymische Bezeichnung für die formalästhetische Theorie und Praxis des Novellenerzählers Boccaccio begreifen will, kann man die Parodie der Logik als »Falken« des Textes VI 6 ansehen.

Der Versuch, das Spitzenmotiv der gerade besprochenen Erzählung Boccaccios mit wenigen Worten zu umschreiben, hat uns sehr schnell zu dem in die Form eines Satzes gekleideten Textstück zurückgeführt, mit dem der Autor seine Novelle vorab resümiert. In diesem Sinne liefern Boccaccios

---

[29] Vgl. Cuomo 1981–82, 252: »Boccaccio [...] riprende e sviluppa [...] il sillogismo metaforico. E lo sviluppa proprio in quanto ne esplicita, attraverso la formalizzazione discorsiva e di intreccio, il contenuto parodico implicito, potenziale.«

Syntaktisch-numerischer Bauplan der Novelle VI 6

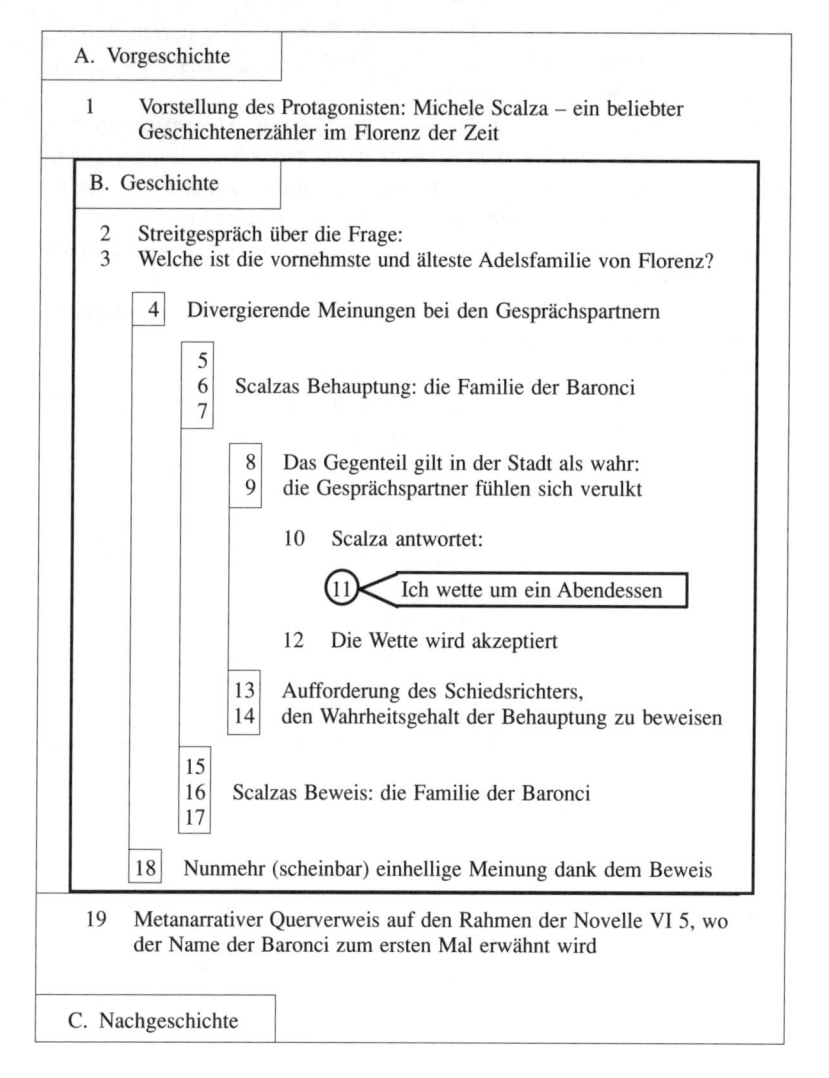

A. Vorgeschichte

1 Vorstellung des Protagonisten: Michele Scalza – ein beliebter Geschichtenerzähler im Florenz der Zeit

B. Geschichte

2 Streitgespräch über die Frage:
3 Welche ist die vornehmste und älteste Adelsfamilie von Florenz?

    4 Divergierende Meinungen bei den Gesprächspartnern

        5
        6 Scalzas Behauptung: die Familie der Baronci
        7

            8 Das Gegenteil gilt in der Stadt als wahr:
            9 die Gesprächspartner fühlen sich verulkt

            10 Scalza antwortet:

            (11) ◄ Ich wette um ein Abendessen

            12 Die Wette wird akzeptiert

        13 Aufforderung des Schiedsrichters,
        14 den Wahrheitsgehalt der Behauptung zu beweisen

      15
      16 Scalzas Beweis: die Familie der Baronci
      17

    18 Nunmehr (scheinbar) einhellige Meinung dank dem Beweis

19 Metanarrativer Querverweis auf den Rahmen der Novelle VI 5, wo der Name der Baronci zum ersten Mal erwähnt wird

C. Nachgeschichte

Rubriche zugleich eine kurze Beschreibung des jeweils im Text sich konkretisierenden inhaltlichen Kerns und einen ersten Entwurf des Grundgerüstes der formalen Gestaltung. Aus diesem Grund erscheint es angezeigt, die Interpretation einer Erzählung des *Decameron* immer mit einer eingehenden Betrachtung des in der *Rubrica* formulierten *Argomento* zu beginnen.

9.2.6. Der »Falke« als Exempel

Nach der im Anschluß an die Deutung der Falkennovelle durchgeführten Interpretation der beiden Novellen II 4 und VI 6 ist an dieser Stelle eine weitere Zwischenbilanz angebracht.

Das wichtigste Ergebnis ist eindeutig: Der Autor des *Decameron* folgt in seinem Novellenerzählen – auch im Falle gattungstypologisch unterschiedlicher Texte – einer einheitlich konzipierten ästhetischen Theorie. Diese seine Poetik setzt sich aus folgenden Hauptbestandteilen zusammen:
- Definition der literarischen Gattung *Novelle* aus dem sprachlichen Akt des Satzes heraus;
- Konzeption des Satzes als prototypische – syntaktisch-kommunikative – Einheit und als arithmetische Größe des Textes;
- Entwurf eines syntaktisch-zahlenästhetischen Bauplans, in dem der den inhaltlichen Mittelpunkt, den Wendepunkt des Geschehens beherbergende Satz zugleich Angelpunkt einer nach dem Prinzip der *numerositas*, speziell der *aequalitas numerosa*, entworfenen Komposition aller Sätze des Textes ist.

Im Sinne dieser drei Punkte ist die Falkennovelle zwar eine besonders gelungene, aber keineswegs eine singuläre Verwirklichung der zugrundeliegenden Poetik des Autors. Der »Falke«, zu verstehen als Sinnbild einer syntaktisch-numerischen »Falkentheorie«, ist mithin »nur« ein Exemplum, d.h. ein Name für eine vorbildliche poetische Realisierung, die ihrerseits jedoch kein Unikat, sondern Teil einer Serie vergleichbar treuer Anwendungen eines abstrakten Modells darstellt.

Mit diesem Ergebnis können wir das eigentliche Ziel dieser Arbeit, nämlich die Entwicklung eines zum Zwecke einer integralen Auslegung des *Decameron* geeigneten syntaktischen Ansatzes, als erreicht betrachten. Die Aufgabe, die nun vor uns liegt, besteht in einer systematischen Beschreibung der Kompositionspläne aller Hundert Novellen. Von diesem deskriptiven Teil soll im folgenden zehnten Kapitel bereits die Interpretation der ersten vier Texte des Erzählwerks vorweggenommen werden. Sie wird uns über die Rekonstruktion der einzelnen Baupläne hinaus Einsichten vermitteln, die die Adäquatheit der hier entwickelten Methode einer syntaktischen *lettura del Decameron* weiter vor Augen führen können. Im übrigen soll die Untersuchung einiger unmittelbar aufeinander folgender Novellen die Befürchtung zerstreuen, wir hätten zur Exemplifizierung unseres linguistischen Verfahrens aus den insgesamt 100 Texten gerade nur drei passende Beispiele nach Gutdünken herausgegriffen.

10. Die »Falken«-Theorie des Giovanni Boccaccio: Syntax und Poetik in den Novellen I 1 bis I 4

Für die weitere Erprobung unserer in den vorangehenden neun Kapiteln am Beispiel dreier typologisch sehr verschiedener Erzählungen des *Decameron* getesteten Methode sollen nun die Novellen I 1 bis I 4 besprochen werden. Der Entscheidung für diese vier Texte liegen vorab folgende Erwägungen und Vermutungen zugrunde:
- Die vier Novellen differieren sehr stark in ihrer Länge. Es wird mithin zu prüfen sein, ob ausgedehnte Texte (z.B. I 1) in gleichem Maße wie kürzere Erzählungen (z.B. I 3), unabhängig von ihrem Umfang, d.h. der Anzahl ihrer Satz-Einheiten, übereinstimmend nach den von uns erkannten Gesetzen syntaktisch-numerischer Tektonik verfertigt sind.
- Die vier Novellen stehen nacheinander am Anfang des Erzählwerkes. Aufgrund der ununterbrochenen Abfolge ebenso wie wegen der Exordialposition kann man vermuten, daß den vier Erzählungen über ihre je eigene poetische Bedeutung hinaus möglicherweise noch eine den einzelnen Text transzendierende Funktion in der Anordnung der Novellen im Zyklus als Ganzem zukommt.
- Da die Novellen I 1 bis I 4 das *Decameron* einleiten, sollen sie entsprechend auch an den Anfang unserer – nunmehr in Angriff zu nehmenden und andernorts fortzusetzenden – systematischen Beschreibung aller 100 Teile des Ganzen gestellt werden. Diese geplante Gesamtanalyse folgt aus praktischen Gründen am besten der sequentiellen Anlage des Novellenzyklus selbst.

10.1. Novelle I 1: Die falsche Beichte des Ser Cepparello[1]

In der Analyse der Novelle, mit der Boccaccio das *Decameron* eröffnet, wird unsere Methode auf eine ernste Probe gestellt. Die Erzählung vom Leben und Sterben des betrügerischen Kaufmanns und Notars Ser Cepparello da Prato ist nämlich ein recht langer Text (er ist mehr als doppelt so umfang-

---

[1] Die erste Novelle des *Decameron* ist von der Forschung intensiv behandelt worden, wobei überwiegend inhaltliche Themen im Vordergrund der Betrachtung gestanden haben, vor allem die sozialgeschichtlichen Gesichtspunkte des geschilderten Kaufmannsmilieus, das Problem der Wahrheit und die Behandlung der Religion sowie die Figur des Paters, der dem Protagonisten, dem Erzlügner Cep-

reich wie die Novelle V 9), der sich zudem durch eine komplexe inhaltliche Gliederung auszeichnet. Beginnen wir, den Prinzipien unserer Heuristik entsprechend, zunächst damit, in Anlehnung an die Formulierung des Autors in der *Rubrica,* die dominanten Strukturen des Handlungsverlaufs – und das heißt: die Anlage des gesamten Inhalts als konzessiv-kausales Satzgefüge – aufzudecken.[2]

10.1.1. Syntaktische Strukturen des Inhalts

Genau wie wir anhand der *Rubrica* der Falkennovelle beobachtet haben, sind auch in der Novelle I 1 dem als Überschrift fungierenden ersten Satz des Textes die wichtigsten Stränge der Handlung zu entnehmen[3]:

> Ser cepparello co*n* una falsa co*n*fessione inganna un sancto frate *et* muorsi*/ et* essendo stato un pessimo huomo i*n* vita e morto reputato *per* sancto *et* chiamato san ciappelletto.

Wenn wir die in dieser satzwertigen Satzreihe des *Argomento* weitgehend implizit bleibenden gedanklichen Beziehungen durch ein hypotaktisches

---

parello, die »falsche Beichte« abnimmt. Hier die Titel der wichtigsten Untersuchungen zur Nov. I 1: G. Bottari, *Lezioni sopra il »Decameron«,* 2 Bde. Florenz 1818, II, 1–35; F. Tribolati, »Diporto sulla novella I della prima giornata del *Decamerone*«, in F. T., *Diporti letterari sul »Decamerone« del Boccaccio,* Pisa 1873, 39–94; C. Paoli, »Documenti di ser Ciappelletto«, in *Giornale storico della letteratura italiana* 5 (1885) 329; Momigliano 1924, 32–51; L. Fassò, »La prima novella del *Decameron*«, in L. F., *Saggi e ricerche di storia letteraria. Da Dante al Manzoni,* Mailand 1947, 31–90 (bereits 1930/31 in *Annali della Facoltà di Filosofia e Lettere dell'Università di Cagliari*); Russo 1938/1956, [5]1977, 51–67; Branca 1956/[4]1975, 158ff.; Getto 1957/[3]1972, 34–77; G. Padoan, »Mondo aristocratico e mondo comunale nell'ideologia e nell'arte di Giovanni Boccaccio«, in *Studi sul Boccaccio* 2 (1964) 81–216 (zu I 1: 161–166); M. Cottino-Jones, *An Anatomy of Boccaccio's Style,* Neapel 1968, 23–51; Baratto 1970/[2]1974, 293–302; R. Hollander, »Boccaccio's Dante: Imitative Distance (*Decameron* I 1 and VI 10)«, in *Studi sul Boccaccio* 13 (1981–82) 169–198; Cottino-Jones 1982, 46–49; H. Heintze, »Boccaccios *Das Wunder Gottes am Betrüger auf dem Sterbebett.* Die erste Novelle des *Dekameron*«, in *Weimarer Beiträge* 29 (1983) 1176–1189.

[2] Die syntaktischen Makrostrukturen des Textes durchschaut hat offenbar Russo 1938/1956, wenn er auch nicht mit linguistischen Begriffen argumentiert: «L'umorismo, che è diffuso in tutta la pagina [gemeint ist die Beichte Cepparellos], nasce dalla *dissonanza inaspettata e improvvisa tra la premessa e la conseguenza* [...]. [...] nello scatto della conclusione *inaspettata* fiorisce il sorriso» (Russo 1938/1956, [5]1977, 60; Kursivierung von mir; im übrigen vgl. oben, Kap. 4, speziell 4.1.). Ähnlich, aber in diesem Sinne schon wieder weniger präzise, Getto 1957, der mehrmals von der besonderen Realisierung des *capovolgimento* (in syntaktischer Hinsicht: konzessive Wende) spricht (z.B. [3]1972, 63). Besonders anregend sind indes Gettos Ausführungen zur inhaltlichen Strukturierung des Textes I 1.

[3] Zu allen folgenden Zitaten vgl. die Ausgaben der Originalfassung des Textes I 1: Ed. Singleton 1974, 19–32; Ed. facs. Branca 1975, fol. 5rA – fol. 7vA.

Satzgefüge explizieren, erkennen wir sehr schnell, daß die Erzählung als ganze von zwei syntaktischen Strukturen getragen wird. Die umfassendere dieser Handlungslinien besteht in einer negierten Implikation, die sich auf folgenden konzessiven Gedanken reduzieren läßt: Obwohl Cepparello ein Leben voller Verbrechen und Schurkereien geführt hat – ein Leben also, das normalerweise einen schlechten Ruf bei den Mitmenschen und Verdammnis vor Gott begründet hätte (= präsupponierte Konditionalbeziehung $p \rightarrow q$) – wird der Protagonist nach seinem Tode als Heiliger verehrt (= $p \rightarrow NEG\text{-}q$, wobei gilt: p = *pessimo huomo* und $NEG\text{-}q$ = *reputato per sancto*). Innerhalb dieses konzessiven Rahmens ist nun eine andere implikative Relation in der Form einer dem präsupponierten Konditionalsatz entgegenlaufenden Kausalbeziehung dazu bestimmt, das in der konzessiven Verknüpfung ausgedrückte unerhörte Ereignis plausibel und glaubhaft zu machen. In einem großen Täuschungsmanöver – einer wahren Orgie aus Lug und Trug – nutzt Cepparello, der sich auf dem Totenbett mit scheinbar ehrlicher Absicht zu einer Generalbeichte entscheidet, diese letzte Gelegenheit nicht nur nicht zur Umkehr, sondern in konsequenter Verderbtheit konterkariert er Sinn und Zweck des Bußsakraments, indem er die von der Bestimmung der Beichte her angelegte Verpflichtung zur Wahrhaftigkeit in deren völliges Gegenteil verkehrt. Mit geheuchelter Zerknirschung und in ständiger Durchkreuzung der von der Norm der Beichtenden her gesetzten Erwartungen und Vermutungen des Beichtvaters (sowie des mithörenden Lesers) inszeniert Cepparello das grotesk-komische Theater einer Pseudo-Beichte. Das Beichtgespräch gerät, ohne daß der Beichtvater dies merkt, zur zynischen Farce, indem Cepparello lächerlich geringfügige Vergehen als wirkliche Sünden gestehen zu müssen vortäuscht. Eine solche Beichte, die der Autor als *falsa confessione* qualifiziert, folgt aus syntaktischer Sicht dem Denkschema der Konzessivität: Die Lüge, im Sündenbekenntnis zum Prinzip gemacht, durchkreuzt die in jedem kommunikativen Akt, speziell aber in der Beichte, wie selbstverständlich vorausgesetzte Erwartung, daß die Wahrheit zur Sprache kommen werde. So wird der Priester über den wahren Charakter des *pessimo huomo* völlig in die Irre geführt, und er hält Cepparello am Ende sogar für einen besonders aufrichtigen Menschen, ja einen vorbildlichen Christen. Beim Prior seines Ordens erwirkt er deshalb nach Cepparellos alsbald erfolgtem Tode die Bestattung des Leichnams auf dem Klosterfriedhof, und in seinen Predigten setzt er sich erfolgreich für die Verehrung seines Beichtkindes als Heiliger mit dem Namen »San Ciappelletto« ein.

Die *Rubrica* verrät uns also folgende syntaktische Relationen, aus denen sich das Hauptgeflecht der Handlung zusammensetzt:
a) eine konzessive Beziehung zwischen Ausgangspunkt (*pessimo huomo*) und unerwartetem Ende (*reputato per sancto*) und
b) die Begründung (= Kausalrelation) des unerhörten Ereignisses mittels eines zweiten Konzessivverhältnisses, der *falsa confessione*.

Das gesamte syntaktische Gefüge, mit dem sich die Handlung in der Novelle linguistisch darstellen läßt, besteht mithin aus zwei konzessiven Relationen, die in ihrer Kombination den Effekt haben, das Geschehen als Ganzes zu motivieren und dem überraschenden Ende kausal-finale Stringenz zu verleihen. Eben dadurch, daß der *pessimo huomo* seine Verderbtheit in der mittels der *falsa confessione* bewirkten Täuschung des Beichtvaters auf die Spitze treibt, ist das Ende – seine Verehrung als Heiliger – unerhört und plausibel zugleich. Genau wie in den bisher besprochenen Novellen realisieren auch in diesem Text die dominanten Linien der Handlung eine Vereinigung von konzessiven und kausalen Relationen, eine Verquickung negativ-implikativer und positiv-implikativer Strukturen. Und auch hier steht die zweite – Kausalität bewirkende – konzessive Relation, nämlich die *falsa confessione,* im Vordergrund des Interesses. Inhalt und Wirkung der Beichte stellen das eigentliche Mitteilungszentrum des Textes dar.

10.1.2. Das satzsyntaktische Corpus

Nach sechs satzsyntaktischen Einheiten, die den Rahmen (einschließlich *Rubrica*)[4] bilden, beginnt der Text der Novelle I 1 mit einer der typischen idiomatischen Wendungen, die den Anfang der eigentlichen Erzählung signalisieren, eine Grenze im Text, die im Manuskript Boccaccios wie üblich zusätzlich mittels zweier Majuskeln markiert ist. Das fragliche *Incipit* des ersten Satzes lautet: *RAgionasi adunque* ... Von dieser Initialformel bis zum Ende des Textes, d. h. bis zum *Argomento* der Novelle I 2, weist der Autograph des *Codex Hamilton 90* insgesamt 98mal die Setzung einer Majuskel als graphisches Zeichen eines Satzanfangs auf.

Das satzsyntaktische Corpus der ersten Novelle des *Decameron* besteht also aus 98 Einheiten. Die entsprechenden *Incipit* seien in der folgenden Liste aufgereiht:

1	RAgionasi adu*n*que che essendo.........
2	Et la cagione del dubbio era il...........
3	Et sopra questa examinatione ....
4	Era questo ciappelletto di questa.........
5	Egli essendo notaio avea ....
6	Testimonia*n*çe false co*n* sommo ....
7	Aveva oltre modo piacere *et* forte ....
8	Invitato ad uno homicidio o ad ....
9	Beste*m*miatore di dio *et* de sancti ....

---

[4] Der Rahmen zur Nov. I 1 enthält – wie Russo sehr schön beobachtet hat (Russo 1938/1956, ⁵1977, 67) – eine theologische Argumentation zum Problem des falschen Heiligen, die wie ein Polysyllogismus (»una lunga girovolta di sillogismi«), d.h. aus einer Reihe implikativer Denkstrukturen, aufgebaut ist. Dieser Stil steht im Kontrast zum konzessiven Stoff und Aufbau der Erzählung sowie zum Duktus der Personensprache im Beichtgespräch zwischen Cepparello und dem Priester.

10	Ad chiesa non usava giammai⸴ et........
11	Delle femine era cosi vago come ....
12	Imbolato avrebbe et rubato con.........
13	Gulosissimo⸳ et bevitor grande ....
14	Giucatore et mettitore di malvagi ....
15	Per che mi distendo io in tante ....
16	La cui malitia lungo tempo ....
17	Venuto adunque questo ser ....
18	Ser ciappelletto come tu sai io...........
19	Ser ciappelletto che scioperato ....
20	Et cosi faccendo riparandosi ....
21	Al quale i due fratelli fecero ....
22	Ma ogni aiuto era nullo⸴ percio ....
23	Che farem noi diceva luno a laltro ....
24	Daltra parte egli e stato si ....
25	Ser ciappelletto il quale come ....
26	Io non voglio che voi dalcuna cosa.......
27	Io o vivendo tante ingiurie facte ....
28	I due fratelli come che molta............
29	Il quale giunto nella camera dove ....
30	Al quale ser ciappelletto che mai ....
31	Padre mio la mia usança suole ....
32	Disse allora il frate⸴ figliuol ....
33	Disse ser ciappelletto messer lo ....
34	Queste parole piacquero molto al ....
35	Al quale ser ciappellecto ....
36	Padre mio di questa parte mi............
37	Al quale il sancto frate disse ....
38	Disse allora ser ciappellecto ....
39	Io son cosi vergine come io usci ....
40	Ó benedecto sie tu da dio disse ....
41	Et appresso questo il domando ....
42	Al quale sospirando forte ser............
43	Al quale il frate disse..................
44	Ó disse ser ciappelletto⸴ padre ....
45	Il frate contentissimo disse ....
46	Ma dimmi in avaritia ai tu peccato ....
47	Al quale ser ciappelletto disse...........
48	Padre mio io non vorrei che voi ....
49	Bene ai facto disse il frate⸴ ma ....
50	Ó disse ser ciappelletto cotesto ....
51	Disse allora il frate⸴ ....
52	Figliuol mio cotesta e buona ira ....
53	Ad cui ser ciappelletto rispose ....
54	Allora disse il frate⸴ hor mi di...........
55	Mai messer si rispose ser ....
56	Disse allora il frate⸴ hor................
57	Gniaffe disse ser ciappelletto............
58	Disse il frate⸴ cotesta fu................
59	Et oltre ad questo il domando il ....
60	Il frate il domando⸴ quale⸴ et ....
61	O disse il frate figliuol mio ....

62	Non disse ser ciappelletto no*n*............
63	Disse allora il frate/ o altro ....
64	Messer si rispose s*er* ciappelletto ....
65	Il frate comincio ad sorridere ....
66	Figliuol mio cotesta no*n* e cosa...........
67	Disse allora s*er* ciappellecto ....
68	Et *in* brieve de cosi facti ne gli ....
69	Disse il sancto frate⸗ ....
70	Figliuol mio che ai tu⸗ ....
71	Rispose s*er* ciappelletto⸗ oime ....
72	Allora il sancto frate disse⸗ va ....
73	Disse allora s*er* ciappelletto.............
74	Ad cui il frate disse⸗ dillo ....
75	Ser ciappelletto pur piagnea *et* ....
76	Ma poi che s*er* ciappelletto ....
77	Padre mio poscia che voi mi ....
78	Sappiate che quando io era ....
79	Disse il frate⸗ ó figliuol mio ....
80	Disse allora s*er* ciappellecto ....
81	Veggendo il frate no*n* essere altro........
82	Et chi sarebbe colui che nol.............
83	Et poi dopo tutto questo gli ....
84	Ser ciappelletto con laiuto di dio ....
85	Al quale s*er* ciappelletto rispose ....
86	Messer si⸗ anҫi non vorrei io............
87	Il sancto uomo disse che molto ....
88	Li due fratelli li quali dubitavan ....
89	Che huomo e costui il quale ....
90	Ser ciappelletto poco appresso ....
91	Per la qual cosa li due fratelli ....
92	Il sancto frate che co*n*fessato............
93	Alla qual cosa il priore *et* gli.............
94	Et oltre ad queste molte altre............
95	Poi la vegnente nocte *in* una arca ....
96	Cosi adu*n*que visse *et* mori s*er* ....
97	Et se cosi e grandissima si puo ....
98	Et p*er*cio accio che noi p*er* la ....

10.1.3. Ordnung der Sätze

Nach den in der Analyse der Falkennovelle besprochenen Kriterien[5] – nämlich Veränderung der raum-zeitlichen Umstände und Wechsel in der Konstellation der Personen – gliedert sich die Novelle I 1 in folgende Teile (A, B, C), Akte (I, II, III) und Szenen (1, 2, 3).

A. Vorgeschichte (Satz 1 bis 18)

Die Vorgeschichte läßt sich in drei klar getrennte Sequenzen aufgliedern, hier I sowie II.1 und II.2 genannt.

---

[5] Vgl. oben, 2.1. und 2.2.

I. Ein bekannter italienischer Wucherer der Zeit, der in Paris lebende und als finanzieller Berater Philipps des Schönen tätige »Lombarde« Musciatto Françezi, erwählt sich, als er eines Tages wegen seiner Geschäfte nach Italien heimkehren muß, den durch seine Schurkereien ausgewiesenen Notar und Kaufmann Ser Cepparello da Prato zu seinem Geldeintreiber (Satz 1 bis 3). Das Schlüsselwort *riscuotere* »eintreiben« erscheint in diesem und im folgenden Teil der Vorgeschichte insgesamt 4 Mal.

II.1. Nach einem unvermittelten Übergang schildert der Autor in einer längeren Textstelle – einer Art expandierter Parenthese – den perversen Charakter und das verbrecherische Leben Cepparellos. (Satz 4 bis 14). Resümee: *egli era il piggiore huomo forse che mai nascesse* (Satz 15).

II.2. In drei weiteren syntaktischen Einheiten folgen die Verabredungen der beiden Kaufleute bezüglich Cepparellos Arbeit als M. Françezis Geldeintreiber in Burgund (Satz 16–18).

B. Geschichte (Satz 19 bis 95)

Der Hauptteil der Novelle, das »Ereignis«, beginnt mit den Sätzen 19 und 20, wo uns

– erstens der wichtigste Ortswechsel in der Handlung der Novelle mitgeteilt wird, Cepparellos Reise nach Burgund (= Satz 19), und wo wir außerdem
– zweitens die den Beginn der novellistischen Begebenheit signalisierende sprachliche Formel, die Verbform *advenne*, finden (Satz 20): Es handelt sich um das »Ereignis« der plötzlichen Erkrankung Cepparellos im Hause zweier mit seinem Auftraggeber befreundeter »lombardischer Brüder«, die in Burgund ihren wucherischen Geschäften nachgehen.

Die mit diesen beiden einleitenden Sätzen beginnende Erzählung der eigentlichen unerhörten Begebenheit besteht aus drei Teilen (= »Akten«), die folgendermaßen abgegrenzt werden können:

I. Vor der Generalbeichte (Satz 19–33)
II. Die »falsche Beichte« des Erzschurken (Satz 34–80)
III. Nach der Generalbeichte (Satz 81–95).

Die Abfolge und weitere interne Disposition der einzelnen Sätze in den drei Akten des Hauptteils soll nun anhand eines Resümees der insgesamt 77 Sätze des Hauptteils erläutert werden.

I. Vor der Generalbeichte (Satz 19–33 = 15 Einheiten)

19 Ser Cepparello reist verabredungsgemäß nach Burgund, um dort für seinen Auftraggeber Gelder bei den Gläubigern M. Françezis einzutreiben.
20 In Burgund angekommen, logiert er im Hause zweier Wucherer, die ihm des gemeinsamen Bekannten wegen mit Ehrerbietung begegnen; bald nach seiner Ankunft erkrankt er schwer.
21 Die lombardischen Brüder, seine Hausherren, lassen sogleich Ärzte kommen.
22 Die Bemühungen um den todkranken Cepparello sind vergeblich, zum Leidwesen der zwei Lombarden.
23 In einem geheimen Zwiegespräch äußern die beiden Brüder die Befürchtung, daß

ihnen der bevorstehende Tod des unchristlichen Gastes Ärger und Verdruß bereiten könnte; sie sind sich im unklaren darüber, was von ihrer Seite zu tun ist.
24 Die beiden Brüder fragen sich insbesondere, was wohl geschähe, wenn Cepparello, wie anzunehmen, ohne Beichte und Sakramente sterben sollte.
25 Vom Krankenbett aus hat Cepparello, der ein scharfes Gehör hat, das Gespräch mit angehört und läßt die Hausherren rufen.
26 Cepparello beruhigt die Gastgeber und zerstreut ihre Befürchtungen, indem er versichert, die Angelegenheit werde ganz anders verlaufen, als von ihnen befürchtet: *la bisogna ... andra altramenti.*
27 Cepparello bittet die Brüder, einen Priester zu rufen, um beichten zu können.
28 Die Brüder holen aus einem nahen Kloster einen *sancto et savio huomo che udisse la confessione.*
29 Beginn des Beichtgesprächs: Frage des Priesters nach dem Zeitpunkt der letzten Beichte.
30 Cepparello beginnt seine Lügen mit der Antwort:
31 – Er sei von seiner Übung, alle Wochen zu beichten, durch seine Krankheit abgehalten worden ... –
32 Lob des Fraters, der sich eine leichte Beichte verspricht.
33 Cepparello indes bittet um eine Generalbeichte.

Der hier resümierte Teil der Erzählung, in dem die Handlung von Cepparellos Ankunft in Burgund bis zum Beginn der Generalbeichte ohne markante Abgrenzungen zügig fortschreitet, läßt sich allenfalls folgendermaßen gliedern:
1. Ankunft in Burgund (Satz 19: 1 Einheit)
2. Erkrankung Cepparellos bis zur Ankündigung, daß die Folgen anders als erwartet sein werden (Satz 20–26: 7 Einheiten)
3. Von der Bitte, einen Priester zu holen, bis zum Beginn der Generalbeichte (Satz 27–33: 7 Einheiten).

II. Die falsche Beichte des Erzschurken (Satz 34–80: 47 Einheiten)

Nach ihrem Verlauf läßt sich die lügnerische Beichte – entsprechend der Art der gebeichteten Sünden – in drei Szenen einteilen. In der Mitte der Beichte steht das Geständnis derjenigen »Sünde«, die zum Beruf des betrügerischen Kaufmanns und Geldeintreibers in konzessivem Gegensatz steht: Cepparello gibt vor, in seinem Leben als Kaufmann nur einen »großen« Betrug begangen zu haben, der darin bestanden haben soll, daß er einem Kunden, der ihm Geld als Bezahlung für eine Tuchlieferung gegeben hatte, nicht davon in Kenntnis gesetzt habe, daß er nach einer bestimmten Zeit anscheinend mehr Geld in der entsprechenden Schatulle gefunden habe, als ihm eigentlich aufgrund des Rechnungsbetrags zugestanden hätte, und daß er in seiner angeblichen seelischen Not, den guten Mann nicht finden zu können, das überzählige Geld als Almosen gespendet habe (Satz 56 bis 58). Dieser Teil in der Mitte der Beichte (II.2) ist nun nicht nur durch seine antithetische Funktion zum Schlüsselwort *riscuotere* (Geld eintreiben) hervorgehoben, sondern die in den satzsyntaktischen Einheiten 56–58 geschilderte Szene teilt die Beichte noch in einem anderen Sinne in zwei Teile (II.1 und II.3). Während *vor* diesem Geständnis der Beichtvater in der ihm gemäßen Rolle den fragenden Part spielt und Cepparello als Beichtkind die Antworten gibt (= Anfang der Beichte bis Satz 55), nimmt die Beichte, die der Mönch schon mit der

Absolution zu beenden im Begriffe ist, nun einen neuen, geradezu perversen Verlauf. Es folgt nämlich das Geständnis von »Sünden«, derer sich Cepparello selbst von sich aus beschuldigt: z.b. habe er einmal seinen Knecht am Samstagabend ausfegen lassen, dann habe er in der Kirche versehentlich auf den Boden gespuckt, und als Kind habe er in einem unbedachten Augenblick seiner Mutter ein Schmähwort nachgerufen. Nur mit großer Mühe läßt sich der vor geheuchelter Zerknirschung weinende Cepparello durch den geistlichen Beistand des Beichtvaters beruhigen; nicht genug, den Trost spendenden Priester schilt er sogar der verantwortungslosen Bagatellisierung der von ihm gebeichteten Vergehen. An dieser Stelle hat die Scheinheiligkeit ihren Höhepunkt erreicht, und das Sündenbekenntnis findet hier seinen Abschluß (Satz 59–80). Im einzelnen:

1. *Die erfragten Sünden* (Satz 34–55: 22 Einheiten)
Die Beichte verläuft nach folgender konzessiven Technik: Jede vom Priester gestellte Frage nach einer bestimmten Verfehlung beantwortet Cepparello nicht mit dem von seinem Lebenswandel her zu erwartenden Geständnis, sondern mit einer vorgetäuschten Zerknirschung, die im Kontrast zur Läßlichkeit der jeweils eingestandenen Sünden steht. Mittels dieser »arte simulatoria e dissimulatoria«[6] entsteht ein ausgeklügeltes, zynisch-parodistisches Doppelspiel mit der Wahrheit, mit dem Wahrheitswert von Prämissen und dem Wahrheitswert der erwarteten bzw. nicht erwarteten Konklusionen. Die Abfolge der erfragten Sünden ist wie folgt:
a) *Fleischeslust* (Satz 34–40);
b) *Völlerei* (Satz 41–45);
c) *Geiz* (Satz 46–48);
d) *Zorn* (Satz 49–53);
e) *Falsches Zeugnis* (Satz 54–55).
Die Liste der erfragten Sünden gipfelt in der besonders eklatanten Lüge, die sich Cepparello auf die Frage nach seiner Ehrenhaftigkeit als Kaufmann ausdenkt:

2. *Die Sünde des kaufmännischen »inganno«* (Satz 56–58: 3 Einheiten)
Cepparellos Scheinheiligkeit erreicht hier einen ersten Höhepunkt, da seine Antwort (s.o.) alle damals gängigen Urteile über Kaufleute Lügen straft und in besonders starkem Gegensatz steht zum Lebenswandel eines Mannes, dessen Aufgabe als Geldeintreiber zu der im Mittelalter als besonders unredlich angesehenen Tätigkeit des Geldgeschäftes zu zählen ist.

3. *Die Selbstbeschuldigung Cepparellos* (Satz 59–80: 22 Einheiten)
In dem Augenblick, wo der Priester bereits die Absolution aussprechen will, beginnt ein weiterer Teil der Generalbeichte dadurch, daß Cepparello nunmehr sich selbst, mit noch größerer Heuchelei und Verstellung, weiterer Verfehlungen anklagt und dabei mit scheinbarer Entrüstung die Versuche des Beichtvaters, ihn zu beruhigen und zu trösten, von sich weist. Diese angeblich sein Gewissen bedrückenden Vergehen sind:
a) Die Anweisung an einen Knecht, am Samstagabend das Haus auszufegen (Satz 59–62);
b) Ausspucken in der Kirche (Satz 63–67);
c) Fluchwort auf die Mutter (Satz 68–80).

---

[6] Russo 1938/1956, [5]1977, 62.

Beim Gestehen der letzten Sünde gipfelt die Kunst der Lüge in einem Tränenausbruch Cepparellos: so »beweist« er seine große Zerknirschung und Reue wegen der Mißachtung seiner Mutter. Spätestens an dieser Stelle erkennt man, wie die Lügen Cepparellos nicht nur diabolisches Verdrehen der Wahrheit bedeuten, sondern derart zum Produkt poetischer Einbildungskraft und sprachlicher Kunst geraten, daß der abgefeimte Lügner selbst dem Zauber der Phantasie zu erliegen beginnt. Mit der Sünde des Fluchworts auf die »mamma mia dolce« endet der zentrale Block der Erzählung: das Sündenbekenntnis. Es folgt – in schnellen Sprüngen wie bei Teil I – ein kürzerer dritter Akt der Handlung, der uns von der Absolution bis zur Beerdigung Cepparellos und seiner Verehrung als Heiliger mit dem Namen San Ciappelletto führt.

III. Nach der Generalbeichte (Satz 81–95: 15 Einheiten)

81 Der Priester erteilt die Absolution.
82 Kommentar des Autors: Wer wäre den Lügen Cepparellos nicht ebenso erlegen wie der Priester?
83 Der Frater wendet sich an Cepparello:
84 – Er bitte ihn, nach seinem Tode seinen Leichnam auf dem Klosterfriedhof beerdigen lassen zu dürfen. –
85 Cepparello antwortet:
86 – Er wolle nirgendwo anders lieber begraben sein; im übrigen bitte er ihn, ihm die Kommunion zu bringen und die Letzte Ölung zu spenden. –
87 Der Priester verspricht es ihm.
88 Szenenwechsel: Die beiden Wucherer haben gelauscht und alles mitgehört.
89 Die Hausherren kommentieren die Abgefeimtheit der »falschen Beichte« ihres Gastes, sind aber gleichzeitig beruhigt wegen ihrer nunmehr berechtigten Hoffnung auf einen glücklichen Ausgang der ganzen Geschichte.
90 Szenenwechsel: Cepparello kommuniziert, empfängt die Letzte Ölung und stirbt.
91 Die beiden Wucherer geben im Kloster Nachricht von seinem Ableben.
92 Szenenwechsel: Dem Abt und den Confratres im Kloster schildert der Priester sein Beichtkind als »heiligen Mann«.
93 Die Mönche halten Nachtwache am Sarge Cepparellos, tragen ihn am nächsten Morgen in einer Prozession in die Kirche, und der Priester hält eine Predigt, in der er die »Keuschheit«, »Einfalt«, »Unschuld« und »Heiligkeit« seines Beichtkindes preist.
94 Beginn der Verehrung durch die von den Worten des Priesters beeindruckte Bevölkerung.
95 In der folgenden Nacht wird Cepparello in einem Marmorsarg in einer Kapelle des Klosters beigesetzt, und schon am nächsten Tag führt die »fama della sua sanctita« zu seiner Verehrung als Heiliger Ciappelletto, einer Verehrung, die angeblich mit vielen Wundern vergolten wurde.

Trotz der zügigen Abfolge der einzelnen Sequenzen läßt sich – wie bei Teil I – auch in diesem III. Teil eine Abgrenzung bestimmter Gruppen von Sätzen vornehmen:
 1. Von der Absolution bis zum Weggang des Priesters (Satz 81–87: 7 Einheiten)
 2. Von der Verwunderung der Brüder über die Schlechtigkeit Cepparellos bis zur Verehrung des Leichnams durch das Volk (88–94: 7 Einheiten)
 3. Beerdigung und Beginn des Heiligenkultes (Satz 95: 1 Einheit).

C. Nachgeschichte (Satz 96–98)

In einem schon wieder zum Rahmen überleitenden Nachwort (einer Form des Abschlusses, für die es mehrere Parallelen in den 100 Novellen gibt) wird das Geschehen vom Erzähler des Textes I 1, Panfilo, mit theologischen Anmerkungen zur Kraft göttlicher Gnade und zum Problem der Heiligenverehrung eines nach irdischem Ermessen eigentlich zur Verdammnis bestimmten Menschen kommentiert.

10.1.4. Syntaktisch-numerischer Bauplan

Die 98 Sätze der Novelle I 1 verteilen sich auf die einzelnen Teile, Akte und Szenen der Handlung, die wir aufgrund der im objektiven Geschehen gründenden Gliederung des Inhalts abgegrenzt haben, in folgender Weise:

A	I	1		RAgionasi adunque che essendo . . .
		2		Et la cagione del dubbio era il . . . . .
		3		Et sopra questa examinatione . . . . .
	II	1	4	Era questo ciappelletto di questa . . .
			5	Egli essendo notaio avea . . . .
			6	Testimoniançe false con sommo . . .
			7	Aveva oltre modo piacere et forte . .
			8	Invitato ad uno homicidio o ad . . . .
			9	Bestemmiatore di dio et de sancti . .
			10	Ad chiesa non usava giammai′ et . .
			11	Delle femine era cosi vago come . .
			12	Imbolato avrebbe et rubato con . . . .
			13	Gulosissimo/ et bevitor grande . . . .
			14	Giucatore et mettitore di malvagi . .
			15	Per che mi distendo io in tante . . . .
		2	16	La cui malitia lungo tempo . . . .
			17	Venuto adunque questo ser . . . .
			18	Ser ciappelletto come tu sai io . . . . .
B	I	1	19	Ser ciappelletto che scioperato . . . .
		2	20	Et cosi faccendo riparandosi . . . . . .
			21	Al quale i due fratelli fecero . . . . . .
			22	Ma ogni aiuto era nullo′ percio . . .
			23	Che farem noi diceva luno a laltro .
			24	Daltra parte egli e stato si . . . .
			25	Ser ciappelletto il quale come . . . . .
			26	Io non voglio che voi dalcuna cosa .
		3	27	Io o vivendo tante ingiurie facte . . .
			28	I due fratelli come che molta . . . . . .
			29	Il quale giunto nella camera dove . .
			30	Al quale ser ciappelletto che mai . .
			31	Padre mio la mia usança suole . . . .

		32	Disse allora il frate⁄ figliuol ......
		33	Disse ser ciappelletto messer lo ...
II	1	34	Queste parole piacquero molto al ..
		35	Al quale ser ciappellecto ....
		36	Padre mio di questa parte mi ......
		37	Al quale il sancto frate disse ......
		38	Disse allora ser ciappellecto ......
		39	Io son cosi vergine come io usci ...
		40	Ó benedecto sie tu da dio disse ....
		41	Et appresso questo il domando ....
		42	Al quale sospirando forte ser ......
		43	Al quale il frate disse ....
		44	Ó disse ser ciappelletto⁄ padre ....
		45	Il frate contentissimo disse ....
		46	Ma dimmi in avaritia ai tu peccato .
		47	Al quale ser ciappelletto disse .....
		48	Padre mio io non vorrei che voi ...
		49	Bene ai facto disse il frate⁄ ma ....
		50	Ó disse ser ciappelletto cotesto ....
		51	Disse allora il frate⁄ ....
		52	Figliuol mio cotesta e buona ira ...
		53	Ad cui ser ciappelletto rispose ....
		54	Allora disse il frate⁄ hor mi di .....
		55	Mai messer si rispose ser ....
	2	56	Disse allora il frate⁄ hor ....
		57	Gniaffe disse ser ciappelletto ......
		58	Disse il frate⁄ cotesta fu ....
	3	59	Et oltre ad questo il domando il ...
		60	Il frate il domando⁄ quale⁄ et .....
		61	O disse il frate figliuol mio ....
		62	Non disse ser ciappelletto non .....
		63	Disse allora il frate/ o altro ....
		64	Messer si rispose ser ciappelletto ..
		65	Il frate comincio ad sorridere .....
		66	Figliuol mio cotesta non e cosa ....
		67	Disse allora ser ciappellecto ......
		68	Et in brieve de cosi facti ne gli ....
		69	Disse il sancto frate⁄ ....
		70	Figliuol mio che ai tu⁄ ....
		71	Rispose ser ciappelletto⁄ oime ....
		72	Allora il sancto frate disse⁄ va ....
		73	Disse allora ser ciappelletto ....
		74	Ad cui il frate disse⁄ dillo ....
		75	Ser ciappelletto pur piagnea et ....
		76	Ma poi che ser ciappelletto ....
		77	Padre mio poscia che voi mi ......
		78	Sappiate che quando io era ....
		79	Disse il frate⁄ ó figliuol mio ......
		80	Disse allora ser ciappellecto ......

	III	1	81	Veggendo il frate non essere altro ..
			82	Et chi sarebbe colui che nol ....
			83	Et poi dopo tutto questo gli ....
			84	Ser ciappelletto con laiuto di dio ..
			85	Al quale ser ciappelletto rispose ...
			86	Messer si' ançi non vorrei io ......
			87	Il sancto uomo disse che molto ....
		2	88	Li due fratelli li quali dubitavan ...
			89	Che huomo e costui il quale ......
			90	Ser ciappelletto poco appresso ....
			91	Per la qual cosa li due fratelli .....
			92	Il sancto frate che confessato ......
			93	Alla qual cosa il priore et gli ......
			94	Et oltre ad queste molte altre ......
		3	95	Poi la vegnente nocte in una arca ..
C			96	Cosi adunque visse et mori ser ....
			97	Et se cosi e grandissima si puo ....
			98	Et percio accio che noi per la .....

Schon ein flüchtiger Blick auf die Synopse der Sätze genügt, um zu erkennen, daß das satzsyntaktische Corpus der Novelle I 1 nach präzisen Gesetzen zahlenästhetischer *harmonia* angelegt ist. Bei einem genaueren Vergleich der einzelnen größeren und kleineren Tableaus der Erzählung ergibt sich für die inhaltlich und syntaktisch abgrenzbaren Sequenzen der Handlung folgende numerische Ordnung:

Punkte der Gliederung			Anzahl der Sätze	
A	I	1	3	
	II	1	12	15
		2	3	
B	I	1	1	
		2	7	15
		3	7	
	II	1	22	
		2	3	47
		3	22	
	III	1	7	
		2	7	15
		3	1	
C				3
Summe				98

Der in dieser Anordnung und Verteilung der Sätze sichtbar werdende syntaktisch-numerische Code der Novelle I 1 läßt sich in kurzer Schreibweise angeben, und zwar, je nach Addierung der Unterpunkte, in folgenden Varianten:

3 – (12 – 3) – [1 – 7 – 7 – (22 – 3 – 22) – 7 – 7 – 1] – 3
3 – 15 – [15 – (22 – 3 – 22) – 15] – 3
3 – 15 – (15 – 47 – 15) – 3
3 – 15 – (77) – 3.

Der entschlüsselte numerische Code der syntaktischen Komposition der Novelle I 1 verrät uns eine ganze Reihe zahlenästhetischer Prinzipien, die der Autor bei der sprachlichen Ausarbeitung seiner Prosadichtung beachtet hat.

Das Grundgesetz des syntaktischen Bauplans der Novelle ist wieder das *principium proportionum*: die *aequalitas numerosa*. Die vollendete axialsymmetrische Anlage des Hauptteils der Erzählung ist verankert in der inhaltlich begründeten Zentralposition der Generalbeichte. Der Dialog des Sündenbekenntnisses wird von zwei Flügelteilen eingerahmt, so daß sich als Ganzes ein Triptychon aus 15–47–15 Einheiten ergibt. Hinzu kommt, daß sich innerhalb des mittleren Tableaus, der Erzählung der Generalbeichte, das Prinzip der *aequalitas numerosa* noch einmal wiederholt. Durch die Zentrierung der drei Sätze, die von der inhaltlich herausgehobenen Sünde des kaufmännischen *inganno* handeln, entsteht eine Aufteilung der Beichte ebenfalls in drei axialsymmetrisch angeordnete Teile, nämlich 22–3–22. Das Gesamtbild aus zwei Flügelteilen und dreigeteiltem Hauptteil besteht also aus insgesamt fünf Tableaus. Die Maße der fünf Tableaus beruhen auf den der Anzahl der Sätze entsprechenden Zahlenwerten 15–22–3–22–15.

Ein wichtiges Detail der numerischen Ordnung liegt in der mehrfachen Verwendung der Zahl 7. Sie taucht in den Teilen *I. Vor der Generalbeichte* und *III. Nach der Generalbeichte* auf. Hier erscheinen in symmetrischer Form die Werte 1+7+7 *vs* 7+7+1. Des weiteren verzeichnen wir die Zahl 7 in der Summe des gesamten Hauptteils: $15+47+15 = 77$. $77 = 11 \cdot 7$. Außerdem ergibt eine Addierung der Sätze der Vorgeschichte und der Nachgeschichte eine Summe von $21 = 3 \cdot 7$ Einheiten. Die gesamte Anzahl der Sätze beträgt schließlich $77+21 = 98 = 2 \cdot 49 = 2 \cdot 7^2$ Einheiten.[7]

Nach den Ergebnissen unserer Interpretation der Falkennovelle und der Texte II 4 und VI 6 erscheint nun die Vermutung berechtigt, daß Boccaccio in der Komposition der ersten Erzählung seines Opus sicherlich auch mit der Technik der spiegelbildlichen Anordnung oppositiver oder konkordierender Inhalte der im numerischen Bauplan einander gegenüberstehenden Sätze

---

[7] Zur Zahl 7 vgl. oben, 8.1.4. Die in der Summe aller Sätze der Nov. I 1 (= 98) erscheinende Quadratzahl von 7 ($98 = 2 \cdot 7^2$) gilt als hervorragendes Instrument zahlenästhetischer *harmonia*; vgl. dazu z.B. Haubrichs 1969, 105–107 u.ö.

gearbeitet hat. Ausgehend vom inhaltlich-numerischen Mittelpunkt unserer Rekonstruktion, dem Satz 57, bzw. der Satzgruppe 56–57–58, können folgende Sätze die Elemente eines Paares bilden und sollen deshalb auf ihr inhaltliches Verhältnis hin überprüft werden:

a) Die Sätze der beiden Flügelteile I und III:
19–95
20–94
21–93
usw.
bis
32–82
33–81

b) Die Sätze der beiden Szenen 1 und 3 im Mittelteil II:
34–80
35–79
usw.
bis
54–60
55–59

Die Überprüfung der paarweise zusammengestellten Sätze auf allfällige paradigmatische Bezüge hin führt allerdings zu einem konträren Befund. Ein negatives Ergebnis verbuchen wir zunächst für die Sätze, die zum mittleren Akt gehören (s.u.). Für die syntaktischen Einheiten hingegen, welche die beiden Flügelteile bilden, ergibt sich aus unserem Vergleich die Feststellung, daß sich mehrere der in spiegelbildlicher Anordnung stehenden Sätze zugleich auch durch Opposition oder Parallelität in der Beziehung ihrer Inhalte auszeichnen:

Cepparello kommt nach Burgund, wo ihn fast niemand kennt.	19–95	Cepparello wird in einer burgundischen Kapelle bestattet und genießt einen großen Ruf als Heiliger.
Cepparello logiert im Haus zweier Wucherer, die ihm Ehre erweisen.	20–94	Cepparellos Leichnam wird von der Bevölkerung große Ehre erwiesen.
Ärzte kümmern sich um Cepparello auf dem Krankenbett.	21–93	Nachtwache der Mönche an der Totenbahre.
Vergebliches Bemühen der Ärzte um den Kranken.	22–92	Erfolgreiches Bemühen des Beichtvaters bei seinen Confratres um eine Verehrung seines Beichtkindes.
Unentschiedenheit der Brüder.	23–91	Klare Anordnungen der Brüder.
–	24–90	–
–	25–89	–
C. gibt zu, daß er unfreiwillig gelauscht und den Inhalt des Gesprä-	26–88	Die Brüder lauschen absichtlich und vernehmen alles, was C. dem Beicht-

ches der Brüder mitbekommen hat (*inteso*).		vater »gesteht« (*ascoltando, udivano, intendevano*).[8]
C. bittet die beiden Wucherer, einen Priester für die Beichte zu holen (= erste Erwähnung des Frate).	27–87	Letzte Amtshandlung des Frate im Haus der Brüder: er verspricht, die Kommunion bringen zu lassen.
–	28–86	–
–	29–85	–
–	30–84	–
–	31–83	–
–	32–82	–
Cepparello bittet darum, eine Generalbeichte ablegen zu dürfen.	33–81	Der Priester beendet die Generalbeichte mit der Absolution.

Angesichts dieser eindeutigen Korrespondenzen, durch die in einer ganzen Reihe von Sätzen der beiden Flügelteile Zweierparadigmata entstehen, erscheint es um so erstaunlicher, daß Boccaccio im inhaltlich so wichtigen zentralen Teil der Erzählung, der »falschen Beichte«, offenbar auf die Verwendung der Technik der spiegelbildlichen Disposition von Sätzen verzichtet hat. In diesem Zusammenhang ist auch zu bedenken, daß die Sünde des kaufmännischen Betrugs, die in der Mitte zwischen den erfragten Vergehen und den von Cepparello selbst vorgebrachten Geständnissen steht, insofern eigentlich keinen wirklichen Wendepunkt darstellt, als dieser Teil der Beichte auch als letzte der erfragten Sünden angesehen werden kann. Noch verwirrender wird der Befund, wenn wir die Anzahl der den einzelnen Sünden eingeräumten Sätze betrachten:

1. *luxuria*: 34–40 = 7 Einheiten
2. *gola*: 41–45 = 5 Einheiten
3. *avaritia*: 46–48 = 3 Einheiten
4. *ira*: 49–53 = 5 Einheiten
5. *testimoniança falsa*: 54–55 = 2 Einheiten
6. *ingannare (come fanno i mercatanti)*: 56–58 = 3 Einheiten
7. *spaçare la casa un sabato dopo nona*: 59–62 = 4 Einheiten
8. *sputare nella chiesa di dio*: 63–67 = 5 Einheiten
9. *bestemmiare la mamma*: 68–80 = 13 Einheiten
   Summe 47 Einheiten

---

[8] Getto 1957/³1972, 69f., formuliert in seinen trefflichen Hinweisen zur Struktur der Novelle einige Beobachtungen, die – zumindest was das Satzpaar 26–88 angeht – unser Ergebnis in impressionistischer Vorahnung vorwegnehmen: »La materia narrativa [...] si compone in una sapientissima architettura, distribuita in spazi ben equilibrati, articolata in parti di assoluta proporzione, organizzata in pause e sviluppi, in ritmi e respiri, di chiara e ordinata misura. Così l'ascolto della confessione da parte dei due fratelli, che »posti appresso ad un tavolato, il quale la camera dove ser Ciappelletto giaceva divideva da un'altra, [...] ascoltando leggermente

In den bisher von uns rekonstruierten Bauplänen der einzelnen Novellen findet sich kein Instrument ästhetischer Technik, mit dem es möglich wäre, hinter der Disposition dieser den Hauptteil der Novelle ausmachenden Gruppen von Sätzen eine planvolle Ordnung zu erkennen. Dieses – zunächst einmal – enttäuschende Ergebnis läßt es angeraten erscheinen, nach anderen kompositorischen Grundsätzen als dem der axialsymmetrischen Anordnung zu suchen.

Wenn uns also der Sinn der einzelnen numerischen Größen des Mittelteils verborgen ist oder wenn es diesen Sinn im hier besprochenen Fall gar nicht gibt, so bleibt doch ein Faktum von diesen Ungewißheiten unberührt: die Größe 47, d.h. die Summe der Sätze, aus denen der Mittelteil des Textes besteht. Hinter diesem Zahlenwert verbirgt sich, wie wir nun sehen werden, ein in den bisher behandelten Novellen noch nicht zum Vorschein gekommenes Verfahren der syntaktisch-numerischen Kompositionstechnik Boccaccios.

47, die numerische Größe, welche die Summe der Sätze des Mittelteils der Novelle darstellt, steht kompositorisch auf derselben Ebene wie die beiden Flügelteile und deren Anzahl an Sätzen, nämlich 15+15=30. Die textkonstitutive Vergleichbarkeit der den beiden Zahlenwerten 47 und 15 entsprechenden Teile der Erzählung erlaubt es, in den beiden Quantitäten auch rein arithmetische Größen zu sehen, zwischen denen eine bestimmte mathematische Beziehung herrscht.

Um die Relation der beiden Größen zu bestimmen, dividieren wir 47 durch 15:

$$\frac{47}{15} = 3,1\overline{3}$$

Das Ergebnis stellt eine verhältnismäßig gute Näherung an die Kreiszahl $\pi = 3,1415926$ dar.

Nach den Ergebnissen neuerer Forschungen zum mathematischen Ursprung des Sonetts[9], zur Numerologie Dantes[10] und zur geometrischen Anlage

---

udivano e intendevano ciò che ser Ciappelletto al frate diceva«, si compone non solo con il ramo narrativo che segue, in quanto primo grado negativo e sfondo degli effetti della confessione, ma si riallaccia anche al ramo narrativo che precede, richiamando il particolare di ser Ciappelletto che, mentre i due fratelli »assai vicini della camera nella quale ser Ciappelletto giaceva infermo«, si confidano sul da farsi, ascolta, »avendo l'udire sottile, sì come le più volte veggiamo gl'infermi«, quel che costoro stanno di lui dicendo. L'impresa del protagonista, la sua parola-azione, viene così ad essere stretta fra l'udire involontario, da parte di ser Ciappelletto, le confidenze dei due fratelli e quell'udire preordinato, da parte dei due fratelli, la confessione di ser Ciappelletto«. Getto ha dunque ben riconosciuto, come Boccaccio mit paradigmatischen Bezügen in der Syntagmatik des Prosatextes arbeitet. Vgl. dazu oben, 8.2.4.2 und Anm. 20 des Kap. 8.

[9] Zu π im Sonett vgl. Pötters 1983.
[10] Zu π bei Dante vgl. M. Hardt, »Nach Maß und Zahl. Die Rolle der Mathematik in der Divina Commedia Dantes«, in *FAZ* 2.4.1986, Nr. 76, S. 33.

des *Canzoniere* Petrarcas[11] ist die Unterlegung der Figur des Kreises, unter Verwendung verschiedener π-Näherungen, ein gängiges Verfahren in der von mittelalterlichen Dichtern erdachten Tektonik ihrer Werke.

Was aber haben wir nun mit diesem Ergebnis gewonnen? Was nutzt es uns, hinter der arithmetischen Beziehung der beiden den inhaltlichen Hauptteilen der Novelle I 1 entsprechenden numerischen Quantitäten die geometrischen Größen c (= Umfang) und d (= Durchmesser) im Kreise beobachtet zu haben?

Zu unseren Fragen und Bedenken kommt hinzu, daß der Bruch $\frac{47}{15} = 3,1\overline{3}$ eine in praktischer Hinsicht akzeptable und für ästhetische Zwecke verwendbare, unter mathematischem Gesichtspunkt aber nur eine ungefähre Näherung an π darstellt. Ein genauerer Wert im Bereich der Zahlen 47 und 15 würde lauten:

$$\frac{47{,}56}{15{,}14} = 3{,}14$$

Dieser Bruch hat allerdings den Nachteil, nicht aus ganzen Zahlen gebildet zu sein. Wenn nun also die folgenden Berechnungen einerseits auf der genaueren Näherung $\frac{47,56}{15,14}$ beruhen, bleibt davon andererseits die Tatsache unberührt, daß bei einer Umsetzung dieser Kreisfigur in die Komposition eines Kunstwerks der Bruch mit den entsprechenden ganzen Zahlen 47 und 15 handlicher, ja eigentlich der einzig praktikable ist.

Der Kreis mit den Größen $c = 47{,}56$ und $d = 15{,}14$ stellt eine in geometrischer und in ästhetischer Hinsicht ausgezeichnete Figur dar. Er besitzt nämlich eine Reihe von »harmonischen« Eigenschaften, die im wesentlichen auf bestimmten, den Radius dieses Kreises $r = \frac{15,14}{2} = 7{,}57$ betreffenden numerischen Übereinstimmungen beruhen (wobei in den folgenden Berechnungen nur die Beziehungen zwischen den reinen Zahlenwerten, ohne Rücksicht auf Einheiten wie Grad usw., betrachtet werden):

1) Das Verhältnis von Vollbogen-Winkel (360°) und Umfang ($c = 47{,}56$) ist etwa gleich dem Zahlenwert des Radius $r = 7{,}57$:

$$\frac{360}{47{,}56} \approx 7{,}57$$

2) Dies bedeutet umgekehrt, daß das Produkt aus Umfang und Radius etwa gleich 360 ist: $47{,}56 \cdot 7{,}57 \approx 360$. Und das heißt: der Vollbogen-Winkel läßt sich – scheinbar – ohne die Zahl π als Faktor darstellen.

3) Die Flächengröße dieses Kreises, berechnet nach der üblichen Formel
$$A = r^2\pi$$
beträgt
$$A = 7{,}57^2 \cdot \pi$$
$$A \approx 180$$

4) Die Berechnungen unter 2 und 3 verbinden sich zu folgender weiterer

---

[11] Zu π bei Petrarca vgl. Pötters 1987.

Feststellung: Der Zahlenwert der Kreisfläche mit dem Radius $r = 7{,}57$ ist gleich der Hälfte des Zahlenwerts des Produkts aus Umfang und Radius:

$$A = 180 = \frac{360}{2}$$

$$A = \frac{47{,}56 \cdot 7{,}57}{2}$$

$$A = \frac{c \cdot r}{2}$$

5) Der Radius unseres Kreises
$$r = 7{,}57$$
läßt sich mit folgendem zusammengesetzten Wert umschreiben:

$$r^2 \pi = A$$

$$r^2 = \frac{A}{\pi}$$

$$r^2 = \frac{2A}{2\pi} \qquad A = 180$$

$$r = \sqrt{\frac{360}{2\pi}} = 7{,}57$$

6) Ein weiteres Merkmal unseres Kreises betrifft das Bogenmaß. Die Länge des Bogens über einem gegebenen Winkel α wird bekanntlich mit dem sog. Bogenmaß (= *arcus* 1°) berechnet:

$$\begin{aligned} arc\ 360° &= 2\pi &= 6{,}28319 \\ arc\ 180° &= \pi &= 3{,}14159 \\ arc\ 90° &= \pi/2 &= 1{,}57080 \\ arc\ 1° &= 2\pi/360 &= 0{,}01745 \end{aligned}$$

Die Berechnung eines bestimmten Bogensegments erfolgt mit der Formel:

$$b = arc\ 1° \cdot \alpha \cdot r$$

Wir nehmen nun als gegeben an einen Bogen von der Länge $b = 1$. Das ist näherungsweise der 47-ste Teil des Umfangs. Für diesen Bogen berechnen wir den dazugehörigen Bogen-Winkel α:

$$b = arc\ 1° \cdot \alpha \cdot r$$

$$\alpha = \frac{b}{arc\ 1° \cdot r}$$

$$\alpha = \frac{1}{0{,}01745 \cdot 7{,}57}$$

$$\alpha = 7{,}57°$$

Nach diesem Ergebnis können wir den Bogen mit der Länge $b = 1$ mit folgenden Zahlenwerten umschreiben:

$$b = arc\ 1° \cdot \alpha \cdot r$$
$$b = 1 = 0{,}01745 \cdot 7{,}57 \cdot 7{,}57$$

Aus den hier bestimmten Werten ergibt sich für die zahlenästhetische Gestalt des syntaktischen Corpus des zentralen Teils unserer Novelle folgende Kreisfigur:

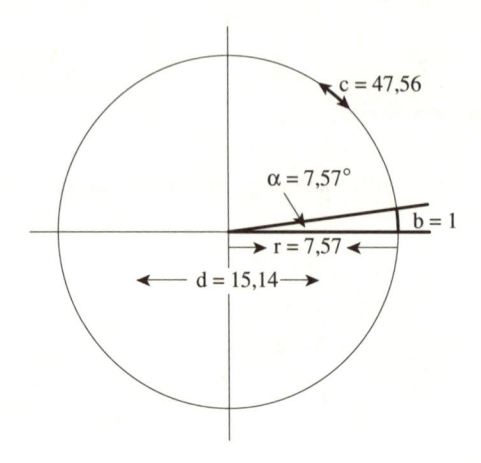

[Kreisfigur mit: $c = 47{,}56$; $\alpha = 7{,}57°$; $b = 1$; $r = 7{,}57$; $d = 15{,}14$]

7) Die einzelnen Zahlenwerte in der gerade gegebenen arithmetischen Bestimmung von $b = 1$ lassen sich durch einige o.g. Ausgangswerte (vgl. 5) für $arc\ 1°$, α bzw. r ersetzen. Dabei ergibt sich ein bemerkenswerter Gleichklang von Zahlenwerten:

$$b = arc\ 1° \cdot \alpha \cdot r$$

a) $$b = 1 = \frac{2\pi}{360} \cdot \sqrt{\frac{360}{2\pi}} \cdot \sqrt{\frac{360}{2\pi}}$$

b) $$b = 1 = 0{,}01745 \cdot 7{,}57 \cdot 7{,}57$$
$$= 0{,}01745 \cdot 57{,}29$$
$$= 0{,}01745 \cdot \frac{1}{0{,}01745}$$

Die in den sieben Punkten durchgeführten Berechnungen haben Ergebnisse erbracht, die in mathematischer Hinsicht Trivialitäten darstellen mögen. Diese Einschätzung nimmt uns allerdings nicht die Möglichkeit, aus den einzelnen Resultaten eine wichtige Beobachtung für unseren ästhetischen Kreis mit den Zahlenwerten 47:15 herzuleiten: Der Umfang des gerade beschriebenen Kreises

$$c = 47{,}56$$

läßt sich in Bogensegmente von der Länge

$$b = 1$$

einteilen, die – zusammenfassend – folgende mit keiner anderen Kreisfigur geteilte Eigenschaft besitzen:

Im Kreis mit dem Radius $r = 7{,}57$ befindet sich der Bogen mit der Länge $b = 1$ über einem Winkel α, dessen Zahlenwert $\alpha = 7{,}57°$ mit dem Zahlenwert des Radius $r = 7{,}57$ übereinstimmt.

Auf der Grundlage unserer mathematischen Erläuterungen zum Kreis mit dem Radius $r = 7{,}57$, $d = 15{,}14$ und $c = 47{,}56$ kommen wir zu folgender zusammenfassender Deutung der mit Hilfe der beiden Zahlenwerte 15 und 47 verfertigten Komposition der Novelle I 1:

1) Die beiden Quantitäten 15 und 47 stellen die Summen der syntaktisch-numerischen Einheiten in jedem der beiden Flügelteile (2 · 15 = 30) bzw. im inhaltlichen Mittelteil (= 47) des als Triptychon konzipierten Textes dar.
2) Bei den beiden Flügelteilen bestehen paradigmatische Bezüge zwischen einer ganzen Reihe der je 15 spiegelbildlich zueinander geordneten Sätze. Hier liegt eine weitere Anwendung des Prinzips der Axialsymmetrie vor, das wir aus den anderen Interpretationen bereits gut kennen.
3) Die Größen 15 und 47 verhalten sich zueinander näherungsweise wie d und c eines Kreises mit dem Radius $r = 7{,}5$ (genauer: 7,57).
4) Die 47 satzsyntaktischen Einheiten können in diesem Kreis auf der Linie des Umfangs $c = 47{,}56$ verteilt werden. Dabei nimmt jede Einheit der syntaktisch-numerischen Textkonstitution eines der Segmente

$$b = \frac{47{,}56}{47} = 1{,}012 \approx 1$$

ein. Das eigenartige Merkmal der Bogenlänge $arc\ 7{,}57° = b = 1$ des Kreises mit dem Radius $r = 7{,}57$ besteht, wie wir gesehen haben, in zwei besonderen Qualitäten, die in der Kreisberechnung mathematisch einmalig sowie wegen der zu beobachtenden numerischen Gleichklänge ästhetisch ansprechend und deshalb künstlerisch verwertbar sind. Diese Eigenschaften sind:
a) die Gleichheit der Zahlenwerte, die dem Winkel des Bogens $b = 1$ und dem Radius des Kreises entsprechen: 7,57;
b) die Möglichkeit, diesen »magischen«[12] oder zumindest *harmonia* bewirkenden Zahlenwert durch zwei Größen zu umschreiben, die – wie

---

[12] Russo 1938/1956, ⁵1977, 62, der in seiner mit traditionellen Methoden erarbeiteten Interpretation zu manch schönem Ergebnis gekommen ist, gibt folgende metaphorische Qualifikation des Mittelteils der Novelle, sicherlich ohne zu ahnen, welch eine konkrete, geometrische Bedeutung seine Einsichten für uns haben: »Il

die Schlüsselzahl des Bogenmaßes ($arc\ 1° = \frac{2\pi}{360}$) – jeweils aus zwei zentralen Ausdrücken der Kreisberechnung zusammengesetzt sind, π und 360:

$$b = 1 = \frac{2\pi}{360} \cdot \alpha \cdot r$$
$$= \frac{2\pi}{360} \cdot 7{,}57 \cdot 7{,}57$$
$$= \frac{2\pi}{360} \cdot \sqrt{\frac{360}{2\pi}} \cdot \sqrt{\frac{360}{2\pi}}$$

Hinter diesen Ergebnissen wird ein neues Prinzip der syntaktisch-numerischen Kompositionstechnik Boccaccios sichtbar. Die 47 Satz-Einheiten, aus denen sich das zentrale Textstück der Novelle I 1, die »falsa confessione«, zusammensetzt, sind nicht wie die Sätze der anderen bisher hier besprochenen Erzählungen und wie die Sätze in den Flügelteilen der Novelle I 1 nach dem Prinzip der Spiegelbildlichkeit angeordnet, sondern die syntaktischen Einheiten sind auf der Linie des Umfangs eines Kreises verteilt. Jeder der 47 Sätze nimmt dabei eines der 47 Bogensegmente von der Länge $b \approx 1$ ein.

In der syntaktisch-numerischen Anlage der ersten Novelle des *Decameron* erscheinen also zwei kompositorische Verfahren der Anordnung der Sätze kombiniert: die Prinzipien
– Spekularität und
– Zirkularität.

Aus der Sicht dieses Ergebnisses fällt nun nachträglich noch ein Licht auf die von Boccaccio in der weiteren ästhetischen Gliederung des satzsyntaktischen Corpus der Novelle I 1 verwandten Zahlenwerte. Bei der Zuteilung der einzelnen Sätze zu den einzelnen Punkten der Handlung haben wir gesehen, daß sich das aus 15–47–15 Einheiten bestehende Triptychon weiter aufteilen läßt in Gruppen von

[1 – 7 – 7 – (22 – 3 – 22) – 7 – 7 – 1]

Sätzen. Die beiden in dieser Reihe besonders auffallenden Zahlenwerte sind 22 und 7.

Die beiden Größen 22 und 7 sind nun ihrerseits zwei Schlüsselzahlen in der Kreisberechnung. Sie bilden Zähler und Nenner des berühmten Bruchs $\frac{22}{7} = 3{,}1429$, der mit dem Namen Archimedes verbunden ist und der am Beginn der wissenschaftlichen Auseinandersetzung mit dem Problem des Kreises steht.[13] Was die ästhetische Verwendung des Kreisproblems in der

---

frate-confessore, attirato una prima volta nell'atmosfera della favolosa finzione del penitente, non può non evaderne; è come preso in un *cerchio magico* ...« (Kursivierung von mir).

[13] Vgl. den Abriß der Geschichte der Kreisberechnung bei Pötters 1987, 104–111 (π *e calcolo decimale: cenni storici*).

Literatur angeht, so ist der Bruch $\frac{22}{7}$ als entscheidendes mathematisches Element in der Entstehung des Sonetts identifiziert worden.[14] Außerdem bildet die archimedische Näherung den Ausgangspunkt für alle Berechnungen, die Boccaccios Freund Petrarca für die Errichtung des mathematischen *aedificium* seiner »Liedersammlung« ausgearbeitet hat.[15] Und nun finden wir die Elemente dieses wichtigen Näherungswertes für π, 22 und 7, also auch in der zahlenästhetischen Struktur der ersten Novelle des *Decameron* wieder, und zwar gleich zwei Mal und zudem neben einem anderen in der mathematischen *forma* des Textes gegenwärtigen Bruch, der – wie wir gesehen haben – mit einer ganz besonderen Kreisfigur[16] in Beziehung gebracht werden kann: $\frac{47}{15}$. Hinzu kommt schließlich, daß $\frac{47}{15} = 3,1\overline{3}$ und $\frac{22}{7} = 3,1429$ den oberen und unteren Randpunkt eines Intervalls bilden, innerhalb dessen die transzendente Zahl π liegt. Anhand der numerischen Gegebenheiten der mathematischen Figur der Novelle I 1 können wir also – ganz im Sinne der Methode des Archimedes, der π als Größe zwischen den Näherungen $\frac{223}{71} = 3,1408$ und $\frac{22}{7} = 3,1429$ bestimmt hat – folgendermaßen schreiben:

$$\frac{47}{15} < \pi < \frac{22}{7}.$$

Unsere Erkenntnisse zur Komposition des Textes I 1 lassen sich abschließend in einem Schema zusammenfassen, das wir als Rekonstruktion des syntaktisch-numerischen Bauplans der Novelle ansehen können (vgl. S. 166).

10.1.5. Immanente Poetik

In der Erzählung von der »falschen Beichte« des am Schluß als Heiliger verehrten Schurken und Erzlügners Cepparello läßt sich zwischen dem moralisch-epistemischen Phänomen der Lüge als Teil des Inhalts einerseits und der syntaktisch-poetischen Relation der negierten Implikation als Strukturmodell des *Decameron* andererseits ein wichtiger geistiger Zusammenhang erkennen.

---

[14] Vgl. Pötters 1983.
[15] Mit mehreren π-Näherungen, von denen die genauesten bis zur 5. bzw. 7. Dezimalstelle korrekt sind (vgl. Pötters 1987, 92 und 100).
[16] Die Tatsache, daß Boccaccio gleich im ersten Text seiner Dichtung den Kreis als Prinzip der syntaktisch-poetischen Komposition wählt, läßt die berechtigte Vermutung aufkommen, daß diese wegen ihrer besonderen ästhetischen Vollendung geschätzte geometrische Figur auch in der formalen Anordnung des »Zyklus« aller 100 Novellen eine Rolle spielen könnte. Im Lichte dieser Vermutung erscheint es des weiteren denkbar, daß neben den beiden schon recht guten Werten 47/15 und 22/7 aus der mathematischen Struktur des gesamten *Decameron* möglicherweise noch eine genauere Näherung an π zu entnehmen sein wird (vgl. dazu Vf., *Das »Frauental« des Giovanni Boccaccio. Syntax und Mathematik im »Decameron«*: in Vorbereitung).

Syntaktisch-numerischer Bauplan der Novelle I 1

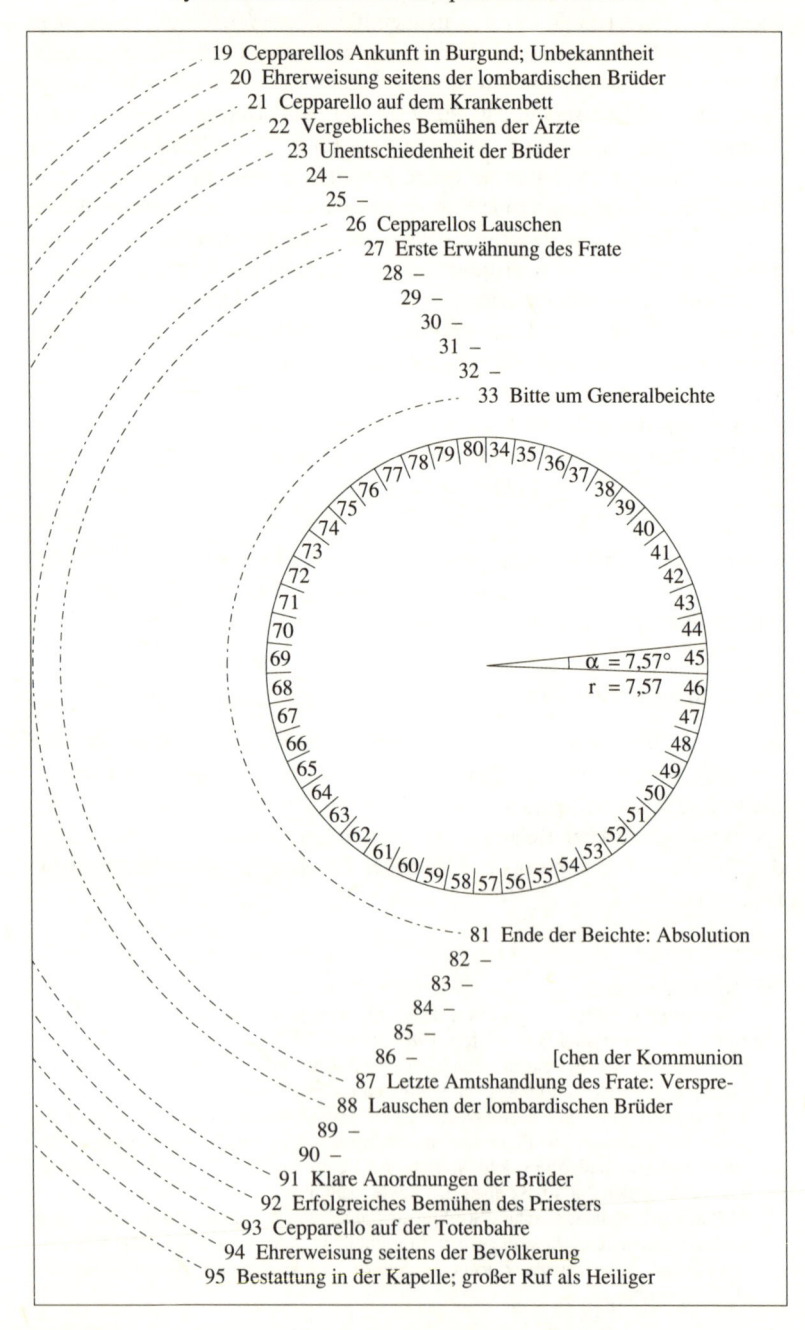

19 Cepparellos Ankunft in Burgund; Unbekanntheit
20 Ehrerweisung seitens der lombardischen Brüder
21 Cepparello auf dem Krankenbett
22 Vergebliches Bemühen der Ärzte
23 Unentschiedenheit der Brüder
24 –
25 –
26 Cepparellos Lauschen
27 Erste Erwähnung des Frate
28 –
29 –
30 –
31 –
32 –
33 Bitte um Generalbeichte

34 35 36 37 38 39 40 41 42 43 44 45 46 47 48 49 50 51 52 53 54 55 56 57 58 59 60 61 62 63 64 65 66 67 68 69 70 71 72 73 74 75 76 77 78 79 80

$\alpha = 7{,}57°$
$r = 7{,}57$

81 Ende der Beichte: Absolution
82 –
83 –
84 –
85 –
86 –   [chen der Kommunion
87 Letzte Amtshandlung des Frate: Verspre-
88 Lauschen der lombardischen Brüder
89 –
90 –
91 Klare Anordnungen der Brüder
92 Erfolgreiches Bemühen des Priesters
93 Cepparello auf der Totenbahre
94 Ehrerweisung seitens der Bevölkerung
95 Bestattung in der Kapelle; großer Ruf als Heiliger

166

Die Lüge ebenso wie die konzessive Verknüpfung beruhen auf der Durchkreuzung von Erwartungshaltungen, die in den Normen des menschlichen Zusammenlebens begründet sind. In der »falsa confessione« des Cepparello, mit der das Epos der verkehrten Welt beginnt, kommt die Affinität von Lüge und Konzessivität exemplarisch zum Ausdruck: Der Begriff der *confessione* impliziert Wahrheit und Wahrhaftigkeit, das Adjektiv *falsa* negiert diese Implikation, entlarvt die Erwartung als trügerische Illusion.

Mit dem Paroxysmus von Falschheit, zu dem der *pessimo huomo* in der Beichte gelangt, erweist sich der Protagonist der ersten Novelle des *Decameron* als Personifizierung desjenigen Prinzips, welches das ganze Werk zu einem System aus zielgerichteten Verfahren macht: *inganno* + *disinganno* ≙ enttäuschte Erwartung ≙ Konzessivität.

Unser Autor hat sich offenbar die Erkenntnis zunutze gemacht, daß die grammatisch-poetische Struktur der Konzessivität und die Idee des *inganno* – in all seinen Variationen von Lug und Trug – auf das Konzept der Kollision von Wahrheitswerten[17] zurückgeführt werden kann, auf den Gegensatz zwischen dem als wahr Erwarteten und dem sich als falsch Offenbarenden, zwischen Schein und Sein.

Indem der Protagonist der Novelle I 1 dieses Prinzip mit der meisterhaften Kunst seiner lügnerischen Verstellung und Heuchelei[18] verkörpert, erweist sich der *erste* Text des *Decameron* als Proto-Typ des Novellenzyklus.

Wegen der repräsentativen Funktion der »falschen Beichte« kann in der Novelle I 1 ein Stück immanenter Poetik gesehen werden. Diese Hypothese wird sich nach und nach insofern erhärten, als sich beobachten läßt, daß auch in den folgenden drei Texten, I 2 bis I 4, Elemente einer impliziten Erläuterung der Dichtung durch die Dichtung erscheinen.

10.2. Novelle I 2: Die Bekehrung des Juden Abraam

Auch das nächste Beispiel, die zweite Novelle des *Decameron*, wollen wir nach den am Anfang des 9. Kapitels definierten Grundsätzen analysieren.[19]

---

[17] So bereits die Definition der konzessiven Syntax in dem *Introductiones montane minores*, einem Logiktraktat aus dem 12. Jh. Vgl. oben, Kap. 9, Anm. 24.

[18] Russo 1938/1956, ⁵1977, 63, spricht zu Recht von der Fähigkeit Cepparellos zur »menzogna artistica«.

[19] Zur Frage der formalen Gestalt der Novelle I 2 hat die bisherige Forschung wenig Nennenswertes erarbeitet. Vorrangiges Interesse haben die Charaktere der beiden Hauptpersonen gefunden. Außerdem sind die Zusammenhänge zwischen Boccaccios Kritik an der Kirche und der persönlichen, rationalistischen Glaubensentscheidung des Juden Abraam erörtert worden; vgl. P. Toldo, »La conversione di Abraam giudeo«, in *Giornale storico della letteratura italiana* 43 (1903) 335ff.; L. di Francia, »Alcune novelle del *Decameron*, illustrate nelle fonti«, in ebd. 44 (1904) 1ff. (zur Nov. I 2: 94–103); Momigliano 1924, 52–56; Russo 1938/1956,

10.2.1. Syntaktische Strukturen des Inhalts

Wieder soll uns das vom Autor in der *Rubrica* in Form einer Satzreihe gebotene Resümee dazu verhelfen, das syntaktische Gefüge der Handlung zu erkennen[20]:

> Abraam giudeo da giannotto di civigni stimolato va in corte di Roma *et* veduta la malvagita de cherici torna ad parigi *et* fassi *crist*iano.

Das unerhörte Ereignis der Novelle liegt in der Konversion des eigentlich glaubenstreuen Juden zum Christentum. Der christliche Freund hat den Kaufmannskollegen und im jüdischen Gesetz bewanderten Schriftgelehrten lange Zeit bedrängt, sich doch von der Evidenz der *verità cristiana* überzeugen zu lassen. Aber sein Werben war vergeblich. Schließlich entscheidet sich der Jude dem Freunde zuliebe dazu, sich in Rom am Hauptsitz der Kirche ein eigenes Bild von den Vertretern und den Institutionen des christlichen Glaubens zu verschaffen. Vom Ergebnis dieses theologischen Ortstermins will er die Bestätigung oder Revision seiner religiösen Überzeugung abhängig machen. Giannotto sieht der Romreise seines Freundes – ganz in Übereinstimmung mit der kritischen Haltung Boccaccios gegenüber der in moralischer Hinsicht wenig vorbildlichen Amtskirche seiner Zeit – mit großer Skepsis, ja eigentlich mit der sicheren Erwartung eines negativen Ausgangs entgegen. Aber hier nun tritt die überraschende Wende ein: »Nachdem [der Jude] die Verderbtheit der Geistlichen gesehen hat [die vom Autor mittels der detaillierten Beobachtung des Juden mit dem Unterton der Entrüstung beschrieben wird], kehrt er nach Paris zurück und ... wird Christ«.

In der Formulierung des konzessiven Ereignisses, wie sie die *Rubrica* mit ihrer synthetisch-syndetischen Sprache bietet, verdient unsere besondere Aufmerksamkeit die der zitierten Übersetzung entsprechende italienische Partizipialkonstruktion *veduta la malvagita de cherici torna ad parigi et fassi cristiano*. Die zwischen der infiniten Konstruktion und dem Basissatz bestehende logische Struktur kann man in einer ersten Lesart nur als konzessive Relation deuten: Das Ergebnis der Empirie des Juden würde eigentlich, »normalerweise«, das Verbleiben im eigenen Glauben nach sich ziehen (= implikative Struktur $p \rightarrow q$); aber dies ist wider Erwarten nicht der Fall, da sich der Jude – so meint sein Freund Giannotto und mit ihm der Leser, und so entspricht es »normaler« Beurteilung des Sachverhalts – *trotz* der Verderbtheit der Kirche zur Taufe entschließt. Mit der unmarkierten Form der Partizipialkonstruktion hat allerdings der Autor diese konzessive Deutung absichtlich im unbestimmten gelassen. Die Ambivalenz läßt Raum für eine zweite Lesart der

---

[5] 1977, 69–76; Baratto 1970/²1974, 205–210 (der sehr gut die konzessiven Strukturen herausgearbeitet, ohne allerdings Bezüge zur Syntax des Textes zu erwähnen).

[20] Quelle unserer Zitate und Argumente ist wieder die Originalfassung des Textes: Ed. Singleton 1974, 32–37; Ed. facs. Branca 1975, fol. 7vA – fol 8rB.

logischen Beziehungen zwischen den Handlungssequenzen. Diese andere Deutung, die der persönlichen Sicht des Juden entspricht, äußert sich als Kausalstruktur: Er wolle Christ werden, *nicht obwohl* die Kirche in Rom verderbt sei, *sondern gerade weil* sie es sei, und zwar in so hohem Maße, daß man aus der Tatsache, daß sie bei all ihrer Schlechtigkeit immer noch nicht untergegangen sei, die besondere Stärke des christlichen Glaubens und seine Verankerung im Heiligen Geiste herleiten könne; *und genau deshalb*, so wird es dann am Schluß in Abraams eigener ausführlicher Motivierung seiner paradoxen Entscheidung heißen, »werde ich es nun nicht unterlassen, Christ zu werden«.

Hiermit sehen wir unsere anhand der Falkennovelle und der anderen ausgewählten Erzählungen des *Decameron* angestellten Beobachtungen zu den syntaktischen Hauptlinien der Texte bestätigt: Auch in der Novelle I 2 stellen wir im Anschluß an die *Rubrica* einen künstlerisch raffinierten Einsatz konzessiver und kausaler Verknüpfungen fest. Während die konzessive Struktur, die eigentlich das für den Ausdruck des Ungewöhnlichen und Überraschenden bestimmte Satzmuster darstellt, in der narrativen Struktur der Novelle der logischen Sicht der Dinge, also der Perspektive des auf implikativen Beziehungen beruhenden Raisonnements entspricht, wird die Struktur der Kausalität, d. h. der positiven Implikation, in Umkehrung dieses Prinzips dazu benutzt, in einer antisyllogistischen Begründungslinie die überraschende – also konzessive – Entscheidung des Juden plausibel erscheinen zu lassen.

Für diese Technik Boccaccios liefert uns nun der Text selbst eine begriffliche Analyse, die geeignet ist, uns einen für unsere weitere Arbeit nützlichen Terminus an die Hand zu geben, der sozusagen als Theorie der von uns beobachteten Verquickung konzessiver und kausaler Denkmuster dienen kann. Als Giannotto von der Entscheidung seines Freundes erfährt, heißt es: *Giannotto ... aspectava directamente contraria conclusione.*

Die kausal begründete konzessive Entscheidung des Juden beruht also
a) auf einer *conclusione* (= Ergebnis eines syllogistischen Denkschritts), die aber in Wirklichkeit
b) im »direkten Gegensatz« zum eigentlich aufgrund der Prämissen zu »erwartenden« Schluß steht.

Die einzelnen Vokabeln in Boccaccios Formulierung sind die zentralen Begriffe eines jeden Versuchs, Konzessivität linguistisch zu definieren. Zugleich wird aus dieser Bestimmung deutlich, wo der Autor seinen besonderen literarischen Spielraum sieht: in der ins Individuelle gewendeten *conclusione*, dem kausal begründeten konzessiven »Schluß« (im Sinne von *fine* und *conclusione*). Wir erinnern uns: In der Falkennovelle beruht Giovannas Entscheidung auf einer ebensolchen unerwarteten Motivierung ihrer Heiratsabsichten; und in der Novelle I 1 wird in der Beziehung zwischen »falscher Beichte« und der Verehrung Cepparellos als Heiligen die gleiche Linie antisyllogistischer Kausalität vollzogen. Die begriffliche Durchdringung der in jeder Konzessivrelation präsupponierten singulären Kausalrelation, wie sie uns Boccaccio mit dem Konzept der *contraria conclusione* erzählend vermittelt, läßt also erkennen, daß den Autor der *Cento novelle* an einem vom Zufall produzierten konzessiven *caso* weniger das bloße Ereignis des Unerwarteten als vielmehr die literarisch gestaltete Explizierung der für ein konzessives Geschehen verantwortlichen Ursache interessiert. Mit Hilfe des Begriffs der *contraria conclusione* hat uns der Autor ein hermeneutisches Instrument an die Hand gegeben, mit dem wir im folgenden unsere Darstellung erheblich erleichtern und abkürzen können.

10.2.2. Das satzsyntaktische Corpus

Nach der *Rubrica* folgt der aus drei syntaktischen Einheiten bestehende Rahmen, in dem die üblichen Dinge zur Sprache kommen: Beschreibung der Reaktion der Zuhörer auf die vorhergehende Erzählung, Aufforderung der Königin an den nächsten Erzähler, das Wort zu ergreifen, Einleitung der folgenden Novelle durch das Mitglied der *brigata*, das nun spricht.

Die Initialformel, mit der die Novelle I 2 beginnt, lautet:

> SI come io gratiose donne gia udij ragionare ...

Von der mit diesen Worten eingeleiteten satzsyntaktischen Einheit bis zum Ende des Textes lassen sich auf der Grundlage der Abgrenzung durch Majuskelsetzung im *Codex Hamilton 90* folgende 18 Einheiten zählen:

1	SI come io gratiose donne gia............
2	La cui dirictura *et* la cui lealta...........
3	Il giudeo rispondeva che niuna ne........
4	Giannotto no*n* stette *per* questo..........
5	Cosi come egli pertinace dimorava.......
6	Ecco giannotto a te piace che io ....
7	Quando giannotto i*n*tese questo fu ....
8	De amico mio *per* che vuoi tu...........
9	Ad cui il giudeo rispose................
10	Io mi credo giannotto che cosi ....
11	Giannotto vedendo il voler suo ....
12	Il giudeo monto ad cavallo *et* come ......
13	Oltre ad questo universalmente..........
14	Le quali i*n*sieme co*n* molte altre..........
15	Al quale come giannotto seppe che.......
16	Al quale il giudeo prestame*n*te ....
17	Parmene male che idio dea ad...........
18	Giannotto il quale aspectava ....

10.2.3. Ordnung der Sätze

In der Besprechung der syntaktischen Hauptlinien des Textes haben wir gesehen, daß die Geschichte der Novelle I 2 weniger in einem objektiven

Geschehen als in einem theologischen Diskurs, im Argumentieren der beiden Protagonisten und im Räsonieren über den wahren Glauben besteht. So verwundert es nicht, daß wir in den ersten Sätzen der Erzählung vergeblich nach der üblichen Formel suchen, nämlich dem Verb *advenne*, mit dem der Beginn des novellistischen *avvenimento* markiert würde. Gleichwohl lassen sich auch in der Novelle I 2 *Vorgeschichte* als Exposition und *Geschichte* als Hauptteil eindeutig voneinander abgrenzen.

A. Vorgeschichte

I. Vorstellung der beiden Protagonisten (Satz 1)
II. Der *casus* der beiden Helden
  1. These: Aufforderung des Christen, der jüdische Freund möge sich von der *verità cristiana* überzeugen lassen und
  2. Antithese: Bestehen des Juden auf der größeren »Heiligkeit« seines Gesetzes (Satz 2 und 3).

B. Geschichte

Der Anfang des Hauptteils wird im 4. Satz eindeutig markiert durch einen das Folgende vom Vorhergehenden abgrenzenden Wechsel im zeitlichen Rahmen der Handlung. Mit der Adverbialbestimmung *passati alquanti di* wird nach der allgemeinen Beschreibung der Positionen der beiden »Kontrahenten« diejenige Phase in der theologischen Diskussion des Christen und des Juden eingeleitet, in der die auch in dieser Novelle vorkommenden objektiven Ereignisse, nämlich die Romreise des Juden, entwickelt werden.

Der Hauptteil selbst, der die Sätze 4 bis 18 umfaßt, läßt sich in zwei größere Bilder (I und III) einteilen, denen eine kleinere Szene (= II) zwischengeschaltet ist:
I. Diskussion der beiden Freunde
II. Der Konflikt in der Schwebe
III. Lösung der Kontroverse.

Eine weitere Untergliederung des ersten und des dritten Tableaus ergibt sich einerseits aus der inneren Entwicklung der Debatte und andererseits aus dem Wechsel des räumlichen Rahmens (= Paris – Rom – Paris). Im einzelnen:

I. Diskussion der beiden »Kontrahenten«
1. Logik *versus* Empirie
Der Christ versucht immer wieder, den Juden mit logischen *ragioni* von der größeren Wahrheit seines Bekenntnisses zu überzeugen, woraufhin der Jude den Vorschlag macht, die Entscheidung der Streitfrage von einer empirischen Überprüfung der Position des Freundes im Zentrum der christlichen Religion, in Rom, abhängig zu machen (Satz 4 bis 7).

2. Diskussion über die Empirie

Von diesem im Ergebnis vermutlich zweifelhaften Plan möchte der Christ seinen jüdischen Freund abhalten. Das Gespräch gerät zu einer Diskussion über die Zweckmäßigkeit der Reise nach Rom (Satz 8 bis 10).

II. Der Konflikt in der Schwebe

Das erste Tableau des Hauptteils endet mit der Vorahnung des Christen, das geplante Unternehmen des Juden könne alle seine Bemühungen um die Bekehrung des Freundes zunichte machen (Rückblick und Abschluß der Diskussion). Er resigniert und beschließt, das Ergebnis der Romreise in Geduld abzuwarten (Satz 11). Dieser Ausblick auf das Folgende verleiht Satz 11 eine Art Scharnierfunktion. Mit Giannotto befinden wir uns in einem Schwebezustand zwischen scheinbarer Gewißheit des negativen Ausgangs und Hoffnung auf eine überraschende Wende zum glücklichen Ende. Die anaphorisch-kataphorische Ausrichtung des Satzes 11 kommt typischerweise in einer parataktischen Verknüpfung mit der konzessiven Konjunktion *ma pur* zum Ausdruck:

> ... et seco adviso lui mai non doversi far cristiano come la corte di roma veduta avesse, *ma pur* niente perdendovi si stette.

Inhalt und grammatische Konstruktion des Satzes weisen also diese syntaktische Einheit als Mitte des Geschehens im Hauptteil aus. Mit dem Christen Giannotto hofft der Leser (soweit er sich mit dessen Position identifiziert) auf das Eintreten ungewöhnlicher Umstände, die doch noch ein irgendwie positives Ende im Sinne des ursprünglichen Anliegens Giannottos nach sich ziehen könnten.

III. Lösung der Kontroverse

1. Romreise des Juden

Mit dem Ortswechsel Paris-Rom ist der Beginn dieses Teils des Geschehens eindeutig abgegrenzt. Die Beobachtungen des Juden in Rom übertreffen alle negativen Erwartungen; die Verderbtheit der Kirche an Haupt und Gliedern wird nirgendwo offenbarer als am Sitz des Stellvertreters Christi (Satz 12 bis 14).

2. Der kausal begründete konzessive Schluß

Der Jude kehrt nach Paris zurück, und der völlig überraschte Freund erfährt die unvermutete Entscheidung in einer langen Begründung des Juden. Es folgen religiöse Unterrichtung und anschließend die Taufe (Satz 15 bis 18).

10.2.4. Syntaktisch-numerischer Bauplan

Legen wir die eben beschriebene inhaltliche Gliederung der Novelle I 2 zugrunde, ergibt sich folgende Disposition der insgesamt 18 Sätze des Textes:

A	I	1		SI come io gratiose donne gia ....
	II	1	2	La cui dirictura *et* la cui lealta........
		2	3	Il giudeo rispondeva che niuna ne.....
B	I	1	4	Giannotto no*n* stette p*er* questo .....
			5	Cosi come egli pertinace dimorava ..
			6	Ecco giannotto a te piace che io.....
			7	Quando giannotto i*n*tese questo fu ...
		2	8	De amico mio p*er* che vuoi tu.....
			9	Ad cui il giudeo rispose..........
			10	Io mi credo giannotto che cosi ....
	II		11	Giannotto vedendo il voler suo
	III	1	12	Il giudeo monto ad cavallo *et* come
			13	Oltre ad questo universalmente....
			14	Le quali i*n*sieme co*n* molte altre...
		2	15	Al quale come giannotto seppe che ..
			16	Al quale il giudeo prestame*n*te .....
			17	Parmene male che idio dea ad ......
			18	Giannotto il quale aspectava........

Das Schema mit der inhaltlich begründeten Gruppierung der 18 syntaktischen Einheiten zeigt auf Anhieb, daß auch dieser Text nach den Prinzipien mathematisch berechneter *harmonia* komponiert ist. Das Ergebnis soll in der folgenden Tabelle, in der den einzelnen Punkten der Gliederung die oben erläuterte Anzahl von Sätzen zugeordnet wird, verdeutlicht werden:

Punkte der Gliederung			Anzahl der Sätze
A	I	1	1
	II	1	1
		2	1
B	I	1	4
		2	3
	II		1
	III	1	3
		2	4
Summe			18

Wir stellen folgende Dispositionen und Techniken fest:
1) Der Satz, in dem der Schwebezustand zwischen *Diskussion* und *Lösung der Kontroverse* formuliert wird, steht exakt in der Mitte.
2) Die beiden durch diese syntaktische Einheit (= II) geteilten größeren

Tableaus der Geschichte (I und III) zählen je 7 Sätze: Prinzip der *aequalitas numerosa*.

3) Die beiden Blöcke aus je 7 Sätzen gliedern sich aufgrund inhaltlicher Kriterien in zwei Gruppen zu je 4 + 3 Einheiten.

4) Die beiden Gruppen zu je 4 und je 3 Sätzen sind axialsymmetrisch (4 + 3) – (3 + 4) um den Mittelpunkt angeordnet.

5) Spiegelbildliche Bezüge bestehen auch zwischen einzelnen syntaktisch-numerischen Einheiten, so insbesondere zwischen folgenden Satzpaaren:
   – zwischen Satz 4 (vergebliche *dimostrationi* des Christen zwecks Bekehrung des Juden) und Satz 18 (Taufe des Juden);
   – zwischen Satz 5 (ablehnende Haltung des Juden) und Satz 17 (positive Entscheidung des Juden);
   – zwischen Satz 7 und Satz 15, die jeweils einen inneren Kommentar des Christen zum Ausdruck bringen.

6) Die Zahl 7 hat in diesem Text vermutlich zahlensymbolische Bedeutung. Augustinus – in einer Tradition, die bei Pythagoras beginnt – definiert diese Größe als *secretarium veritatis*[21]. In der Novelle I 2 geht es, wie wir gesehen haben, um die *verità cristiana* und um die aus der Sicht des Christen weniger große Klarheit der *giudaica legge*.

7) Der gesamte syntaktisch-numerische Code der Novelle I 2 lautet zusammenfassend:
   $$3 - (4 - 3 - 1 - 3 - 4).$$

Die Ergebnisse unserer syntaktisch-numerischen Analyse fassen wir wieder in einer Skizze zusammen, die dem originalen Kompositionsentwurf Boccaccios nahekommen dürfte (vgl. S. 175).

10.2.5. Immanente Poetik

Die Entscheidung des Juden Abraam, sich nicht trotz, sondern gerade wegen der Verderbtheit der Kirche in Rom zu bekehren, wird von seinem christlichen Freund Giannotto als eine Nachricht empfunden, die das »Gegenteil des erwarteten Schlusses« darstellt. Den Ausdruck der *contraria conclusione* aus Boccaccios poetischer Sprache können wir ohne weiteres als Definiens einer grammatikalischen Bestimmung der konzessiven Syntax übernehmen, und zwar sowohl im Hinblick auf die assertierte Struktur der negierten Implikation als auch in bezug auf das in der Konzessivrelation präsupponierte singuläre Kausalverhältnis. Das Erscheinen der in diesem doppelten Sinne terminolo-

---

[21] Augustinus, *De libero arbitrio.* II, 42: »... jam tibi sapientia de ipsa interiore sede fulgebit, et de ipso secretario veritatis" (in *Opera omnia*, hg. von J. M. Migne, Turnhout o. J., »Patrologia Latina« XXXII, 1264). Vgl. auch Pötters 1987, 58. Zur 7 in den anderen hier interpretierten Novellen vgl. oben, 8.1.4., 9.1.4., 9.2.4., 10.1.4. und unten 10.4.4.

Syntaktisch-numerischer Bauplan der Novelle I 2

A. Vorgeschichte

1 Die Protagonisten: Der Christ Giannotto und der Jude Abraam
– Kaufleute in Paris und zudem Freunde

    2 These des Christen: Bekehre dich, denn der christliche Glaube ist der bessere.

        3 Antithese des Juden: Nein, denn das jüdische Gesetz ist das wahre.

B. Geschichte (»einige Tage später«)

    4 Neue Bekehrungsversuche des Christen mit Hilfe von *dimostrationi*

        5 Der Jude bleibt ablehnend, macht aber dem christlichen Freund zuliebe folgenden vermittelnden Vorschlag:

            6 »Reise nach Rom zwecks Überprüfung der größeren Kraft und Wahrheit des christlichen Glaubens am Ort seiner leitenden Institutionen«

                7 Innerer Kommentar des Christen zum Plan des jüdischen Freundes: negative Erwartung

                    8 Christ: »Gründe gegen die Rom-Reise«

                        9 Antwort des Juden:

                            10 »Beharren auf dem Plan der empirischen Überprüfung«

                      (11) ← Resignation und Abwarten des Christen

                  12 Beobachtungen des Juden in Rom: »*Roma corrupta*«

                  13 Fortsetzung der Beobachtungen: »*Roma corrupta*«

                  14 Abschluß des Rom-Aufenthalts und Rückkehr nach Paris

              15 Innerer Kommentar des Christen zur Rückkehr des jüdischen Freundes: negative Erwartung

            16 Erklärung des Juden:

        17 »Positive Entscheidung und antilogische Begründung (*conclusione contraria*)«

    18 Konversion – Katechese – Taufe des Juden mit dem christlichen Freund als Taufpaten

gisch verwertbaren Formel gleich in der zweiten Novelle des *Decameron* mag vielleicht kein Zufall sein. Genau wie der Autor in der Novelle I 1 mit dem Anti-Helden des *pessimo huomo* als Personifizierung des *inganno* den semantischen Kern seines syntaktischen Strukturmodells poetisch gestaltet hat, so will er uns offenbar in der zweiten Novelle mit dem Konzept der *contraria conclusione* die implizite Anweisung zur Rekonstruktion der seiner Dichtkunst und seiner Novellenkonzeption zugrunde liegenden philosophisch-linguistischen Theorie geben.

10.3. Novelle I 3: Das Gleichnis von den Drei Ringen

Ähnlich wie im Falle der Falkennovelle liegt uns nun mit der dritten Erzählung des *Decameron* ein Text vor, der in der abendländischen Literatur- und Geistesgeschichte infolge besonderer Rezeptionsbedingungen, namentlich durch die Verwendung der sog. Ringparabel in Lessings Drama *Nathan der Weise*, berühmt geworden ist. Unsere syntaktische Analyse der Novelle wird indes zeigen, daß Boccaccios künstlerische Sorgen und Absichten weniger in die Richtung des religionskritisch-ideologischen Inhalts zielten als auf die werkimmanente ästhetische Gestaltung dieser Novelle, und zwar dieses Textes für sich allein sowie als Teil der Komposition der gesamten Erzähldichtung.[22]

10.3.1. Syntaktische Strukturen des Inhalts

Die *Rubrica*, mit der unser Autor die Novelle von den Drei Ringen zusammenfaßt, hat folgenden Wortlaut[23]:

> Melchisedech giudeo *con* una novella di tre anella cessa un gran pericolo dal saladino apparecchiatogli.

Auch dieses in einen Satz gekleidete Resümee offenbart uns wieder auf Anhieb die tragende konzessive Struktur der Handlung: Die vom Sultan dem Juden Melchisedech bereitete »große Gefahr« (= p), jene ominöse Fangfrage

---

[22] Die Fragen der sprachlich-kompositorischen Anlage des Textes haben die bisherige Forschung überhaupt nicht oder nur in flüchtigen Ansätzen beschäftigt: L. Cappelletti, *Commento sopra la terza novella della prima giornata del »Decamerone«*, Bologna 1874; Momigliano 1924, 57–60; Russo 1938/1956, ⁵1977, 77–102; M. Penna, *La parabola dei tre anelli e la tolleranza nel Medio Evo*, Turin 1952; Baratto 1970/²1974, 82–84, 210–214; M. Marcus, »Faith's Fiction: a gloss on the tale of Melchisedech (*Decameron* I, 3)«, in *Canadian Journal of Italian Studies* 2 (1978–79) 40–55; Cottino-Jones 1982, 24–32.

[23] Der Autograph des Textes, auf den wir unsere Argumentation wieder stützen, findet sich in den zitierten modernen Reproduktionen: Ed. Singleton 1974, 37–39; Ed. facs. Branca 1975, fol. 8rB – fol. 8vB.

nach der Wahrheit der drei großen Weltreligionen, bringt den Juden nicht, wie man der Schwierigkeit der Frage nach hätte erwarten können, in Verlegenheit ($=q$), sondern es gelingt dem weisen Melchisedech, indem er die Unlösbarkeit des theologischen Wahrheitsproblems in die literarische Form einer *novelletta* kleidet, die Gefahr zu »bannen« (also $p \rightarrow NEG\text{-}q$). Das *cessare un gran pericolo* erinnert fast wörtlich an eine der gängigen traditionellen Definitionen der Konzessivität, in der von der »Überwindung eines Hindernisses« die Rede ist. Mit dieser Formulierung wird diejenige syntaktische Relation umschrieben, die dem wider Erwarten eintretenden *glücklichen Ende* entspricht. Neben der Überwindung eines Hindernisses steht die Bestimmung des konzessiven Verhältnisses als Erlebnis der »enttäuschten Erwartung«; damit wird eine konzessive Verknüpfung bezeichnet, in der die Linie der Ereignisse von der Erwartung des Positiven zum *unglücklichen Ausgang* führt.[24] Im übrigen realisiert der Text getreu das durch die vorhergehende Novelle theoretisch fundierte Denkschema der *conclusione contraria*: Der Jude gibt dem Sultan eine Antwort auf die unbeantwortbare – oder nur mit »großer Gefahr« beantwortbare – Frage, indem er deren Unbeantwortbarkeit auf gleichnishaft-literarische Weise demonstriert.

Wie in den bereits analysierten Novellen so ist auch in diesem Text nicht die explizite novellistisch-konzessive Hauptlinie das eigentlich überraschende, sondern das wirkliche *novum* der Erzählung liegt im Akt des Demonstrierens der *conclusione contraria*. In der Falkennovelle haben wir diese den Schluß vorbereitende Begründung in Giovannas Motivierung ihrer Entscheidung für Federigo vorgefunden, und in der Novelle I 1 zeigt die »falsche Beichte« schon in ihrer relativen Länge, daß sie – als Begründung des überraschenden Endes – die im eigentlichen Zentrum des Interesses stehende Mitteilung des Textes bildet. In der Novelle von den Drei Ringen präsentiert sich dieser Akt der *conclusione contraria*, diese kausale Vorbereitung eines konzessiven Endes, in gleicher Weise mit dem Mittel einer weiteren konzessiven Relation. Es ist dies die berühmte Geschichte von der *quistione pendente* des echten, »wahren« Ringes, den am Ende selbst der »Vater«, der zwei Imitate hat anfertigen lassen (= *antecedens*), kaum mehr zu unterscheiden wußte (= konzessives *consequens*: aufgrund der Tatsache, daß es der »Vater« war, der den wahren Ring selbst besessen hatte, war eigentlich zu erwarten, daß er den Ring immer hätte wiedererkennen müssen). Diese konzessive Relation, mit der die unvermutete Lösung des zwischen dem Sultan und dem Juden entstandenen Konflikts begründet wird, erscheint im Text I 3 in einer besonderen Form: als *novelletta* in der *novella*, als Erzählung in der Erzählung. Die *conclusione contraria*, das Hauptinstrument in der »Logik« des Novellenerzählers, wird hier also im Akt der ästhetischen Verwendung selbst explizit gestaltet.

---

[24] Vgl. oben, 4.1.1.

10.3.2. Das satzsyntaktische Corpus

Der Beginn der Novelle I 3 ist nicht durch eine der sonst im ersten Satz stehenden sprachlichen Initialformeln markiert. Gleichwohl läßt sich auch hier der Übergang vom Rahmen zur eigentlichen Erzählung aufgrund eindeutiger sprachlicher und graphischer Zeichen bestimmen:
- Der Rahmenteil endet an dieser Stelle mit einer den folgenden Anfang der Novelle signalisierenden Formulierung: *Et che vero sia che ... per una novelletta mostrero brievemente* (Satz V des Rahmens).
- Die sich anschließende syntaktische Einheit beginnt mit der anaphorischen Verwendung *ex abrupto* des Subjekts *IL saladino*, das nicht auf das im Rahmen Gesagte, sondern auf die allgemeine Weltkenntnis der 10 Erzähler verweist.
- Der Satzanfang *IL saladino* ist durch die doppelte Setzung der Majuskel, d. h. durch das typische – sonst zusätzlich zu einer eindeutigen sprachlichen Initialformel gesetzte – graphische Zeichen, als Grenzsignal ausgewiesen, nach welchem der eigentliche Novellentext beginnt.

Nach dem mit diesen Kriterien identifizierten Anfang der Erzählung folgen insgesamt 10 durch Majuskelsetzung delimitierte Sätze, denen im Rahmen 5 syntaktische Einheiten – von der *Rubrica* bis zum Beginn der Novelle – vorausgehen. Hier die 10 *Incipit* der Sätze der eigentlichen Erzählung, die im Hinblick auf die weitere Strukturanalyse allein von Belang sind:

1	IL saladino il valore del quale ....
2	Valente huomo io o da piu persone ....
3	Il giudeo il quale veramente era ....
4	Signor mio la quistione la qual ....
5	Se io non erro io mi ricordo aver ....
6	Il valente huomo che parimenti ....
7	Li quali dopo la morte del padre ....
8	Et cosi vi dico signor mio delle ....
9	Il saladino conobbe costui ....
10	Il giudeo liberamente dogni ....

10.3.3. Ordnung der Sätze

Das Schema der inhaltlichen Gliederung des Handlungsverlaufs soll nun wieder auf der Grundlage eines Satz für Satz fortschreitenden Resümees erarbeitet werden.

Wie bei den bisher interpretierten Texten gliedert sich auch die Novelle I 3 in *A. Vorgeschichte* und *B. Geschichte*.

A. Vorgeschichte

Die Vorgeschichte besteht aus einer einzigen syntaktischen Einheit, also aus Satz 1, in dem wir die beiden Protagonisten, den Sultan und den Juden

Melchisedech, kennenlernen und uns der Hintergrund der folgenden Geschichte erläutert wird. Im einzelnen:

1 Der Sultan, der infolge kriegerischer Unternehmungen in Geldnot geraten ist, erinnert sich an einen Geldverleiher in Alexandrien, den Juden Melchisedech, den er, da er es nicht wagt, ihn unvermittelt um Geld zu bitten, mit einer Fangfrage in Verlegenheit bringen will; er läßt ihn kommen, um die Frage zu stellen.

B. Geschichte

Mit der Frage des Sultans an den Juden beginnt die eigentliche Begebenheit. Im Zentrum der Geschichte steht bekanntlich die Ringparabel: der Streit um das theologische Problem der Wahrheit der drei konkurrierenden großen Weltreligionen *Christentum, Judentum* und *Islam*. Der Anfang der Geschichte ist gegenüber der Vorgeschichte abgegrenzt durch die Begegnung der Protagonisten und durch die direkte Frage des Sultans als Beginn des die ganze Novelle einnehmenden, nur von der Erzählung der Ringparabel unterbrochenen und am Ende in kommentierende Schlußbemerkungen übergehenden Dialogs der beiden Kontrahenten. Die Geschichte gliedert sich also, wenn man den Einschub der textimmanenten Erzählung als Kriterium der Einteilung nimmt, in drei Tableaus:
I. Sultan und Jude: vor der Ringparabel
II. Ringparabel: Der Vater und seine Söhne
III. Sultan und Jude: nach der Ringparabel.

Im einzelnen:

I. Sultan und Jude: vor der Ringparabel

Der Dialog der beiden Helden besteht aus drei syntaktischen Einheiten (Satz 2 bis 4), in denen der Autor zügig zur Ringparabel hinführt:

2 Die Frage des Sultans: »Welches der drei Gesetze hältst du für das wahre?«
3 Der Jude, der die List des Sultans durchschaut, schärft seinen Verstand und sagt:
4 »Als Antwort möchte ich dir eine *novelletta* erzählen«.

Satz 4 stellt den Abschluß des ersten Teils des Dialogs und eine Hinführung zur folgenden Erzählung dar. Die drei Segmente des ersten Tableaus lassen sich also in 2:1 Einheiten gruppieren.

II. Die Ringparabel

Die *novelletta* erzählt von einem besonders wertvollen Ring, der in alter Zeit von einer Generation zur andern immer von dem jeweiligen Besitzer, dem Vater, auf denjenigen seiner Söhne, den er am meisten liebt und den er zu seinem Nachfolger erwählen will, vererbt wird und der schließlich zu einem Manne kommt, der drei Söhne hat, die er gleichermaßen liebt. Die erzählte Erzählung umfaßt ihrerseits auch drei syntaktische Einheiten (Satz 5 bis 7), auf die sich der Inhalt der Ringparabel wie folgt verteilt:

5   Es war einmal ein großer und reicher Mann, der einen wertvollen Ring besaß, den er demjenigen seiner Söhne hinterließ, den er zum Erben erkoren hatte ..., und so ging der Brauch von Generation zu Generation, bis er eines Tages auf einen Mann kam, der drei Söhne hatte, denen er mit gleicher Liebe zugetan war und die alle drei von ihm den Ring erbaten.

6   Der Vater ließ zwei Kopien anfertigen, die dem Original derart verblüffend ähnlich waren, daß er selbst sie kaum mehr voneinander zu unterscheiden wußte, und kurz vor seinem Tode gab er jedem der drei Söhne insgeheim einen Ring.

7   Nach dem Tode des Vaters streiten die Söhne um den Anspruch, im Besitz des wahren Ringes zu sein: die Frage ist bis heute offen.

Die drei Sätze der Ringparabel stellen drei Schritte im Ablauf des Inhalts dar, die wir mit Begriffen, die bei Boccaccio selbst geläufig sind, als

1) *caso* oder *quistione* (Problemstellung)
2) *consiglio* (Überlegungen zum *casus*) und
3) *soluzione-fine* (Lösung des Problems und Ende der Begebenheit)

bezeichnen wollen.

Das Besondere der »Lösung« des Problems der Ringparabel besteht bekanntlich darin, daß die *quistione* offenbleibt und immer noch offen ist:

... si rimase la quistione qual fosse il vero herede del padre *in* pendente/ et ancor pende.

Mit dieser Feststellung leitet der Jude bereits wieder zu der vom Sultan gestellten Fangfrage zurück, die ihn zu der Erzählung gebracht hatte und die er jetzt im Lichte der *quistione pendente* kommentiert. Damit beginnt das III. Bild der Geschichte.

III. Jude und Sultan: nach der Ringparabel

Dieser Teil der Novelle besteht abermals aus drei syntaktischen Einheiten (Satz 8 bis 10). Sie enthalten folgende Inhalte und beenden den Text:

8   Der Jude bezieht die beiden Fragen aus den beiden Ebenen des Textes im expliziten Vergleich aufeinander und stellt fest: Auch die Wahrheitsfrage der Religionen ist – wie die Frage nach dem wahren Ring – noch in der Schwebe.

9   Der Sultan erkennt die Weisheit und Geschicktheit seines Gegenübers und eröffnet ihm sein wahres Anliegen.

10 Der Jude bedient ihn nach Belieben, der Sultan revanchiert sich später mit Geschenken, und beide verbindet danach eine große Freundschaft.

Satz 8 ist also Kommentar zur vorhergehenden *novelletta*, die Sätze 9 und 10 betreffen die Beziehungen der beiden Protagonisten zueinander. Die drei Einheiten verhalten sich mithin wie 1 zu 2.

10.3.4. Syntaktisch-numerischer Bauplan

Die bei der Beschreibung des Inhalts vorgenommene Zuordnung der zu jedem der drei Handlungsblöcke gehörenden syntaktischen Einheiten offenbart aufs neue ein Kompositionsschema, das durch eine syntaktisch-numerische Tektonik bestimmt ist, die dem übergeordneten zahlenästhetischen Gesetz der *aequalitas numerosa* gehorcht.

Wir resümieren dieses Ergebnis zunächst mit der folgenden Synopse über Anzahl und Anordnung der Sätze, erläutern dann die numerologischen Bezüge, um schließlich die ästhetische Funktion des Wendepunktes einer näheren Analyse zu unterziehen:

A			1	IL saladino il valore del quale ...
B	I		2	Valente huomo io o da piu persone
			3	Il giudeo il quale veramente era..
			4	Signor mio la quistione la qual ..
	II	1	5	Se io no*n* erro io mi ricordo aver.
		2	6	Il valente huomo che parime*n*ti ..
		3	7	Li quali dopo la morte del padre .
	III		8	Et cosi vi dico signor mio delle ..
			9	Il saladino conobbe costui ......
			10	Il giudeo liberamente dogni .....

Der inhaltlich-sprachlichen Füllung des den Text der Ringparabelnovelle bildenden Corpus aus 10 Sätzen liegt ein syntaktisch-numerischer *ordo* zugrunde, der sich aus folgender Zahlenreihe zusammensetzt:

Punkte der Gliederung				Anzahl der Sätze	
A				1	
B	I			2	3
				1	
	II	1		1	
		2		1	3
		3		1	
	III			1	
				2	3
Summe				10	

Die in dieser numerischen Anordnung erkennbare Technik der Komposition dürfte – wenn wir bedenken, wie oft im Inhalt der *dritten* Novelle des *Decameron* von *drei* Ringen die Rede ist – evident sein: Boccaccio hat die in der Erzählung explizit auftauchende Schlüsselzahl *drei* zugleich als tragende, den ganzen Bauplan durchziehende Größe des geheimen Codes der syntaktisch-zahlenästhetischen Anlage des Textes instrumentalisiert. Gleichzeitig dürfte die Zahl *3* – bei dem theologischen Thema der Novelle – in symbolischer Hinsicht an die *drei* Weltreligionen und an fundamentale, mit der *3* dargestellte Kategorien der christlichen Gottesdeutung erinnern. Aber diese letzteren Bemerkungen führen schon auf das Feld der Spekulation. Gesichertes Ergebnis ist dagegen die Aufdeckung der parallelen Präsenz der Zahl *3* im Inhalt und im entsprechenden syntaktisch-numerischen Kompositionsplan der Novelle I 3.

Die Novelle besteht mithin aus drei inhaltlich-textsyntaktischen Tableaus, die sich ihrerseits aus je drei satzsyntaktischen Einheiten zusammensetzen. In den beiden Flügelteilen lassen sich jeweils die beiden äußeren Einheiten gruppieren, während im mittleren Bild jeder Satz für sich gleichberechtigt neben dem anderen steht. Daraus ergibt sich folgender syntaktisch-numerischer Code des Textes:

$$2 - 1 - (1 - 1 - 1) - 1 - 2.$$

Die in diesem Schlüssel erkennbare Anordnung hebt Satz 6 aus der durchlaufenden Numerierung der syntaktischen Einheiten des Textes als numerisches Zentrum der Komposition, als Angelpunkt einer axialsymmetrischen Anlage heraus. In diesem mittleren der drei Sätze der Ringparabel wird uns mitgeteilt, daß jener Vater, der drei Söhne hatte, die er gleichermaßen liebte, sich nicht entscheiden konnte, wem er den Ring vererben sollte. Wie er seinen inneren Konflikt löst, ist bekannt, aber wegen der Position des Satzes 6 in der Mitte des syntaktisch-numerischen Kompositionsschemas mag es sich vielleicht lohnen, diese »zentrale« Textstelle noch einmal vollständig im Original zu lesen:

> Il valente huomo che parime*n*te tutti gli amava ne sapeva esso medesimo eleggere ad quale piu tosto lasciar lo volesse/ penso avendolo ad ciascun promesso di volergli tutti *et* tre sodisfare*⸝* et segretame*n*te ad un buon maestro ne fece fare due altri li quali si furono simiglianti al primiero che esso medesimo che facti gli aveva fare appena conoscieva qual si fosse il vero/ *et* venendo ad morte segretamente diede il suo ad ciascun de figliuoli.

Im Hinblick auf die zur Verhandlung anstehende *quaestio* – das Problem der Wahrheit der drei Weltreligionen Judentum, Christentum, Islam – stellt das, was am Ende des Satzes, d.h. in seinem rhematischen Teil, über die Lösung des inneren Konflikts des Vaters und über die Folgen des von ihm gefundenen Auswegs gesagt wird, zugleich die Antwort auf die theologische Frage dar: Der Originalring und seine Imitate sind einander so ähnlich, daß sogar der Vater (d.h. Gott selbst) *kaum mehr wußte, welcher Ring der echte* (d.h.: welches Glaubensgesetz das wahre) *ist.*

Daß sich die bis heute offene Streitfrage über den echten Ring (Satz 7) auf die ebenfalls ungelöste *quistione* der religiösen Wahrheit übertragen läßt, ist nun keineswegs eine Interpretation, die dem Leser anheimgestellt wäre, sondern der Erzähler der *novelletta* selbst, der Jude Melchisedech, gibt uns im gleich nach der Erzählung folgenden Satz 8 die entsprechende Anweisung zu genau dieser Deutung:

Et cosi vi dico ... delle tre leggi ...

Die explizite Parallelisierung (*Et cosi*) der auf den beiden Ebenen der erzählten Wirklichkeit und der erzählten Erzählung bestehenden Konfliktsituation läßt sich in folgende abstrakte Definition fassen: Die Antwort besteht im überzeugenden Nachweis der Unbeantwortbarkeit der Frage.

Auf diesem Wege wird der in der Wirklichkeit entstandene Konflikt durch eine andere – eine literarisch vermittelte – Streitfrage entschärft. Die vom Juden angebotene Lösung befriedigt nämlich den Sultan, und die beiden Antagonisten werden Freunde, indem sie sich mit der Unlösbarkeit der aus dem jeweiligen Anspruch auf Besitz der größeren Wahrheit entstandenen Rivalität ihrer Religionen abfinden und die Feindschaft der Glaubensgemeinschaften zugleich in ihrer persönlichen Freundschaft aufgehen lassen.

Diese Erläuterungen zeigen, daß der Text der Ringparabelnovelle ganz von einer inhaltlichen Mitte her organisiert ist, die zugleich Angelpunkt der numerischen Komposition ist. Diese Mitte bildet der Gedanke, für die Ununterscheidbarkeit der drei großen religiösen Wahrheiten das Bild dreier bis zur völligen Verwechselbarkeit ähnlicher Ringe zu wählen.

Der vom Mittelpunkt her entworfene Bauplan der Novelle I 3 erlaubt uns zum Abschluß, als weitere ästhetisch-kompositorische Folgen der syntaktisch-numerischen Anlage des Textes noch die durchgehend oppositiven Bezüge nachzuzeichnen, die zwischen den einzelnen spiegelbildlich um den Wendepunkt herum gruppierten Sätzen bestehen. Diese Beobachtung läßt sich am besten mit Hilfe einer detaillierten Synopse über die zehn syntaktischen Einheiten und deren paradigmatische Bezüge belegen. In dieser Übersicht über das Corpus der Sätze soll der Kern des Inhalts eines jeden Satzes mit einer möglichst abstrakten – aber gleichwohl aus dem Wortlaut des Textes gewonnenen – Formulierung wiedergegeben werden (vgl. S. 184).

Das Schema des syntaktisch-numerischen Bauplans illustriert zusammenfassend die Ergebnisse unserer Analyse:
– Die einzelnen Sätze sind kommunikative Einheiten, aus denen der Text verfertigt ist, und sie sind zugleich arithmetische Quantitäten, die dem syntaktischen Corpus einen numerisch geordneten Bauplan unterlegen.
– Die drei Tableaus des Hauptteils der Novelle, nämlich die beiden Flügelteile und das mittlere Bild der eingeschobenen erzählten Erzählung, sind aus je 3 Sätzen gebildet.
– Die neun Sätze der Geschichte, die der einleitenden syntaktischen Einheit, welche die Vorgeschichte vermittelt, folgen, werden in ihrer Disposition ganz und gar von einem Mittelpunkt aus bestimmt. Dieser zentrale Punkt enthält zugleich den innersten Kern der Botschaft des Textes, stellt den Wendepunkt in der Entwicklung des Konfliktes dar und steht exakt in der Mitte der insgesamt neun Größen der numerischen Reihe 2 bis 10.

Syntaktisch-numerischer Bauplan der Ringparabel-Novelle (I 3)

| 1 | A. Vorgeschichte: Vorstellung der Protagonisten und situationeller Rahmen der folgenden Geschichte |

2–10 B. Geschichte

| 2 | Konflikt: die Fangfrage des Sultans |

| 3 | Erkenntnis: der Jude erkennt die Falle und schärft seinen Verstand für die Antwort |

| 4 | Kommentar des Juden zur *quistione* des Sultans: Hinführung zur Ringparabel |

5–7 Ringparabel

(5) Der eine Ring – Ring der Wahrheit: Symbol der vom Vater hinterlassenen Erbschaft

(6) Der Ring und seine zwei Kopien: Symbol der Ununterscheidbarkeit der Wahrheit

(7) Die drei Ringe: Symbol des Streits um das wahre Erbe, um den Besitz der größeren Wahrheit

| 8 | Kommentar des Juden zur *quistione* der Ringparabel: Übertragung der Lehren |

| 9 | Erkenntnis: der Sultan erkennt, daß der Jude geschickt der Falle ausgewichen ist |

| 10 | Lösung des Konflikts: Freundschaft |

- Die Disposition der Sätze 2 bis 5 und der Sätze 7 bis 10 um diesen im Satz 6 lokalisierten Wendepunkt herum ist nach einem einheitlichen Gesetz geregelt: Die in gleichen Abständen von der Mitte stehenden Sätze enthalten Informationen, deren wechselseitiges Verhältnis durch inhaltliche Antithetik bestimmt ist. So ergibt sich abermals eine oppositiv-spiegelbildliche Anlage, die sich geometrisch als eine Figur mit konzentrischen Kreisen begreifen läßt.

10.3.5. Immanente Poetik

Die zwischen der Ringparabel und der sie einrahmenden Novelle bestehenden Beziehungen realisieren *in abstracto* eine syntaktische Relation, die, wie wir gesehen haben, konzessiver Natur ist: Die unbeantwortbare *quistione* (= p) führt *wider Erwarten* nicht zu einer Fortdauer des zwischen dem Sultan und dem Juden entstandenen Konflikts (= q), sondern zu einer dauerhaften Freundschaft in wechselseitigem Respekt (= *NEG-q*). Diese Botschaft der Toleranz, die die europäische Geistesgeschichte an der Ringparabel so überaus fasziniert hat, bedeutet – wenn man den Satz im Mittelpunkt des Textes gebührend würdigt – mehr als nur das nachsichtige Dulden der anderen Wahrheit bei gleichzeitigem persönlichem Beharren auf der größeren Wahrheit des eigenen Glaubens. In der Lehre von der Toleranz, wie sie Boccaccios *novelletta* vermittelt, stehen die Unentschiedenheit des seine Söhne gleichermaßen liebenden Vaters und die selbst für den Vater kaum mehr revidierbare Nichtunterscheidbarkeit der Ringe im Mittelpunkt des Textes: im Zentrum seines Inhalts und zugleich im Angelpunkt seiner syntaktisch-numerischen Komposition.

Wie der zentrale Satz 6 in der Ringparabel eine Wendepunktfunktion einnimmt, bildet das eingeschobene Gleichnis als ganzes den Wendepunkt in der Handlung der Novelle vom Sultan und dem Juden. Die Ringparabel kann also in kompositorischer Hinsicht als expandierter Wendepunkt begriffen werden, als literarische Gestaltung der Negierung, d.h. jenes entscheidenden syntaktischen Operators, der das zwischen den beiden Ebenen der Erzählung bestehende Verhältnis der *conclusione contraria* bewirkt.

Von der in der *novelletta* konkretisierten Idee der Wende aus gesehen, kann der ganze Text der Novelle I 3 auf folgendes Schema einer aus *drei* gleichberechtigten Bestandteilen zusammengefügten konzessiven Satzverknüpfung zurückgeführt werden:

I. Protasis:
   Fangfrage des Sultans
II. Wendepunkt:
   Ringparabel des Juden
III. Apodosis:
   Freundschaft der beiden Helden.

Anhand dieses syntaktischen Strukturschemas läßt sich nun auch die Rolle näher präzisieren, die der Ringparabelnovelle in der vom Autor innerhalb der ersten Texte des *Decameron* entwickelten immanenten Poetik seines Werkes zukommt. Wenn die poetische Theorie Boccaccios wirklich – wie hier dargelegt – in der Idee der negierten Implikation ihr geistiges Etymon besitzt, dann liefern die Novellen I 1 bis I 3 offenbar folgende Bestandteile dieser poetologischen Konzeption:

I 1 exemplifiziert die für die konzessive Verknüpfung grundlegende Semantik: die Kollision von Wahrheitswerten;

I 2 bringt mit der Formel der *conclusione contraria* den syntaktischen Mechanismus der negierten Implikation auf den Begriff;

I 3 präsentiert sich in dieser Reihe als eine Erzählung, deren Stoff und inhaltliche Disposition gewonnen sind aus einer ins Literarische übertragenen Definition des zentralen Operators einer konzessiven Relation, des in syntaktischer Hinsicht mit dem literarischen W̦endepunkt identifizierbaren gedanklich-sprachlichen Akts der Negierung einer implikativen Beziehung.

Angesichts der syntaktischen Gliederung des Textes, die präzise die relationelle Struktur und die abstrakten Elemente der konzessiven Verknüpfung (nämlich $p \rightarrow NEG\text{-}q$) abbildet, mag es nicht verwundern, daß in den einzelnen Sätzen selbst kaum explizite Konzessivsätze zu finden sind. Lediglich folgende mit der Konjunktion *ma* realisierte Satzreihung in Satz 7 läßt sich auf Anhieb als negierte Implikation deuten:

> ... ciascun la sua heredita la sua vera legge/ et i suoi coma*n*damenti dirictamente si crede avere *et* fareˇ ma chi che se labbia come degli anelli ancora ne pende la quistioneˇ

Eine weitere konzessive Relation findet sich darüber hinaus nur in dem besprochenen wichtigsten Teil des zitierten Satzes im Mittelpunkt:

> ... *et* segretamente ad un buon maestro ne fece fare due altri li quali si furono simiglianti al primiero che *esso medesimo che facti gli aveva fare appena conoscieva* qual ...

Der von *esso medesimo* abhängende Relativsatz *che facti gli aveva fare* bildet die konzessive Protasis zu der im übergeordneten Konsekutivgefüge *si simiglianti ... che* stehenden Prädikation *appena conoscieva*, die ihrerseits die Apodosis der konzessiven Relation darstellt. Der Gedanke der Konzessivität wird unterstrichen durch die verstärkende Funktion des indefiniten Begleiters *medesimo*. Mit der Partikel *medesimo* (*selbst er, sogar er*) wird zudem versteckt auf die eigentliche Identität des »Vaters« angespielt. Diese Andeutung läßt sich gleichfalls mit einem konzessiven Halbsatz paraphrasieren, wonach *er selbst* soviel heißen will wie *obwohl er doch in Wirklichkeit Gott-Vater ist*.

In dieser konzessiven Struktur, die im rhematischen Teil des Mittelpunktsatzes steht, sind Inhalt und Komposition des ganzen Textes – und zwar seiner beiden Ebenen – wie in einem Brennpunkt eingefangen: Gott-Vater selbst vermag die Wahrheit der Religionen kaum zu unterscheiden.

Die syntaktisch-numerische Analyse der Erzählung I 3 hat also über die Rekonstruktion des kompositorischen Bauplans des Textes hinaus ein weiteres wichtiges Ergebnis erbracht: Die Ringparabel-Novelle kann, nach den Texten I 1 und I 2, als ein weiteres Element einer immanenten Poetik des *Decameron* gesehen werden. Gemäß dieser Theorie erfüllt sich das Wesen der Gattung nicht allein in der konzessiven Gesamtanlage des Novellentextes, sondern der literarisch besonders interessante Teil der vom Text realisierten Struktur der negierten Implikation verwirklicht sich in der kausalen Begründung des konzessiven Umschwungs, im Akt und in der Akzeptabilität der Negierung. Diese Begründung wird durch eine zweite konzessive Relation hergestellt. Indem Boccaccio in der Novelle I 3 den Akt der konzessiven Negierung als Literatur in der Literatur darbietet, können wir vermuten, daß sich für ihn in diesem Teil seiner Texte der genuine künstlerische Kern seiner dichterischen Arbeit befindet und daß er genau diese Erkenntnis mit der Novelle I 3 erläutern und belegen wollte. Das abstrakte Schema der negierten Implikation ist somit »nur« diejenige Struktur, die in der Textkonstitution der Novelle die gattungsspezifische Hauptlinie darstellt. Literarische Qualität indes, d. h. die ins Künstlerische erhebende Ausformung, bezieht dieses narrative Genus vor allem aus der poetischen Gestaltung, die der Autor dem für das konzessive Ereignis verantwortlichen singulären Kausalzusammenhang angedeihen läßt.[25]

10.4. Novelle I 4: »concupiscentia« im heiligen Kloster

Nachdem in den ersten drei Texten des *Decameron* mehr von Gott und der theologischen Wahrheit die Rede war, macht der Autor jetzt einen bereits in der Einleitung zur Novelle I 3 angekündigten thematischen Wechsel in seinem Erzählstoff wahr, demzufolge es nunmehr angebracht sei, »zu den Schicksalen und Handlungen der Menschen herabzusteigen«. Das Hauptmotiv dieser die menschlichen Dinge betreffenden Erzählungen wird die Liebe sein. In der Novelle I 4 – dem ersten jener Texte, die den auf diesem Thema beruhenden landläufigen Ruf des *Decameron* begründen – erscheint *amore* in prototypischer Weise als generelle Triebfeder menschlichen Handelns. Die Helden der Handlung sind drei Personen ohne Namen: *Ein* Mönch und *ein* Abt aus *einem* »heiligen Kloster« in der Lunigiana werden beim Anblick *einer* jungen Frau vom Lande in gleicher Weise von der *concupiscença carnale* (Satz 2) erfaßt bzw. von den *stimoli della carne* (Satz 8) angetrieben.[26]

---

[25] Vgl. oben, 4.1.3. und 4.2.3.
[26] Die Novelle I 4, die wegen ihres angeblich obszönen Inhalts von der Forschung lange außer acht gelassen worden ist, hat in letzter Zeit die Aufmerksamkeit mehrerer Kritiker auf sich gezogen: L. di Francia, »La quarta novella del Decameron«, in *Miscellanea a Vittore Cian*, Pisa 1909, 63–69; B. N. Schilling, »The fat abbot«, in B.N.S., *The comic spirit: Boccaccio to Thomas Mann*, Detroit 1965, 21–42; Baratto 1970/²1974, 230–234; G. Almansi, »Lettura della quarta giornata del Decameron«, in *Strumenti critici* 4 (1970) 308–317 (wiederabgedruckt in G. A., *L'estetica dell'osceno*, Turin 1974, 131–142); L. Rossi, »Su alcuni problemi di analisi del racconto«, in *Teoria e critica* 1 (1972) 139–154; C. Kleinhenz, »Stylistic gravity: Language and prose rhythms in Decameron I, 4«, in *Humanities Association Review* 6 (1975) 289–293; Cottino-Jones 1982, 43f., 160f.

10.4.1. Syntaktische Strukturen des Inhalts

Das in der *Rubrica* in Form eines komplexen Satzes gelieferte Resümee der Handlung soll uns wieder als Schlüssel zur Deutung der syntaktisch-ästhetischen Gestaltung des Textes dienen. Das *Argomento* lautet[27]:

> Un monaco caduto i*n* peccato degno di gravissima punitione honestame*n*te ri*m*proverando al suo abate quella medesima colpa si libera della pena.

Dieser Satz mit seinen vom Hauptsatz *un monaco ... si libera della pena* abhängenden infiniten Nebensätzen – der Partizipialkonstruktion *caduto in peccato degno di gravissima punitione* und der Gerundialkonstruktion *honestamente rimproverando al suo abate quella medesima colpa* – bildet in aller Kürze, aber umfassend die wesentlichen syntaktisch-inhaltlichen Makrostrukturen ab, die der novellistischen Handlung zugrunde liegen.

Das zwischen dem Hauptsatz und dem partizipialen Nebensatz bestehende syntakto-semantische Verhältnis verrät uns als erstes das gattungskonforme konzessive Grundschema der in der Novelle I 4 erzählten unerhörten Begebenheit: Der Tatbestand *un monaco caduto in peccato* bildet ein *antecedens p*, das eigentlich die Folge *degno di gravissima punitione* (= *q*) hätte nach sich ziehen müssen; aber wider Erwarten tritt das Gegenteil dieses präsupponierten *consequens* ein: *si libera della pena* (=*NEG-q*). Die dargelegte konzessive Relation entspricht exakt der in traditionellen Grammatiken zu findenden Definition der konzessiven Satzverknüpfung als eines zum Ausdruck des Gedankens der »Überwindung eines Hindernisses« habitualisierten Musters syntaktischer Verknüpfung.

Neben dem zwischen der Partizipialkonstruktion als Protasis und dem Hauptsatz als Apodosis bestehenden konzessiven Verhältnis, das die novellistische Hauptstruktur im vorhinein abbildet, liefert der Satz der *Rubrica* zugleich auch – mittels der Gerundialkonstruktion – die für das Eintreten des konzessiven Ereignisses verantwortliche, singulär gültige Kausalrelation. Das Subjekt der Handlung des Hauptsatzes *un monaco* erreicht die in der zugehörigen Prädikation ausgedrückte glückliche Befreiung von der eigentlich zu erwartenden Strafe *aufgrund* einer geistig-sprachlichen Gegenwehr: In ehrerbietig-vorsichtigen, aber gleichwohl unmißverständlichen Worten kann der Mönch dem in der Zwischenzeit ebenfalls schuldig gewordenen Abt die gleiche Sünde der Fleischeslust vorhalten: *honestamente rimproverando al suo abate la medesima colpa*. Der diese singuläre *causa* ausdrückende Teilsatz, der den als glückliches Ende erscheinenden konzessiven *effectus* begründet und plausibel macht, setzt sich, wie eine syntaktisch-pragmatische Analyse zeigt, seinerseits aus zwei in einem konzessiven Verhältnis stehenden Termen zusammen: Die Verbindung von verbalem Geschehen (*rimproverare*)

---

[27] Die folgende Interpretation beruht wieder auf dem Text des Autographs: Ed. Singleton 1974, 39–43; Ed facs. Branca 1975, fol. 8vB – fol. 9rB.

und adverbialer Bestimmung (*honestamente*) erfüllt in minimaler, aber hinreichender Form die Bedingungen negierter Implikation. Der Sprechakt des Vorhaltens, insbesondere wenn ihn ein sozial Untergebener (*un monaco*) einem Vorgesetzten (*un abate*) gegenüber äußert, ist nämlich im Grunde ein Zeichen von Insubordination und von Mangel an zu erwartendem Respekt, das den Begleitumstand der *onestà* ausschließen müßte (was seinerseits voraussetzt, daß diese Ehrerbietung vorgetäuscht ist und so ihrerseits – in konzessiver Weise – Präsuppositionen durchkreuzt). Die also in ungewohnter Weise *onestà* und *rimprovero* vereinigende Reaktion des Mönchs läßt schon aufgrund der knappen Andeutungen der *Rubrica* besondere geistig-sprachliche Geschicklichkeit erahnen. Die wirkliche Überraschung, die die Novelle dem Leser bietet, liegt mithin – wie so oft bei Boccaccio – weniger in einem objektiven Ereignis als in einem Akt diskursiver, d.h. mittels des *bel parlare* realisierter Konzessivität.[28]

Die *Rubrica* der Novelle I 4 liefert, wie diese Erläuterungen zeigen, folgendes abstrakte Handlungsgerüst: Der Text besteht – wie alle vorher analysierten Novellen – aus zwei konzessiven Satzstrukturen, und zwar einer primären und einer sekundären konzessiven Relation. Beide Relationen sind derart miteinander verquickt, daß das sekundäre konzessive Verhältnis als ganzes ein *antecedens* darstellt, durch welches einerseits das *antecedens* der primären konzessiven Struktur unwirksam wird und das andererseits dem unerwarteten *consequens* kausal-finale Stringenz verleiht, weil es mit diesem eine singulär gültige implikative Beziehung bildet.

Boccaccios in den Novellen I 1 bis I 3 entwickelter syntaktischer Poetologie entsprechend ist also auch in der Novelle I 4 wieder das für seine novellistische Kunst typische, Konzessivität und Kausalität miteinander verbindende Schema der *conclusione contraria* realisiert.

Der Wortlaut der *Rubrica* liefert nun aber nicht nur die einzelnen Linien und die wechselseitigen Bezüge der gerade nachgezeichneten inhaltlichen Makrostrukturen; vielmehr kann die syntaktische Ordnung, kraft der die einzelnen Teilsätze des *Argomento* zum komplexen Satz zusammengefügt sind, zugleich als Entwurf der Gliederung des Textes verstanden werden. Die entsprechende Disposition des Kompositionsplans wird besser erkennbar, wenn wir die einzelnen Satzstrukturen des *Argomento* in folgender Weise als eigenständige Segmente getrennt schreiben:

Un monaco
– caduto in peccato
   degno di gravissima punitione
– honestamente rimprovorando
   al suo abate quella medesima colpa
si libera della pena.

---

[28] Vgl. oben, 9.2.

Aus der Verbindung der beiden infiniten Nebensätze ergibt sich als Schnittmenge noch ein drittes Element, das man sich als zwischengeschaltet vorstellen kann: die Schilderung der Umstände und des Verlaufs der mit dem *peccato* des Mönchs gleichgesetzten *colpa* des Abts. Unter dieser Voraussetzung läßt sich das aus der *Rubrica* abgeleitete Gliederungsschema wie folgt präzisieren:

    A.   Vorstellung des Mönchs
    B.   I.   Die Sünde des Mönchs
          II. Dasselbe Vergehen des Abts
          III. Die ehrerbietige Vorhaltung
    C.   Befreiung von Strafe.

Bevor wir nun prüfen, ob und wie diese aus einer syntaktischen Analyse des *Argomento* gewonnene Skizze der inhaltlichen Gliederung bei näherer Betrachtung des Textes Bestand hat, folgen wir zunächst wieder unserem philologischen Grundsatz und wenden uns der Novelle I 4 in ihrer Originalversion aus dem *Codex Hamilton 90* zu, um zu sehen, wie der Autor selbst den Text segmentiert hat.

10.4.2. Das satzsyntaktische Corpus

In Boccaccios Originalmanuskript schließt sich dem *Argomento* der aus drei syntaktischen Einheiten bestehende Rahmen an. Der Übergang von diesem auf der Ebene der zehn Erzähler lokalisierten Textstück zum Text der eigentlichen Erzählung ist – wie üblich – mit eindeutigen sprachlichen und graphischen Mitteln gekennzeichnet:
– mit Hilfe einer das Ende des Rahmens signalisierenden performativen Thematisierung des Beginns der Novelle: ... *intendo di raccontar brievemente con che cautela un monaco il suo corpo di gravissima pena liberasse;*
– mittels der danach folgenden doppelten Setzung der Majuskel: *FU in lunigiana ... .*

Einschließlich dieses Textanfangs lassen sich in der Originalversion der Novelle I 4 insgesamt 17 durch Majuskeln eingeleitete syntaktische Segmente identifizieren. Die *Incipit* dieser Satz-Einheiten seien in folgender Übersicht zusammengestellt:

    1   FU in lunigiana paese no*n* molto ....
    2   Il quale p*er* ventura un giorno ....
    3   Il monaco ancora che da ....
    4   Io voglio andare ad trovar modo ....
    5   Messere io no*n* potei stamane ....
    6   Labate per potersi piu piename*n*te ....
    7   La giovane vede*n*do venir labate.........

8	Messer labate postole locchio ....
9	De p*er* che no*n* prendo io del ....
10	Et cosi dicendo *et* avendo del ....
11	La giovane che no*n* era di ferro ....
12	Il quale abbracciatala *et* ....
13	Il monaco che facto avea sembiante ......
14	Parendo allabate essere assai co*n* ....
15	Il monaco prontissimamente rispose ......
16	Messere io non sono ancora tanto ....
17	Labate che accorto huomo era ....

10.4.3. Ordnung der Sätze

Aus einer in der objektiven Entwicklung der erzählten Begebenheit und in entsprechenden sprachlichen Signalen begründeten Einteilung des Handlungsverlaufs in einzelne Phasen ergibt sich – wie bei den anderen hier interpretierten Novellen – eine überzeugende Möglichkeit, den Text in Akte und Szenen zu gliedern. Zugleich können den auf diesem Wege abgegrenzten Tableaus der Geschichte bestimmte Mengen der original von Boccaccios Hand delimitierten satzsyntaktischen Einheiten zugeordnet werden.

A. Vorgeschichte einschließlich Formulierung des »caso« (Satz 1)

Die erste syntaktische Einheit des Textes enthält folgende expositorischen Informationen:
– die Angaben zum raum-zeitlichen Rahmen der Geschichte:

> FU *in lunigiana paese* non *molto da questo lontano* un monisterio gia di sanctita et di monaci piu copioso che *oggi* non e ...;

– die Vorstellung der ersten Hauptperson:

> ... nel quale tra gli altri era *un monaco giovane*;

– und die globale Charakterisierung eines persönlichen Problems dieser Hauptperson, das – zum Hyperthema der Novelle, *amore*, gehörig – den eigentlichen *caso* der Geschichte darstellt:

> ... il *vigore* del quale ne la frescheça/ ne i digiuni ne le vigilie potevano macerare.

Der Konflikt, der hier in wenigen Worten auf den Begriff gebracht ist, besteht also in dem Widerstreit zwischen der durch keines der sonst bewährten Mittel der Kasteiung abzutötenden sexuellen Potenz (= *vigore*) des jungen Mannes einerseits und der durch die standesbedingten Gelübde verlangten sexuellen Abstinenz des Mönchs andererseits. Aus diesem prinzipiellen Konflikt des Haupthelden entsteht die in der folgenden Geschichte erzählte konkrete Begebenheit.

B. Geschichte (Satz 2 bis 16)

Der Beginn des eigentlichen novellistischen *avvenimento* läßt sich in Satz 2 anhand eindeutiger sprachlicher Merkmale bestimmen. Die typischen Signale sind hier:
- mehrere präzise Zeitangaben:

    Il quale ... *un giorno in sul meçodi* quando ...;

- entsprechende Ortsangaben:

    ... andandosi tutto solo *datorno alla sua chiesa la quale in luogo assai solitario era* [...] e seco *nella sua cella* ne la meno ...;

- adverbiale und verbale Hinweise auf das Geschehen und seine Zufälligkeit:

    ... *per ventura* ...; *advenne che* labate ... .

Die Tatsache, daß hier hinter jedem Punkt mehrere als narrative Initialsignale fungierende Angaben stehen, zeigt, daß in der syntaktischen Einheit 2, dem ersten Satz der novellistischen Begebenheit, mehrere erste Szenen des Geschehens kumuliert sind:
- die zufällige Begegnung des libidinösen Mönchs und einer *giovinetta assai bella* auf dem Feld;
- die Überwältigung des Mönchs durch die *concupiscença carnale* (... gli fieramente assalito fu ...);
- das schnelle Einverständnis der beiden;
- die Liebesszene in der Zelle des Mönchs;
- das *avvenimento*: die Liebesszene wird vom zufällig an der Zelle vorbeikommenden Abt bemerkt. Der Abt greift aber nicht sofort ein, sondern entscheidet sich zum Abwarten:

    ... tornatosi alla sua camera *aspecto* che il monaco fuori uscisse.

Das letzte Verb des Anfangssatzes der Geschichte – *aspecto* – hat Symptom- und Symbolfunktion. Und zwar zunächst generell in der Prosasprache eines Kunstwerkes, bei dem das Hauptschema der inhaltlichen Technik in der *Enttäuschung von Erwartungen* (= Konzessivität) besteht. Konkret in der hier besprochenen Szene wird mit dem Verb *aspectare* außerdem ausgedrückt, daß mit der Entdeckung der Liebesszene durch den Abt aus dem generellen Sexualproblem des Mönchs nun ein aktueller Konflikt entstanden ist, auf dessen weitere Entwicklung sich die gespannte Erwartung richtet.

Eine erste Phase dieser Entwicklung ergibt sich aus der Tatsache, daß es dem Mönch mitten im Liebesspiel keineswegs entgangen ist, daß irgendjemand an der Türe seiner Zelle gelauscht hat. Um den erahnten bösen Folgen zu entrinnen, ersinnt er eine raffinierte List (*una nuova malitia*).

Die Gegenwehr, die sich der Mönch gegen den Abt ausdenkt, das Gelingen seiner List, mit der er das Verhalten des Abts lenkt, und die Auswertung der *malitia* durch den Mönch bilden die Hauptpunkte des im folgenden erzählten Geschehens. Den drei Punkten entsprechen außerdem je eigene Konstellationen der drei Protagonisten. Aus allem ergibt sich folgende – mit dem oben der *Rubrica* entnommenen Schema übereinstimmende – Gliederung des Handlungsverlaufs:

I. *Mönch-Mädchen-Abt*: die Sünde des Mönchs und sein Plan, der drohenden Strafe mit Hilfe einer List zu entkommen;

II. *Abt-Mädchen*: dasselbe Vergehen des Abts als Folge der vom Mönch inszenierten *nuova malitia*;

III. *Abt-Mönch*: die ehrbare Vorhaltung des Mönchs als Ausnutzung der List.

Das in der Mitte stehende Tableau der Geschichte, die Schilderung der *medesima colpa* des Abts, nimmt den breitesten Raum, d.h. den größten Anteil an satzsyntaktischen Einheiten, ein; es läßt sich, wie wir im einzelnen sehen werden, in mehrere Szenen untergliedern. Die in den drei Akten der Handlung mitgeteilten Inhalte sollen nun in der kommunikativ-syntaktischen Portionierung, wie sie Boccaccio selbst mittels seiner mit Großbuchstaben gekennzeichneten Segmentierung des Textes vorgenommen hat, resümiert und gemäß der oben entwickelten Disposition zusammengestellt werden.

I. *Mönch-Mädchen-Abt*: die Sünde des Mönchs und sein Plan, der drohenden Strafe mit Hilfe einer List zu entkommen (Satz 2 bis 5)

Satz 2: Liebesspiel des Mönchs mit dem Mädchen in der Zelle und Entdeckung *in flagranti* durch den Abt.

Satz 3: Der Plan des Mönchs, der die Entdeckung bemerkt hat, mittels einer List den drohenden bösen Folgen zu entgehen.

Satz 4: Der Mönch beruhigt die junge Frau, läßt sie in der Zelle zurück und geht zum Abt.

Satz 5: Zum Schein bittet der Mönch den Abt, in den Wald gehen zu dürfen, um angeblich das am Morgen begonnene Sammeln des Brennholzes zu Ende zu bringen; er gibt dem Abt die Schlüssel seiner Zelle und entfernt sich.

II. *Abt-Mädchen*: »dieselbe Schuld« des Abts als Folge des vom Mönch gelegten Hinterhalts (Satz 6 bis 12)

Mit seiner vorgetäuschten Abwesenheit will der Mönch den Abt selbst in Versuchung führen. Seine Rechnung mit der Verführbarkeit des Menschen durch die Fleischeslust geht prompt auf. Die Versuchung des Abts, dessen innerer Kampf um Widerstand gegen die *stimoli della carne* oder Nachgeben gegenüber der Lust sowie der Vollzug der Sünde bilden die Phasen, die diesen den Abt ins Zentrum des Geschehens stellenden Teil der Geschichte in einzelne Szenen untergliedern.

II.1. Versuchung des Abts (Satz 6 bis 8)

Satz 6: Der Abt bekommt vom Mönch die Schlüssel ausgehändigt, und, nachdem sich dieser entfernt hat, um in den »Wald« zu gehen, begibt er sich sogleich zur Zelle, wobei er überlegt, was er mit dem Mädchen anfangen soll.

Satz 7: Beim Anblick des Abts beginnt die *giovane* vor Furcht und Scham zu weinen.

Satz 8: Der Abt dagegen verspürt beim Anblick der schönen Frau den Stachel des Fleisches (*non meno cocenti gli stimoli della carne*).

II.2. Innerer Monolog des Abts (Satz 9)

In einem längeren Zwiegespräch mit sich selbst sehen wir den auf die Keuschheit verpflichteten Abt mit der Versuchung ringen. Die Natur ist schließlich stärker, und sie suggeriert dem heiligen Mann, die Sünde der Fleischeslust als gottgewollte gute Gelegenheit zu rechtfertigen. In diesem Augenblick beginnt die vom Mönch eingefädelte List ihre Wirkung zu zeitigen, und der Abt wird sich der *medesima colpa* schuldig machen.

Die Verführbarkeit des Abts, der als Vorsitzender eines *monistero di sanctita* seinen Verstoß gegen eines der mönchischen Gelübde in konzessiver Weise als besondere Form göttlicher Schicksalsfügung umdeutet, kann in einem allgemeinen Sinn als ideeller Mittelpunkt einer von der *concupiscença carnale* des Menschen erzählenden Novelle angesehen werden. Zugleich bildet die Schuld des Abts in konkreter Hinsicht den Wendepunkt im persönlichen Geschick des Mönchs, der sich mit dem Hinweis auf die gleiche Sündhaftigkeit seines Vorgesetzten von der Bestrafung der eigenen Schuld wird befreien können.

Die Moral des Abts und die »Moral«, d.h. der narrative Kern, der Geschichte kommen schließlich in einer epigrammatischen Maxime zum Ausdruck, mit der das noch zögernde Gewissen des Abts alle Bedenken überwindet:

... *et* peccato celato e meço perdonato.

Ein solcher Grundsatz des Handelns, der im konzessiven Widerspruch zur angeblichen Heiligkeit des religiösen Standes steht, gibt zugleich ein beredtes Zeugnis von einem kausalen Gesetz menschlicher Natur: die *conditio humana* im *Decameron* wird von der Unterwerfung unter die *leggi* und *forze di amore*[29] bestimmt.

Nach diesem gleichsam *a parte* gesprochenen inneren Monolog wendet sich der Abt mit veränderter Absicht (*avendo del tutto mutato proposito*) wieder dem Mädchen zu.

---

[29] Vgl. unten, 10.4.5.

II.3. Vollzug der *medesima colpa* durch den Abt (Satz 10 bis 12)

Satz 10: Der Abt eröffnet der jungen Frau seine Begierde.

Satz 11: Die *giovane*, die »weder aus Eisen noch aus Diamant« ist, fügt sich seinem lüsternen Ansinnen.

Satz 12: Abt und Mädchen im Liebesakt. Besondere Kennzeichen: der Abt hält die umgekehrte Aktstellung für angebracht, aus Rücksicht auf die »schwere Bürde seiner Würde«, mit der er die junge Frau nicht erdrücken will. Das intime Detail ist wichtig im Hinblick auf ein – das glückliche Ende herbeiführendes – Wortspiel in der späteren Vorhaltung des Mönchs.

An dieser Stelle endet die Szene *Abt und Mädchen in der Zelle*, und die Erzählperspektive geht wieder vom Mönch aus.

III. *Mönch-Abt*: die ehrerbietige Vorhaltung als Auswertung der List (Satz 13 bis 16)

Satz 13: Der Mönch, der sich, statt zum Holzsammeln in den Wald zu gehen, im Schlafsaal des Klosters versteckt hat, beobachtet, wie der Abt zur Zelle geht; er schließt daraus, daß seine List gelingen wird und belauert – von einem Mauerspalt aus – das gerade erzählte Geschehen in seiner Zelle.

Satz 14: Der Abt kehrt in sein Zimmer zurück, wohin er nach einer gewissen Zeit den Mönch kommen läßt, den er sogleich mit strenger Miene tadelt und dem er Strafe androht.

Satz 15: Der Mönch reagiert mit einer *pronta risposta* (Boccaccio räumt hier dem einleitenden Verbum dicendi Satzstatus ein, womit er die qualifizierend-poetologische Bedeutung dieses performativen Ausdrucks unterstreicht)[30].

Satz 16: Inhalt der *pronta risposta*: der *onesto rimprovero*. Der Mönch spielt in zugleich verhüllter und unmißverständlicher Weise auf seine Beobachtungen, insbesondere auf die Aktstellung des Abts und des Mädchens, an: Sein Vorgesetzter habe ihn nicht genug in den Vorschriften des klösterlichen Lebens unterwiesen, da er ihm nicht gesagt habe, daß sich Mönche ebenso wie das Fasten und die Nachtwachen auch die Frauen »aufbürden« müßten (*far dalle femine premiere*). Und er gibt, unter der Bedingung, daß er Verzeihen findet, sein Versprechen, dem Abt fürderhin auch in dieser Hinsicht nachzueifern.

C. Lösung des Problems und Nachgeschichte (Satz 17)

Wie Satz 1 Vorgeschichte und Problemstellung zugleich enthält, so werden in der letzten syntaktischen Einheit des Textes im Grunde zwei Informationskomplexe in einer satzwertigen Satzreihung vereinigt:

---

[30] Zum Problem der uneinheitlichen Praxis Boccaccios in der satzmäßigen Abgrenzung direkter Rede vgl. oben, 6.1.3.

I. Lösung des *caso* (= Befreiung von Strafe)

Der Abt, von der listigen Reaktion des Mönchs beeindruckt, erkennt, daß er seinen Untergebenen nicht für eine Schuld bestrafen kann, die er selbst in gleicher Weise auf sich geladen hat.

II. Nachgeschichte

Das Mädchen wird aus der Zelle befreit und heimlich aus dem Kloster gelassen. Allerdings, so lautet die Prognose am Ende der Geschichte, ist die junge Frau von den beiden heiligen Männern vermutlich sehr oft wieder zurückgeholt worden. Dieser – wie in Boccaccios Novellen üblich – am Schluß des letzten Satzes des Textes eröffnete Blick in die Zukunft steht unmittelbar im konzessiven Gegensatz zur ersten Information am Anfang der Erzählung: *FU in lunigiana un monistero gia di sanctita ...* Zugleich besteht zwischen beiden Textstellen eine kausale Beziehung: die ungenierte Fortsetzung der sündigen Liebesspiele im Kloster löst das persönliche Sexualproblem des Mönchs. Sein trotz aller mönchischen Abstinenz und Kasteiung nicht abzutötender *vigore* wird nunmehr zu seiner regelmäßigen, naturgewollten Entfaltung kommen.[31]

10.4.4. Syntaktisch-numerischer Bauplan

Gemäß der im vorhergehenden Abschnitt erläuterten Gliederung des Handlungsverlaufs ergibt sich für die den einzelnen Sequenzen des Geschehens zuzuordnenden satzsyntaktischen Einheiten folgende Verteilung:

A			1	FU in lunigiana paese no*n* molto....
B	I		2	Il quale p*er* ventura un giorno............
			3	Il monaco ancora che da................
			4	Io voglio andare ad trovar modo..........
			5	Messere io no*n* potei stamane............
	II	1	6	Labate per potersi piu piename*n*te.........
			7	La giovane vede*n*do venir labate..........
			8	Messer labate postole locchio.............
		2	9	De p*er* che no*n* prendo io del..........
		3	10	Et cosi dicendo *et* avendo del.............
			11	La giovane che no*n* era di ferro...........
			12	Il quale abbracciatala *et* ....
	III		13	Il monaco che facto avea sembiante........
			14	Parendo allabate essere assai co*n*..........
			15	Il monaco prontissimamente rispose.......
			16	Messere io non sono ancora tanto ....
C			17	Labate che accorto huomo era........

---

[31] Vgl. hierzu besonders Baratto 1970/²1974, 231.

Die im objektiven Handlungsverlauf begründete Disposition der von Boccaccio selbst in seinem Originalmanuskript abgegrenzten satzsyntaktischen Segmente des Textes gehorcht offenbar abermals den Gesetzen der *harmonia*, d.h. einem numerischen *ordo*, der sich mit folgender Zahlenreihe umschreiben läßt:

Punkte der Gliederung			Anzahl der Sätze
A			1
B	I		4
	II	1	3
		2	1
		3	3
	III		4
C			1
Summe			17

Der zahlenästhetische Code der gesamten Novelle I 4 lautet also:

$$1 - (4 - 3 - 1 - 3 - 4) - 1.$$

Dieser Code resümiert die Ergebnisse unserer Analyse der Novelle I 4. Es handelt sich insgesamt um Resultate, in denen wir die bisher beobachteten Konstanten der künstlerischen Arbeit des mittelalterlichen Autors wiedererkennen:

– Der inhaltliche Wendepunkt der novellistischen Handlung ist gleichzeitig Mittelpunkt im numerischen Corpus der Sätze des Textes.

– Die zahlenästhetische Komposition folgt dem Gesetz der *aequalitas numerosa* und dem Prinzip der axialsymmetrischen Anordnung einzelner inhaltlich-arithmetischer Teile des Textes: 4 – 3 – Mitte – 3 – 4.

– Innerhalb des Hauptteils lassen sich alle Sätze vor und nach dem Wendepunkt in B.II.2 addieren, was folgende numerische Repräsentation ergibt:

$$7 - 1 - 7.$$

– Die Zahl 7, die in der numerischen Anlage der syntaktischen Baupläne fast aller hier analysierten Novellen als wichtiger arithmetischer Baustein vorkommt, scheint vom Verfasser des *Decameron* als generelles Werkzeug zum Erzielen von *kósmos*, d.h. von ästhetischer Ordnung, angesehen worden zu sein. Boccaccio steht hier in einer Tradition, die einerseits in archetypischen Vorstellungen vom Kosmos

wurzelt[32], andererseits aber auch in zeitgenössischen Vorbildern unseres Autors konkrete Gestalt angenommen hat.[33]
Für die Richtigkeit des hier rekonstruierten Bauplans der Novelle I 4 und der von Boccaccio dafür verwandten Zahlenverhältnisse lassen sich weitere Argumente anführen. Die in dem Kompositionsentwurf in identischen Abständen vom inhaltlichen Wendepunkt und arithmetischen Mittelpunkt stehenden Satzpaare verhalten sich zueinander zum überwiegenden Teil wie jeweils zwei Terme einer Gegensatzrelation. Außerdem weisen diese Satzpaare z.T. wörtliche Übereinstimmungen in der Formulierung auf. Mit anderen Worten, wir beobachten in der Novelle I 4 abermals die Anwendung einer Technik, die wir als spiegelbildliche Disposition von Sätzen erkannt haben, die zum einen durch inhaltliche Bezüge, wie Opposition und Ähnlichkeit, miteinander verbunden sind und zum anderen aufgrund identischer Abstände zum Mittelpunkt einander als Terme eines arithmetischen Paares gegenüberstehen.

Solche paradigmatischen Beziehungen bestimmter Inhalte der beiden Teile der Erzählung lassen sich im Falle der Novelle I 4 in allen syntaktischen Einheiten des Textes feststellen. Bei Vorliegen von mehr als einem Ensemble korrespondierender Elemente innerhalb eines einzigen Satzpaares werden die entsprechenden Teile mit *a, b, c* gekennzeichnet:

Abstand 8 – Satzpaar 1:17
Satz 1:   a) Ursprüngliche Heiligkeit des Klosters.
        b) Kasteiung zur Abtötung des *vigore* des Mönchs.
Satz 17: a) Geheime Fortsetzung der sündigen Liebesspiele im Kloster.
        b) Entfaltung des *vigore* des Mönchs.

Abstand 7 – Satzpaar 2:16
Satz 2:   a) Erfahrenheit des Mönchs bei der Verführung der jungen Frau.
        b) Der Abt belauscht die Liebesszene: Gefahr.
Satz 16: a) Vorgetäuschte Unerfahrenheit des Mönchs in sexuellen Praktiken.
        b) Der Mönch offenbart dem Abt auf diesem indirekten Wege, daß ihm nicht verborgen geblieben ist, vom Abt belauscht worden zu sein: Überwindung der Gefahr.

Abstand 6 – Satzpaar 3:15
Satz 3:   a) Thematische Basis: *Il monaco*.
        b) Rhematisches Stichwort: *Una nuova malitia*.
Satz 15: a) Thematische Basis: *Il monaco*.
        b) Rhematisches Stichwort: *La pronta risposta* (= Ausführung der *nuova malitia*).

---

[32] Vgl. dazu d'Arco Silvio Avalle in seiner *Introduzione* zu Pötters 1987.
[33] Vgl. Pötters 1987, speziell Kap. 4.

	Abstand 5 – Satzpaar 4:14
Satz 4:	a) *serrata la cella* (= vom Mönch in der Zelle eingeschlossenes Mädchen).
	b) Der Mönch geht von sich aus zur *camera dellabate*.
	c) Der Mönch spricht zum Abt mit geheucheltem *buon volto*.
Satz 14:	a) *serrata nella cella* (= vom Abt in der Zelle eingeschlossenes Mädchen).
	b) Der Abt heißt den Mönch in seine *camera* kommen.
	c) Der Abt tadelt den Mönch mit einem *mal viso*, das er bald wird ändern müssen.
	Abstand 4 – Satzpaar 5:13
Satz 5:	a) Thematische Basis: *Io* (= *il monaco*).
	b) Wald als Vorwand: ... *voglio andare al bosco*.
Satz 13:	a) Thematische Basis: *Il monaco*.
	b) Wald als Vorwand: ... *che facto avea sembiante dandare al bosco*.
	Abstand 3 – Satzpaar 6:12
Satz 6:	a) Thematische Basis: *Labate*.
	b) Ursprüngliche Absicht: Untersuchung des Vergehens des Mönchs zum Zweck seiner Bestrafung.
	c) Eintritt in die Zelle: Beginn der zentralen Liebesszene Abt–Mädchen.
Satz 12:	a) Thematische Basis: *Il quale* (= *labate*).
	b) Verkehrung der ursprünglichen Absicht: Vollzug »derselben Schuld« durch den Abt.
	c) Abt und Mädchen im Liebesakt: Ende der zentralen Szene in der Zelle.
	Abstand 2 – Satzpaar 7:11
Satz 7:	a) Thematische Basis: *La giovane*.
	b) Scham, Furcht und Weinen des Mädchens beim Anblick des Abts.
Satz 11:	a) Thematische Basis: *La giovane*.
	b) Angesichts der amourösen Absichten des Abts verkehrt sich das Verhalten der *giovane*: sie fügt sich dem Ansinnen des Abts, da sie »weder aus Eisen noch aus Diamant« ist.
	Abstand 1 – Satzpaar 8:10
Satz 8:	a) Thematische Basis: *Messer labate*.
	b) Das Aufsteigen der Begierde im Abt: ... *senti subitamente non meno cocenti gli stimoli della carne che* ...
Satz 10:	a) Thematische Basis: Abt (implizites Subjekt im Verb).
	b) Das Gestehen der Begierde: ... *ad aprirle il suo disidero pervenne*.

Satz 9, die syntaktische Einheit im Zentrum dieses Systems korrespondierender syntaktisch-numerischer Bezüge, steht – der Mittelpunktfunktion gemäß – für sich allein und für alle anderen Satz-Einheiten. Das Prinzip der spiegelbildlich-oppositiven Disposition von Aussagen kann in diesem Satz also nicht in Antithese zu einem spezifischen Gegenüber, sondern allenfalls innerhalb der syntaktischen Einheit selbst realisiert werden. In der Tat weist der Satz im Zentrum des syntaktisch-numerischen Bauplans eine ganze Reihe interner Korrespondenzen – Gegensatzrelationen und Similaritätsbezüge – auf. Zum Nachweis dieser Übereinstimmungen soll der Satz 9 mit graphischen Verweislinien versehen werden, welche die konstruktiven Beziehungen in der inhaltlich-sprachlichen Gestaltung sichtbar machen:

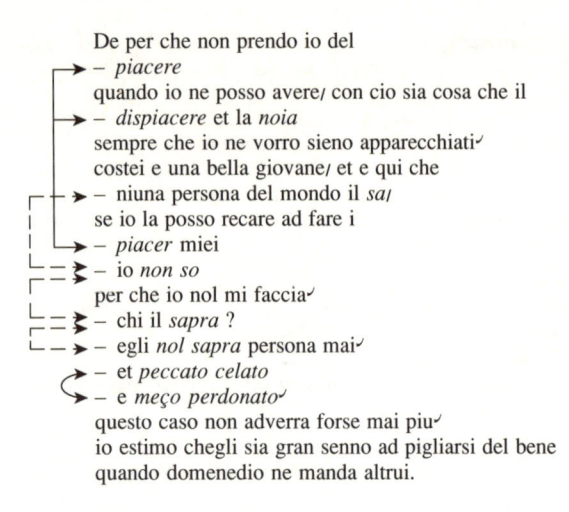

```
          De per che non prendo io del
    ┌→ ─ piacere
    │    quando io ne posso avere/ con cio sia cosa che il
    ├→ ─ dispiacere et la noia
    │    sempre che io ne vorro sieno apparecchiati⌐
    │    costei e una bella giovane/ et e qui che
┌─┬→ ─ niuna persona del mondo il sa/
│ │    se io la posso recare ad fare i
│ └→ ─ piacer miei
├─⪴ ─ io non so
│      per che io nol mi faccia⌐
└─⪴ ─ chi il sapra ?
┌─
└─→ ─ egli nol sapra persona mai⌐
  ⪧ ─ et peccato celato
  ⪦ ─ e meço perdonato⌐
       questo caso non adverra forse mai piu⌐
       io estimo chegli sia gran senno ad pigliarsi del bene
       quando domenedio ne manda altrui.
```

Die im Mittelpunkt-Satz nachweisbaren internen Entsprechungen machen deutlich, daß es dem Abt sehr bald nicht mehr um ein Ja oder Nein zur Sünde der Fleischeslust geht, sondern nur noch um das Abwägen der Möglichkeit, ob das unvermeidliche Geschehen geheimgehalten werden kann oder nicht (vgl. die viermalige Wiederholung des Verbs *sapere*, das in dieser Hinsicht die Funktion eines Schlüsselwortes übernimmt).

Alle in diesem Abschnitt dargelegten Erläuterungen zur ästhetischen Umsetzung des Inhalts der Erzählung in ein Corpus syntaktisch-numerischer Größen und Bezüge lassen sich abschließend schematisch zusammenfassen. Die in unserer Analyse aufgedeckten kompositorischen Linien bilden ein System konzentrisch um den Wendepunkt angeordneter Kreise. Die so entstehende geometrische Figur, zusammen mit der oben gegebenen Legende zu den inhaltlich-sprachlichen Korrespondenzen in den einzelnen auf gleichen Abständen zum Mittelpunkt liegenden Satzpaaren, können wir als Rekonstruktion des authentischen syntaktisch-numerischen Bauplans der Novelle I 4 ansehen. In der folgenden Skizze dieses Bauplans sind nur die wichtigsten der oben ausführlicher nachgewiesenen paradigmatischen Bezüge in Stichworten angedeutet (vgl. das Schema auf Seite 201).

10.4.5. Immanente Poetik

Die Protagonisten der Handlung in der vierten Erzählung des *Decameron* sind – wie wir gesehen haben – Personen ohne Namen. Die Novelle I 4 ist der einzige Text der *Cento novelle*, wo die Gestalten nicht – wie sonst bei Boccaccio üblich – als historische Individuen mit präzise angegebener Identität auftreten, sondern als Typen. Die Novelle I 4 breitet also keine persönlichen Schicksale aus, sondern stellt das drei namenlosen Menschen gemein-

Syntaktisch-numerischer Bauplan der Novelle I 4

		Punkte der Gliederung	
1	Frühere Heiligkeit des Klosters	A	
2	*peccato* des Mönchs und Gefahr:	B	I
3	Idee einer *nuova malitia*		
4	*camera dellabate*		
5	«*bosco*»		
6	Der Abt beabsichtigt, den *peccato* des Mönchs zu bestrafen	II	1
7	*La giovane*: Scham und Weinen		
8	Der Abt: Aufsteigen der Begierde		
9	Peccato celato e meço perdonato		2
10	Der Abt: Offenbarung der Begierde		3
11	*La giovane*: Bereitschaft zum Liebesakt		
12	Der Abt macht sich der *medesima colpa* schuldig		
13	«*bosco*»	III	
14	*camera dellabate*		
15	*pronta risposta* als		
16	Überwindung der Gefahr		
17	Fortsetzung der sündigen Liebesbeziehungen im heiligen Kloster (Blick in die Zukunft)	C	

same Geschick und dessen Begründung in den Vordergrund des Geschehens. Die den Mönch, den Abt und das Mädchen verbindenden Erlebnisse sind die geschilderten Liebesbeziehungen und die daraus resultierende *story*. Durch die Anonymität der Protagonisten treten die Unterschiede im Geschick der einzelnen Personen zurück vor der Übereinstimmung, die ihre zusammen erlebte Geschichte kennzeichnet. Diese Gemeinsamkeit der drei Helden liegt in ihrer menschlichen Natur begründet. Triebfeder ihres Handelns ist – wie Boccaccio im Laufe des Textes in drei Formulierungen wiederholt – die Libido. Die sexuelle Begierde erscheint

– mit Bezug auf den »kraftvollen« jungen Mönch als *concupiscença carnale*, dann
– als *stimoli della carne*, die auch den Abt alle Heiligkeit des Standes vergessen lassen, und schließlich
– in dem schnellen Einverständnis der *giovane* mit dem jeweiligen Ansinnen der beiden Männer, was damit begründet wird, daß sie *ne di ferro ne di diamante* sei.

In der Novelle I 4 geht es also letztlich nicht um die Schilderung besonderer, unerwarteter, konzessiver, das heißt: individueller Erlebnisse, sondern die Anonymität der drei Personen und die Gemeinsamkeit der Motive ihres Verhaltens unterstreichen, daß es in der aus den konzessiven Begebenheiten zu entschlüsselnden Botschaft dieses Textes eher um die Aussage einer implikativen Relation, um die Feststellung einer Kausalbeziehung, geht. Diese auf der menschlichen Natur und dem normalen menschlichen Verhalten beruhende Kausalrelation ist das »Gesetz der Liebe«, das im Anschluß an die Novelle I 4 in allen denkbaren Variationen durchgespielte Hauptmotiv des *Decameron*.

Daß Boccaccio den *amore* – innerhalb der sonst vom *perverso ordine*[34], d. h. von der Konzessivität beherrschten irdischen Existenz des Menschen – als feste Größe, als in jedem menschlichen Verhalten konstant erwartbaren Faktor, kurz: als »kausales« Gesetz ansieht, ergibt sich aus einer ganzen Reihe entsprechend eindeutiger Stellen im Text des Erzählwerkes. Die Einschätzung der Liebe als Beweggrund menschlichen Handelns stellt einen wesentlichen Bestandteil in seiner künstlerischen Konzeption der novellistischen Erzählung des konzessiven *caso* dar. Die unerhörte Begebenheit als konzessive Relation, die aus der Negierung eines aus bestimmten gleichen Erfahrungen und Beobachtungen abgeleiteten Kausalbezugs entspringt, gilt Boccaccio keineswegs als Negierung von Kausalität überhaupt. Im Gegenteil, jedes singuläre, von Fortuna zu verantwortende Ereignis hat seine Ursache:

---

[34] Zum Begriff des *perverso ordine* als zusammenfassender Charakterisierung einer Typologie verschiedener konzessiver Handlungsweisen vgl. die Episode vom »Herrn« und »Diener« in Dantes *Il Convivio* (I, 6, 3ff.). Vgl. Dante Alighieri, *Il Convivio*, hg. von G. Busnelli und G. Vandelli, 2 Bde. Florenz 1934/35 (= *Opere di Dante*, IV und V; zur hier erwähnten Textstelle vgl. IV, 36ff.).

Non usa ora la fortuna di nuovo varie vie e istrumenti nuovi a recare le cose agli effetti diterminati ? (X 8, 74).

Mit Nachdruck bezeichnet Boccaccio an verschiedenen Stellen die uns im Hinblick auf die Aussage der Novelle I 4 besonders interessierende Liebe als eine Kraft, deren unbeschränkte Herrschaft einem – beinahe – ausnahmslos gültigen Kausalgesetz gleiche:

> Le leggi d'amore sono di maggior potenzia che alcune altre: elle rompono non che quelle della amistà ma le divine (X 8, 16).

Aber die *leggi d'amore* kommen auch im *Decameron* nicht immer zu ihrer positiven Erfüllung, sondern müssen die konzessive Ausnahme des »Gesetzes«-verstoßes zulassen. In diesem Sinne bildet die *Quarta giornata*, der Tag der unglücklich endenden *casi d'amore*, eine Ausnahme im System der Liebesdoktrin *Boccaccios*.[35]

Um die Erforschung dieses Kausalgesetzes in der menschlichen Natur haben sich – so der Autor – Kunst und Wissenschaft vergebens bemüht:

> O Amore, chenti e quali sono le tue forze, chenti i consigli e chenti gli avvedimenti! Qual filosofo, quale artista mai avrebbe potuto o potrebbe mostrare quegli accorgimenti, quegli avvedimenti, quegli dimostramenti che fai tu subitamente a chi seguita le tue orme! Certo la dottrina di qualunque altro è tarda a rispetto della tua ... (VII 4, 3–4).

Die Schwierigkeiten jedweder Liebesdoktrin liegen nach Boccaccio darin, daß die wie ein Kausalgesetz gültige Kraft der Liebe vom Wesen her eine ganz und gar der Beeinflussung entzogene Naturgewalt ist:

> Ma sì come voi molto meglio di me conoscete, niuno secondo debita elezione ci s'*innamora* ma *secondo l'appetito e il piacere*: alla quale legge più volte s'opposero le forze mie, e, più non potendo, v'amai e amo e amerò sempre (X 7, 41).

Indem die Menschen diesem Kausalgesetz der Natur gehorchen, entstehen genau diejenigen Handlungen und Konflikte, die in vielen Novellen zu den dort erzählten unerhörten Begebenheiten, den konzessiven Vorfällen, führen. Die *casi d'amore* sind, neben den Ereignissen, die den Launen des Schicksals, den Unwägbarkeiten der menschlichen Existenz sowie den Einfällen und Streichen der Mitmenschen entspringen, der konkrete Stoff, aus dem Boccaccio seine Erzählungen verfertigt hat.

Diese textinterne Dimension des Themas der Liebe wird durch die Novelle I 4 in beispielhafter Weise angekündigt. Indem Boccaccio den drei Personen der vierten Erzählung seines Werkes keine Namen gibt, sondern sie als Typen handeln läßt, mißt er ihrem Verhalten einen generalisierbaren Wert bei. Das Beispiel, das die drei Helden mit ihren Liebesspielen im Kloster der Lunigiana geben, liefert eine allgemeine Bestimmung der *conditio humana*. Ein we-

---

[35] Vgl. dazu vor allem B. Givens-Azzurra, *La dottrina d'amore nel Boccaccio*, Messina/Florenz 1968.

sentlicher Faktor des menschlichen Verhaltens ist – nach den Lehren der Novelle I 4 – die *concupiscença carnale*. Alle folgenden *casi d'amore* werden diese – die Lehren freudianisch inspirierter Psychologie vorwegnehmende – Einsicht wiederholen.[36]

Indem die Novelle I 4 alle übrigen individuellen Liebesgeschichten vorab als Folgen eines in der menschlichen Natur gründenden allgemeinen Gesetzes deutet, gewinnt dieser Text eine poetologische Bedeutung für das ganze Erzählwerk. Die theoretische Bestimmung besteht in der Ankündigung des im *Decameron* behandelten Hauptthemas.

Die Beobachtungen zur vierten Novelle als Element einer immanenten Poetik fügen sich in organischer Weise zu den Ergebnissen unserer Analyse der Novellen I 1 bis I 3. Im Inhalt und in der Form dieser Texte haben wir entsprechend Instruktionen vorgefunden, die sich als ein System von Leitsätzen einer in die Dichtung eingewobenen Dichtungslehre verstehen lassen, und zwar als die aus Theoremen der Syntax gewonnenen wichtigsten formalen Prinzipien der novellistischen Prosa des *Decameron*.[37]

Mit diesen Befunden und mit der Aufdeckung der das Hauptthema des Erzählwerkes – also die Seite des Inhalts – betreffenden theoretischen Funktion der Novelle I 4 können wir abschließend feststellen, daß die ersten vier Texte der *Cento novelle* – jenseits ihrer je eigenen künstlerischen Bedeutung – vom Autor dazu benutzt worden sind, in impliziter Weise die zentralen poetologischen Konzepte seines Werks – die Grundsätze des wichtigsten formalen Verfahrens und den Hauptbestandteil des Inhalts – vorzustellen.

Es ist nicht zu übersehen, daß zwischen den in den Novellen I 1 bis I 4 entdeckten Elementen einer immanenten Poetik auf der einen Seite und der in der vorliegenden Arbeit entwickelten Theorie der Kunst des *Decameron* auf der anderen eine Konvergenz besteht, die sich als Bestätigung der Adäquatheit unserer Methode ansehen läßt.

---

[36] Zu psychoanalytischen Ansätzen der Forschung bei der Interpretation der Novelle V 9 vgl. oben, 1.2.11. und 1.2.12.
[37] Vgl. oben, 10.1.5., 10.2.5. und 10.3.5.

Schluß

In den zehn Kapiteln unserer Studie zur berühmten Falkennovelle des Giovanni Boccaccio wurden aus einem einzigen Begriff der Syntax gleichzeitig der Leitgedanke einer neuen linguistischen Theorie der Novelle und ein darauf beruhender Ansatz zur Interpretation der Texte des *Decameron* entwickelt. Die im Laufe unserer Untersuchung erarbeiteten Befunde und Lösungen, die allesamt im logisch-linguistischen Konzept der (negierten) Implikation verankert sind, lassen sich wie folgt zusammenfassen.

1. Ergebnisse

Wenn der für die Falkennovelle (und die anderen sechs ausgewählten Erzählungen) rekonstruierte syntaktisch-numerische Bauplan tatsächlich einer vom Autor erdachten kompositorischen Ordnung des Corpus der Sätze der einzelnen Texte entspricht, dann können wir aus den Etappen unserer eigenen Entdeckungsprozedur diejenigen theoretischen Entscheidungen und praktischen Verfahren herleiten, die offenbar Boccaccio selbst als Prinzipien der sprachlich-zahlenästhetischen Gestaltung seiner Prosadichtung befolgt hat. Diese Grundsätze sollen in den folgenden sieben Punkten formuliert werden.
1) Die literarische Einheit *Novellentext* ist strukturell von der sprachlichen Größe des Satzes her konzipiert, sowohl in abstrakter gattungstheoretischer Hinsicht als auch im Hinblick auf die konkrete »poietische« Verfertigung der einzelnen Erzählungen.
2) Die im Originalmanuskript des *Codex Hamilton 90* durch Majuskeln abgegrenzten Sätze sind dazu bestimmt, als prototypische Bausteine in der ästhetischen *syntaxis* des novellistischen Textes zu fungieren.
3) Da sie diskrete Größen sind, können die syntaktischen Einheiten der Sätze zugleich als arithmetische Quantitäten einer numerisch organisierten Komposition des Textes verstanden und entsprechend verwendet werden.
4) Die im vorhinein berechnete »Zusammen-Ordnung« der Sätze folgt den zahlenästhetischen Gesetzen der antik-mittelalterlichen Harmonielehre pythagoreisch-augustinischer Tradition, könnte aber zugleich auch in der um 1350 in der Malerei entwickelten Technik der Zentralperspektive ein Vorbild haben.

5) Im Falle der Falkennovelle (und aller anderen hier untersuchten Texte des *Decameron*) sehen wir als *mensura* das besondere ästhetische Qualität garantierende Gesetz der *aequalitas numerosa* verwirklicht. Dabei ist der inhaltliche Wendepunkt zugleich formaler Angelpunkt des syntaktisch-numerischen Kompositionsschemas.

6) Die Anwendung der durch den numerischen *ordo* gewährleisteten strengen Proportionsverhältnisse führt zugleich zu einer besonderen Anordnung der einzelnen Handlungssequenzen: Sätze mit Inhalten, die in oppositivem oder konkordierendem Bezug zueinander stehen, werden in der syntaktisch-numerischen Tektonik der Texte spiegelbildlich um den Mittelpunkt herum gruppiert. Die Disposition der einzelnen durch ein paradigmatisches Verhältnis miteinander verbundenen Sätze folgt also dem Prinzip der Axialsymmetrie.

7) Der inhaltliche Wendepunkt, der zugleich Angelpunkt des numerologischen Kompositionsschemas ist (vgl. oben 1.5), bildet aufgrund des Prinzips der axialsymmetrischen Anordnung der Sätze den Mittelpunkt eines Systems aus konzentrischen Kreisen. Diese Gestaltung läßt an eine Figur denken, die im Schnitt einer Zwiebel ähnelt:

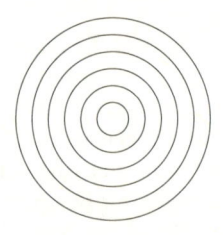

Ausgehend von diesem am Beispiel der syntaktisch-numerischen Struktur der Falkennovelle und der anderen ausgewählten Novellen rekonstruierten Bild kann man von Boccaccios kompositorischem *Zwiebelprinzip* sprechen. Autobiographische Anklänge an dieses ästhetische Gesetz lassen sich in der in Boccaccios toskanischer Heimatstadt Certaldo spielenden Novelle des *Frate Cipolla* (VI 10) erkennen. Das abstrakte Thema der Erzählung vom »Bruder Zwiebel« – sowie dessen erzählter Erzählungen – ist nämlich nichts Geringeres als die geistige Tätigkeit der Fiktion schlechthin. Ein anderes geometrisches Schema, an das die obige Kreisfigur erinnert, ist der Grundriß eines Amphitheaters mit seinen kreisförmig angeordneten Zuschauerrängen. Dieser architektonische Plan entspricht exakt der geometrischen Figur, die Boccaccio im *Valle delle Donne* (*Dec., Conclusione della sesta giornata*) minutiös beschreibt. Über das Bild des Amphitheaters im »Frauental« ebenso wie über die poetologische Rolle des *Frate Cipolla* wird an anderer Stelle ausführlicher zu sprechen sein.

Die sieben Prinzipien der anhand des Bauplans der Falkennovelle rekonstruierbaren syntaktisch-numerischen Kompositionstechnik zeigen, daß

Boccaccio für seine literarische Kunst, genau wie andere Dichter der Zeit, eine ästhetische Theorie akzeptiert und in künstlerische Praxis umgesetzt hat, die – von der antiken Philosophie und Kunsttheorie (Pythagoras) ererbt und von der mittelalterlichen Harmonie-Lehre überliefert – ganz und gar vom Prinzip der *mensura* oder *numerositas*, also von einer aus der Idee der Zahl und des Maßes begriffenen Ästhetik, durchdrungen ist.

Schon seit jeher hat die Kritik geahnt, daß in den expliziten – auf der Zahl 10 beruhenden – numerischen Strukturen des *D e c a -meron* das Werk eines von der *ordo*-stiftenden Kraft der Zahl inspirierten Autors zu erkennen sein müsse. Aber bislang ist meines Wissens von niemandem mit dem Ergebnis erfolgreichen Nachweises erwogen worden, daß sich auch der Verfasser der ersten großen Prosadichtung der italienischen Literatur – der Erzähler von mehr oder weniger frivolen Liebesabenteuern und von z.T. derb schwankhaften Geschichten, der Autor, dessen Werk das Chaos irdischer Zufälle und Schicksale, die verkehrte Welt der menschlichen Irrungen und Wirrungen hundertfältig beschreibt – ... daß sich also sogar dieser Giovanni Boccaccio bedingungslos dem strengen Gesetz der *numerositas* habe unterwerfen können. Der für die Falkennovelle nach den Prinzipien *Satz und Zahl* erarbeitete Bauplan beweist, daß der Autor des *Decameron* mit Raffinesse und rigoroser Konsequenz in der Anwendung zahlenästhetischer Technik seine Texte bis in die Einzelheiten des sprachlichen Aufbaus und der syntaktischen Konstruktion hinein numerologisch durchgestaltet hat. Das Erstaunliche an diesem Befund liegt nun aber weniger in der Zahlenästhetik des mittelalterlichen Autors an sich als in der Tatsache, daß man das genuine Wesen der Prosa und die Idee numerologischer *mensura* nicht auf Anhieb in Einklang zu bringen vermag. In einer in Versen geschriebenen Dichtung, wie z.B. in Dantes *Divina Commedia* oder im *Canzoniere* Petrarcas, ist die durchgehende Präsenz zahlenästhetischer Kompositionstechnik insofern leichter einzusehen, als mit den Versen *ipso facto* ein »Metrum« vorgegeben ist, das als Ausgangsmaß aller weiteren Berechnungen dienen kann. Boccaccio dagegen stand in seinem Prosawerk vor einer – soweit wir heute wissen – ganz und gar neuen Situation: der speziellen Schwierigkeit nämlich, die sich aus der Notwendigkeit ergab, für den an sich kursiv durchlaufenden und nur mit den bekannten linguistischen Problemen segmentierbaren Prosatext erst einmal eine »metrische« Größe als Grundmaß für zählbare Einheiten zu schaffen. Als ein solches Quantum wählte er – wie wir gesehen haben – eine in ihrer Ausdehnung variable, aber von ihm sichtbar abgegrenzte Einheit: den Satz, und zwar den Satz nicht im Sinne der morphosyntaktischen Größe der *proposition*, sondern den Satz als kommunikativ-stilistisch-intentionale Einheit der *phrase*. Der Satz im zweiten Sinne stellt für den »Sprachwissenschaftler« Boccaccio – in Übereinstimmung mit den Ergebnissen moderner Linguistik – die letztlich allein an der spezifischen suprasegmentalen Stimmführung bzw. deren graphischen Äquivalenten (Punkt und/oder Majuskel) erkennbare prototypische

Einheit dar, aus der Texte gebildet werden. Im nachhinein sehen wir, daß für den Zweck einer zahlenästhetisch konzipierten Komposition des Prosatextes kaum eine andere sprachliche Einheit in gleicher Weise geeignet gewesen wäre, als arithmetische Größe des mittels der »Zusammenordnung« solcher Einheiten verfertigten Textes zu fungieren. *Syntax* bedeutet hier also – in etymologischer Treue zum Sinn des Wortes – Zusammen-Ordnung, oder genauer: *ordo*, d.h. eine Disposition, die durch das Prinzip rationaler Ordnung schlechthin bestimmt ist: die Zahl.

Im Lichte dieser aus unserer syntaktisch-numerischen Analyse der Falkennovelle zu gewinnenden Einsichten und speziell aufgrund der mathematischen Bestimmbarkeit des in der früheren Forschung hin- und hergewendeten *Wendepunkts* erkennen wir, daß der berühmte Text V 9 des *Decameron* – in einem noch viel größeren Maße, als es die Vertreter der romantischen Literaturkritik vorausgeahnt haben – ein mustergültiges Beispiel der Gattung abgibt. Dieses Modell ist allerdings – wie wir anhand der sechs anderen von uns untersuchten Novellen gesehen haben – nur e i n Exempel der insgesamt 100 Realisierungen einer aus der Syntax geborenen numerologischen Konzeption der Poetik des novellistischen Erzählens.

2. Ausblick

Nach der exemplarisch anhand der Falkennovelle durchgeführten Erprobung unseres für die Interpretation des *Decameron* aus typischen Merkmalen der Syntax der Prosasprache Boccaccios entwickelten Ansatzes und nach der am Beispiel weiterer sechs Novellen des Erzählwerks vorgenommenen Überprüfung der Methode steht nun die Aufgabe an, für alle 100 (–7) Texte des Novellenzyklus die nach dem Prinzip *Satz* ≙ *Zahl* entworfenen und realisierten Baupläne zu rekonstruieren.

Sollte sich dieses aufwendige Unterfangen zu einem guten Ende führen lassen, würde jede einzelne erfolgreiche Wiederholung des Verfahrens Stück für Stück den Nachweis dafür erbringen, daß der Autor des *Decameron* seine Texte auf der Grundlage einer geschlossenen gattungstheoretischen Konzeption und unter Einsatz einer einheitlichen poetischen Technik verfertigt hat. Immerhin haben wir in den sieben untersuchten Novellen des Zyklus bereits eine durchgehende Bestätigung für die aus unseren Ergebnissen zu ziehende wichtigste Schlußfolgerung gefunden: Boccaccio hat in der Tat Sprache und Komposition seiner Novellen nach einem gemeinsamen ästhetischen Prinzip, dem zahlenästhetischen Gesetz der *harmonia*, aufeinander abgestimmt.

Außer im Zusammenhang mit der Interpretation jedes einzelnen Textes des *Decameron* benötigen wir nun aber die Zahlenwerte der syntaktisch-numerischen Corpora *aller* 100 Novellen noch zu einem anderen Zweck: Allein auf der Grundlage der einzelnen Mengen und der absoluten Anzahl aller Sätze des Novellenzyklus wird es im letzten Schritt unserer syntaktischen *lettura del Decameron* möglich sein, zu prüfen, ob es Boccaccio – ähnlich wie es seinem Dichterfreund Petrarca mit den 366 Gedichten seines *Canzoniere* gelungen ist[1] – verstanden hat, die im Laufe der Zusammenordnung der Novellen zum zyklischen Verbund akkumulierten syntaktisch-numerischen Quantitäten auch mit dem Ziel einer zahlenästhetischen Gestaltung des Erzählwerks als Ganzem, zum Bau eines *aedificium* also[2], zu verwerten.

Dem mit der Formulierung dieses Desideratums gesteckten Ziel, dessen vielfältige Probleme den Rahmen der vorliegenden, in erster Linie einer einzigen ausgewählten Novelle gewidmeten Interpretation sprengen würden, in dem jedoch das in dieser Arbeit vorgeführte Experiment einer auf die Deutung des gesamten *Decameron* hin angelegten Methode erst eigentlich seine Erfüllung fände, wollen wir uns an anderer Stelle in weiteren Schritten nähern.

---

[1] Vgl. Pötters 1987.

[2] Zum Begriff des *aedificium* als Qualifizierung des dichterischen Opus vgl. Petrarca in einem Brief an Boccaccio (Petrarca, *Seniles*, V, 3, Ausgabe Basel 1554, Bd. II, S. 879).

Bibliographie

1. Ausgaben des »Decameron« und anderer Quellen

1.1. Reproduktionen des Originalmanuskripts aus dem *Codex Hamilton 90*

Decameron. Edizione diplomatico-interpretativa dell'autografo Hamilton 90, a cura di Ch.E. Singleton, Baltimore 1974.
Decameron. Facsimile dell'autografo conservato nel codice Hamilton, a cura di V. Branca, Florenz 1975.

1.2. Kritische Ausgaben des *Decameron*

Decameron. Edizione critica secondo l'autografo hamiltoniano, a cura di V. Branca, Florenz 1976.
Il Decameron. Edizione critica a cura di A. Rossi, Bologna 1977.

1.3. Übersetzungen des *Decameron*

Das Decameron. Vollständige Ausgabe in der Übertragung von Karl Witte, durchgesehen von Helmut Bode, und mit einem Nachwort von Andreas Bauer, München 1964.
The Decameron. Translated with an introduction by G.H. McWilliam, Harmondsworth usw. 1972.
Le Décaméron. Traduction de J. Bourciez, Paris 1967.

1.4. Ausgaben anderer Quellen

Augustinus = Augustinus, *De libero arbitrio*, in *Opera omnia*, »Patrologia Latina« XXXII, hg. von J.M. Migne, Turnhout o.J.
Dante = Dante Alighieri, *Il Convivio*, hg. von G. Busnelli und G. Vandelli, 2 Bde. Florenz 1934/35 (= *Opere di Dante*, IV und V).
Eckermann/Goethe = J.P. Eckermann, *Gespräche mit Goethe in den letzten Jahren seines Lebens*, Artemis Gedenk-Ausgabe, hg. von F. Beutler, Zürich 1948, Bd. 24.
Logica modernorum = L.M. de Rijk (Hg.), *Logica modernorum*, 2 Bde. Assen 1962/67.
Petrarca = Petrarca, *Seniles*, Ausg. Basel 1554.
Storm/Keller = *Der Briefwechsel zwischen Theodor Storm und Gottfried Keller*, hg. von P. Goldammer, Berlin 1960.
Tieck = L. Tieck, *Schriften*, Bd. 11, Berlin 1829.

2. Studien

Almansi 1970 = G. Almansi, »Lettura della quarta giornata del *Decameron*«, in *Strumenti critici* 4 (1970) 308–317 (wiederabgedruckt in G. A., *L'estetica dell'osceno*, Turin 1974, 131–142).

Anschütz 1892 = R. Anschütz, *Boccaccios Novelle vom Falken und ihre Verbreitung in der Litteratur nebst Lope de Vegas Komödie »El Halcón de Federico«*, Erlangen 1892.

Auerbach 1921 = E. Auerbach, *Zur Technik der Frührenaissancenovelle in Italien und Frankreich*, Diss. Heidelberg 1921.

Auerbach 1946 = E. Auerbach, *Mimesis. Dargestellte Wirklichkeit in der abendländischen Literatur*, Bern/München ⁴1964.

Avalle 1987 = d'A. S. Avalle, *Introduzione* zu Pötters 1987, 5–13.

Bacchi della Lega 1875 = A. Bacchi della Lega, *Bibliografia boccaccesca. Serie delle edizioni delle opere di Giovanni Boccaccio latine, volgari, tradotte e trasformate*, Bologna 1875 (Anast. Nachdruck, Bologna 1967).

Baker 1976 = A. J. Baker, »Presupposition and Types of Clauses«, in *Mind* 65 (1976) 368–378.

Bally 1932 = Ch. Bally, *Linguistique générale et linguistique française*, ¹1932, Bern ⁴1965.

Baratto 1970/1974 = M. Baratto, *Realtà e stile nel Decameron*, Vicenza 1970/²1974.

Barbina 1969 = A. Barbina (Hg.), *Concordanze del Decameron*, 2 Bde. Florenz 1969.

Benz/Schleicher 1956 = R. Benz/U. Schleicher, *Kleine Geschichte der Schrift*, Heidelberg 1956.

Blanché 1973 = R. Blanché, *Le raisonnement*, Paris 1973.

Bloomfield 1926 = L. Bloomfield, »A set of postulates for the science of language«, in *Language* 2 (1926) 153–164.

Blumenthal 1973 = P. Blumenthal, »Zur Logik des Konzessivsatzes am Beispiel des Französischen«, in *Vox Romanica* 32 (1973) 272–280.

Blumenthal 1976 = P. Blumenthal, »Komplexe Sätze im Französischen«, in *Zeitschrift für romanische Philologie* 92 (1976) 59–89.

Blumenthal 1980 = P. Blumenthal, *La syntaxe du message. Application au français moderne*, Tübingen 1980.

Bonnard 1971 = H. Bonnard, »La phrase«, »La proposition«, in *Grand Larousse de la langue française*, Paris 1971ff., Bd. IV, 1976, 4255–4259 bzw. 4692–4699.

Borghini 1984 = A. Borghini, »Schemi sintattici e schemi narrativi: le frasi causali e le frasi concessive,« in *Linguistica e letteratura* 9 (1984) 15–58.

Bosetti 1973 = G. Bosetti, »Analyse structurale de la sixième journée du *Décaméron*«, in *Studi sul Boccaccio* 7 (1973) 141–158.

Bottari 1818 = G. Bottari, *Lezioni sopra il »Decameron«*, 2 Bde., Florenz 1818.

Branca 1939 = V. Branca, *Linee di una storia della critica al »Decameron« con bibliografia boccaccesca completamente aggiornata*, Mailand 1939.

Branca 1950 = V. Branca, »Per il testo del Decameron. La prima diffusione del Decameron«, in *Studi di filologia italiana* 7 (1950) 29–143.

Branca 1956/1975 = V. Branca, *Boccaccio medievale*, Florenz 1956/⁴1975.

Branca 1967 = V. Branca, *Giovanni Boccaccio. Profilo biografico*, in *Tutte le opere di Giovanni Boccaccio*, Mailand 1967.

Brockmeier 1972 = P. Brockmeier, *Lust und Herrschaft*, Stuttgart 1972.

Bruyne 1946 = E. de Bruyne, *Etudes d'esthétique médiévale*, 3 Bde. Brügge 1946.

Bühler 1920 = K. Bühler, »Kritische Musterung der neueren Theorien des Satzes«, in *Indogermanisches Jahrbuch* 6 (1920) 1–20.

Cahiers 1983 = *Cahiers de linguistique française* 5 (1983): »Connecteurs pragmatiques et structure du discours«.
Cappelletti 1874 = L. Cappelletti, *Commento sopra la terza novella della prima giornata del »Decamerone«*, Bologna 1874.
Chafe 1976 = W. L. Chafe, »Givenness, constrastiveness, definiteness, subjects and topics«, in Li 1976, 25–55.
Coseriu 1971 = E. Coseriu, »Thesen zum Thema ›Sprache und Dichtung‹«, in W.-D. Stempel (Hg.), *Beiträge zur Textlinguistik*, München 1971, 183–188.
Cottino-Jones 1968 = M. Cottino-Jones, *An Anatomy of Boccaccio's Style*, Neapel 1968.
Cottino-Jones 1982 = M. Cottino-Jones, *Order from Chaos. Social and Aesthetic Harmonies in Boccaccio's »Decameron«*, Washington 1982.
Cuomo 1981–82 = L. Cuomo, »Sillogizzare motteggiando e motteggiare sillogizzando: dal *Novellino* alla VI giornata del *Decameron*«, in *Studi sul Boccaccio* 13 (1981–82) 217–265.
Daneš 1974 = F. Daneš, »Zur Terminologie der FSP«, in *Papers on Functional Sentence Perspective*, Den Haag/Paris 1974, 216–222.
Degering 1952 = H. Degering, *Die Schrift. Atlas der Schriftformen des Abendlandes vom Altertum bis zum Ausgang des 18. Jahrhunderts*, 3. Aufl. Tübingen 1952.
Delitsch 1928 = H. Delitsch, *Geschichte der abendländischen Schreibschriftformen*, Leipzig 1928.
Ducrot 1972 = O. Ducrot, *Dire et ne pas dire*, Paris 1972.
Duden-Grammatik, Mannheim 1973.
Eisenberg 1984 = P. Eisenberg, »Zur Pragmatik von Konzessivsätzen«, in G. Stickel (Hg.), *Pragmatik in der Grammatik. Jahrbuch 1983 des Instituts für Deutsche Sprache*, Düsseldorf 1984, 313–332.
Eroms 1986 = W. Eroms, *Funktionale Satzperspektive*, Tübingen 1986.
Esposito 1976 = E. Esposito, *Boccacciana. Bibliografia delle edizioni e degli scritti (1939–1974)*, Ravenna 1976.
Fassò 1947 = L. Fassò, »La prima novella del *Decameron*«, in L. F., *Saggi e ricerche di storia letteraria. Da Dante al Manzoni*, Mailand 1947, 31–90 (bereits 1930/31 in *Annali della Facoltà di Filosofia e Lettere dell'Università di Cagliari*).
Francia 1904 = L. di Francia, »Alcune novelle del *Decameron*, illustrate nelle fonti«, in *Giornale storico della letteratura italiana* 44 (1904) 1ff.
Francia 1909 = L. di Francia, »La quarta novella del *Decameron*«, in *Miscellanea a Vittore Cian*, Pisa 1909, 63–69.
Gabelentz 1901 = G. von der Gabelentz, *Die Sprachwissenschaft, ihre Aufgaben, Methoden und bisherigen Ergebnisse*, [2]1901 (Nachdruck Tübingen 1969).
Gardiner 1932 = A. H. Gardiner, *The Theory of Speech and Language*, Oxford 1932.
Getto 1957/1972 = G. Getto, *Vita di forme e forme di vita nel Decameron*, Turin 1957/[3]1972.
Givens-Azzurra 1968 = B. Givens-Azzurra, *La dottrina d'amore nel Boccaccio*, Messina/Florenz 1968.
Grolmann 1929 = A. von Grolmann, »Die strenge ›Novellen‹form und ihre Zertrümmerung«, in *Zeitschrift für Deutschkunde* (= Jahrgang 43 der *Zeitschrift für den deutschen Unterricht*, 1929, 609–627).
Hardt 1973 = M. Hardt, *Die Zahl in der Divina Commedia*, Frankfurt 1973.
Hardt 1986 = M. Hardt, »Nach Maß und Zahl. Die Rolle der Mathematik in der Divina Commedia Dantes«, in *FAZ* 2.4.1986, Nr. 76, S. 33.
Hartmann 1982 = P. Hartmann, »Text und Satz«, in Petöfi 1982, 112–126.
Haubrichs 1969 = W. Haubrichs, *Ordo als Form. Strukturstudien zur Zahlenkomposition bei Otfrid von Weißenburg und in karolingischer Literatur*, Tübingen 1969.

Haubrichs 1977 = W. Haubrichs (Hg.), *Erzählforschung 2. Theorien, Modelle und Methoden der Narrativik,* Göttingen 1977.
Heger 1971 = K. Heger, *Monem, Wort und Satz,* Tübingen 1971.
Heintze 1983 = H. Heintze, »Boccaccios *Das Wunder Gottes am Betrüger auf dem Sterbebett.* Die erste Novelle des *Dekameron*«, in *Weimarer Beiträge* 29 (1983) 1176–1189.
Heitmann 1958 = K. Heitmann, *Fortuna und Virtus. Eine Studie zu Petrarcas Lebensweisheit,* Köln 1958.
Henschelmann 1977 = K. Henschelmann, *Kausalität im Satz und im Text. Semantischvergleichende Studien zum Französischen und Deutschen,* Heidelberg 1977.
Herczeg 1976 = G. Herczeg, »Sintassi delle proposizioni concessive nell'italiano contemporaneo«, in *Studi di grammatica italiana* 5 (1976) 195–242.
Hermodsson 1978 = L. Hermodsson, *Semantische Strukturen der Satzgefüge im kausalen und konditionalen Bereich,* Stockholm 1978.
Heyse 1871 = P. Heyse/H. Kurz (Hgg.), *Deutscher Novellenschatz,* München 1871.
Hiorth 1962 = H. Hiorth, *Zur formalen Charakterisierung des Satzes,* 's-Gravenhage 1962.
Hollander 1981/82 = R. Hollander, »Boccaccio's Dante: Imitative Distance (Decameron I 1 und VI 10)«, in *Studi sul Boccaccio* 13 (1981/82) 169–198.
Imberty 1974 = Cl. Imberty, »Le symbolisme du faucon dans la nouvelle 9 de la Ve Journée du Décaméron«, in *Revue des études italiennes* 20 (1974) 147–156.
Jakobson 1960 = R. Jakobson, »Closing statement: Linguistics and Poetics«, in Th. A. Sebeok (Hg.), *Style in Language,* Cambridge (Mass.) 1960, 350–377.
Karčevski 1937 = S. Karčevski, »Phrase et proposition«, in *Mélanges van Ginneken,* Paris 1937, 59–66.
Kleinhenz 1975 = C. Kleinhenz, »Stylistic gravity: Language and prose rhythms in *Decameron* I, 4«, in *Humanities Association Review* 6 (1975) 289–293.
König/Eisenberg 1984 = E. König/P. Eisenberg, »Zur Pragmatik von Konzessivsätzen«, in G. Stickel (Hg.), *Pragmatik in der Grammatik.* Jahrbuch 1983 des Instituts für deutsche Sprache, Düsseldorf 1984, 313–332.
Kosellek/Stempel 1973 = R. Kosellek/W.-D. Stempel, *Geschichte – Ereignis und Erzählung,* München 1973.
Koskinies 1959 = R. Koskinies, »Die Theorie der Novelle«, in *Orbis litterarum* 14 (1959) 65–88.
Krömer 1973 = W. Krömer, *Kurzerzählungen und Novellen in den romanischen Literaturen bis 1700,* Berlin 1973.
Kunz 1973 = J. Kunz, *Novelle,* Darmstadt 1973.
Lalande 1972 = A. Lalande (Hg.), *Vocabulaire technique et critique de la philosophie,* Paris 1972.
Lange o.J. = H. W. Lange, *Schriftfibel. Geschichte der abendländischen Schrift von den Anfängen bis zur Gegenwart,* 3. Aufl. Wiesbaden o.J.
Lausberg 1963 = H. Lausberg, *Elemente der literarischen Rhetorik,* München ³1963.
Layman 1969 = B. L. Layman, »Eloquence of Pattern in Boccaccio's Tale of the Falcon«, in *Italica* 46 (1969) 3–16.
Lehmann 1979 = C. Lehmann, »Konfliktgestaltung und Figurenaufbau im *Decameron* – Boccaccios Falkennovelle«, in *Beiträge zur romanischen Philologie* 18 (1979) 133–139.
Lehmann 1973 = Chr. Lehmann, *Latein mit abstrakten Strukturen,* München 1973.
Lehmann 1984 = Chr. Lehmann, *Der Relativsatz,* Tübingen 1984.
Lerch 1938 = E. Lerch, »Vom Wesen des Satzes und von der Bedeutung der Stimmführung für die Satzdefinition«, in *Archiv für die gesamte Psychologie* 100 (1938) 133–194.

Leube 1972 = E. Leube, »Boccaccio und die europäische Novellendichtung«, in A. Buck (Hg.), *Neues Handbuch der Literaturwissenschaft*, Frankfurt 1972, Bd. IX, 128–161.

Li 1976 = Ch. N. Li (Hg.), *Subject and Topic*, New York/San Francisco/London 1976.

Loos 1974 = E. Loos, »Zur Zahlenkomposition und Zahlensymbolik in Dantes Commedia«, in *Romanische Forschungen* 86 (1974) 437–444.

Loos 1984 = E. Loos, *Der logische Aufbau der »Commedia« und die Ordo-Vorstellung Dantes*, Wiesbaden 1984.

Lutz 1981 = L. Lutz, *Zum Thema »Thema«. Einführung in die Thema-Rhema-Theorie*, Hamburg 1981.

Mackensen 1958 = L. Mackensen, »Die Novelle«, in *Studium generale* 11 (1958) 751–759.

Malmede 1966 = H. H. Malmede, *Wege zur Novelle*, Stuttgart 1966.

Marcus 1978–79 = M. Marcus, »Faith's Fiction: a gloss on the tale of Melchisedech (Decameron I, 3)«, in *Canadian Journal of Italian Studies* 2 (1978–79) 40–55.

Mathesius 1961 = V. Mathesius, *A functional analysis of present day English on a general linguistic basis*, ¹1961, Den Haag/Paris 1975.

Meillet 1903 = A. Meillet, *Introduction à l'étude comparative des langues indoeuropéennes*, Paris 1903.

Momigliano 1924 = A. Momigliano, *Il Decameron – 49 novelle commentate*, Mailand 1924.

Montes 1974 = P. Montes, »Federico degli Alberighi y El Halcón de Federico«, in *Filología moderna* (Madrid) 15 (1974/75) N. 55, 583–590.

Müller 1985a = B. L. Müller, *Der Satz. Definition und sprachtheoretischer Status*, Tübingen 1985.

Müller 1985b = B. L. Müller, »Geschichte der Satzdefinition. Ein kritischer Abriß«, in *Zeitschrift für germanistische Linguistik* 13 (1985) 18–42.

Muscetta 1972 = C. Muscetta, »Giovanni Boccaccio«, in C. Muscetta/A. Tartaro, *Il Trecento. Dalla crisi dell'età comunale all'umanesimo* = C. Muscetta (Hg.), *La letteratura italiana. Storia e testi*, Bd. II, Bari 1972.

Neuschäfer 1969 = H.-J. Neuschäfer, *Boccaccio und der Beginn der Novelle. Strukturen der Kurzerzählung auf der Schwelle zwischen Mittelalter und Neuzeit*, München 1969.

Ohly 1982 = F. Ohly, »Deus Geometra. Skizzen zur Geschichte einer Vorstellung von Gott«, in *Tradition als historische Kraft. Festschrift für Karl Hauck*, Berlin 1982, 1–42.

Pabst 1949 = W. Pabst, »Die Theorie der Novelle in Deutschland«, in *Romanistisches Jahrbuch* 2 (1949) 81–124.

Pabst 1953 = W. Pabst, *Novellentheorie und Novellendichtung. Zur Geschichte ihrer Antinomie in den romanischen Literaturen*, Hamburg 1953.

Padoan 1964 = G. Padoan, »Mondo aristocratico e mondo comunale nell'ideologia e nell'arte di Giovanni Boccaccio«, in *Studi sul Boccaccio 2* (1964) 81–216.

Paoli 1885 = C. Paoli, »Documenti di ser Ciappelletto«, in *Giornale storico della letteratura italiana* 5 (1885) 329–343.

Penna 1952 = M. Penna, *La parabola dei tre anelli e la tolleranza nel Medio Evo*, Turin 1952.

Petöfi/Franck 1973 = J. Petöfi/D. Franck, *Präsupposition in Philosophie und Linguistik*, Frankfurt 1973.

Petöfi 1979 = J. S. Petöfi, *Text vs Sentence. Basic questions of text linguistics*, 2 Bde. Hamburg 1979.

Petöfi 1982 = J. S. Petöfi (Hg.), *Text vs Sentence. Continued*, Hamburg 1982.

Petrucci 1970 = A. Petrucci, »A proposito del Ms. Berlinese Hamiltoniano 90 (Nota descrittiva)«, in *Modern Language Notes* 85 (1970) 1–12.
Pötters 1981 = W. Pötters, *Boccaccio concessivo. Aspetti linguistici, letterari e filosofici di una struttura sintattica del »Decameron«* (unveröffentlichte Habilitationsschrift, Köln 1981).
Pötters 1983 = W. Pötters, »La natura e l'origine del sonetto. Una nuova teoria«, in *Miscellanea di studi in onore di Vittore Branca*, Florenz 1983, I, 71–78.
Pötters 1987 = W. Pötters, *Chi era Laura? – Strutture linguistiche e matematiche nel »Canzoniere« di Francesco Petrarca*, Bologna 1987.
Pötters (in Vorbereitung) = W. Pötters, *Negierte Implikation im Italienischen. Theorie und Beschreibung des sprachlichen Ausdrucks der Konzessivität auf der Grundlage der Prosasprache des »Decameron«*.
Pötters (in Vorbereitung) = W. Pötters, *Satz und Zahl. Versuch einer Rekonstruktion der kompositorischen Baupläne der »Hundert Novellen« Boccaccios*.
Pötters (in Vorbereitung) = W. Pötters, *Das »Frauental« des Giovanni Boccaccio. Syntax und Mathematik im »Decameron«*.
Polheim 1964 = K. K. Polheim, »Novellentheorie und Novellenforschung (1945–1963)«, in *Deutsche Vierteljahresschrift für Literaturwissenschaft und Geistesgeschichte* 38 (1964) 208–316.
Quaglio 1967 = A. E. Quaglio, *Scienza e mito nel Boccaccio*, Padua 1967.
Raible 1972 = W. Raible, *Satz und Text. Untersuchungen zu vier romanischen Sprachen*, Tübingen 1972.
Raible 1980 = W. Raible, »Was sind Gattungen? – Eine Antwort aus semiotischer und textlinguistischer Sicht«, in *Poetica* 12 (1980) 320–349.
Rathofer 1962 = J. Rathofer, *Der Heliand. Theologischer Sinn als tektonische Form*, Köln/Graz 1962.
Reis 1977 = M. Reis, *Präsupposition und Syntax*, Tübingen 1977.
Remak 1965 = H. H. Remak, »Wendepunkt und Pointe in der deutschen Novelle von Keller bis Bergengruen«, in *Wert und Wort. Festschrift für E. M. Fleissner*, New York 1965, 45–56.
Ries 1931 = J. Ries, *Was ist ein Satz?*, Prag 1931.
Rossi 1972 = L. Rossi, »Su alcuni problemi di analisi del racconto«, in *Teoria e critica* 1 (1972) 139–154.
Rudolph 1973 = E. Rudolph, *Das finale Satzgefüge als Informationskomplex. Analysen aus der spanischen Literatursprache*, Tübingen 1973.
Rudolph 1982 = E. Rudolph, »Zur Problematik der Konnektive des kausalen Bereichs«, in J. Fritsche (Hg.), *Konnektivausdrücke. Konnektiveinheiten. Grundelemente der semantischen Struktur von Texten*, Hamburg 1982, 146–244.
Russo 1938/1956, ^{5}1977 = L. Russo, *Letture critiche del Decameron*, 5. Aufl. Rom/Bari 1977 (^{1}1956).
Schilling 1965 = B. N. Schilling, »The fat abbot«, in B. N. S., *The comic spirit: Boccaccio to Thomas Mann*, Detroit 1965.
Schunicht, 1960 = M. Schunicht, »Der ›Falke‹ *am* ›Wendepunkt‹. Zu den Novellentheorien Tiecks und Heyses«, in *Germanisch-Romanische Monatsschrift* 41 (1960) 44–65.
Seidel 1935 = E. Seidel, *Geschichte und Kritik der wichtigsten Satzdefinitionen*, Jena 1935.
Sgall 1974 = P. Sgall, »Zur Stellung der Thema-Rhema-Gliederung in der Sprachbeschreibung«, in F. Daneš (Hg.), *Papers on Functional Sentence Perspective*, Den Haag/Paris 1974, 54–74.
Sklovskij 1966 = V. Sklovskij, *Theorie der Prosa*, Frankfurt a. M. 1966.

Stewart 1979 = P.D. Stewart, »Boccaccio e la traduzione retorica: la definizione della novella come genere letterario«, in *Stanford Italian Review* 1 (1979) 67–74.
Strohmeyer 1916 = F. Strohmeyer, *Französische Grammatik*, 1916.
Studi sul Boccaccio, 1ff., Florenz 1963ff. (Hgg. V. Branca und G. Padoan).
Sturm 1961 = H. Sturm, *Unsere Schrift. Einführung in die Entwicklung ihrer Stilformen*, Neustadt a.d. Aisch 1961.
Todorov 1969 = T. Todorov, *Grammaire du Décaméron*, Den Haag/Paris 1969.
Toldo 1903 = P. Toldo, »La conversione di Abraam giudeo«, in *Giornale storico della letteratura italiana* 43 (1903) 335 ff.
Tosi 1906 = I. Tosi, *Longfellow e l'Italia*, Bologna 1906.
Traversari 1907 = G. Traversari, *Bibliografia boccaccesca. Scritti intorno al Boccaccio e alla fortuna delle sue opere*, Città di Castello 1907.
Tribolati 1873 = F. Tribolati, »Diporto sulla novella I della prima giornata del Decamerone«, in F. T., *Diporti letterari sul »Decamerone« del Boccaccio*, Pisa 1873, 39–94.
Trimborn 1979 = K. Trimborn, »Der Falke des Federigo degli Alberighi und seine mittelalterlichen Vorfahren«, in *Zeitschrift für deutsche Philologie* 98 (1979) 92–109.
Velli 1940 = G. Velli, »Una novella del *Decameron* e una poesia del Longfellow«, in *Scampoli goliardici*, Malta, Soc. univ. di lett. it., 1940, 1–8.
Walzel 1915 = O. Walzel, »Die Kunstform der Novelle«, in *Zeitschrift für den deutschen Unterricht* 29 (1915) 161–184.
Wandruszka 1984 = U. Wandruszka, »Subjekt und Mitteilungszentrum«, in *Romanistisches Jahrbuch* 35 (1984) 14–35.
Wehle 1981 = W. Wehle, *Novellenerzählen. Französische Renaissancenovellistik als Diskurs*, München 1981.
Wetzel 1977 = H. H. Wetzel, *Die romanische Novelle bis Cervantes*, Stuttgart 1977.
Wetzel 1985 = H. H. Wetzel, »Novelle und Zentralperspektive. Der Habitus als Grundlage von strukturellen Veränderungen in verschiedenen symbolischen Systemen«, in *Romanistische Zeitschrift für Literaturgeschichte* 1985, 12–30.
Wiese 1964 = B. von Wiese, *Novelle*, 2. Aufl. Stuttgart 1964.
Winkler 1929 = E. Winkler, *Grundlegung der Stilistik*, Bielefeld und Leipzig 1929.
Wunderli 1978 = P. Wunderli, *Französische Intonationsforschung*, Tübingen 1978.
Wunderli 1979 = P. Wunderli, »Satz, Paragraph, Text und die Intonation«, in J. S. Petöfi (Hg.), *Text vs Sentence. First Part*, Hamburg 1979, 319–341.
Wunderlich 1970 = D. Wunderlich, »Syntax und Semantik in der Transformationsgrammatik«, in *Sprache im technischen Zeitalter* 36 (1970) 319–355.
Zatti 1978 = S. Zatti, »Federigo e la metamorfosi del desiderio«, in *Strumenti critici* 12 (1978) 236–252.